ウェルビーイングの
社会学

櫻井義秀❖編著

北海道大学出版会

「ウェルビーイングの社会学」を学ぶ人のために

ウェルビーイングという言葉を初めて聞いた方もおられるでしょう。ウェルビーイング(Well-being)は「幸福」とも訳されますが，人が健康で安心して暮らせる状態を示す言葉です。そのために支援する制度が福祉や社会保障です。パピネス(Happiness)ほどの高揚感はないかもしれませんが，安寧といったおちついた心持ちが幸せの実感に近いかもしれません。

私たちが生活する現代社会は2,30年前と大きく変わりました。日本で言えば，少子高齢化による人口減少と経済成長の鈍化，工業社会から情報・消費社会に変わることで生じた社会格差が問題化しています。世界で見れば，地域間紛争や戦争が拡大し，東アジア諸国も緊張関係を高めています。自然環境を考えると地球温暖化が進行し，日本各地の気候変化にともなって農業生産の品目や長期に及ぶ猛暑など，季節感も暮らし方も変わってきました。地震・津波や豪雨・豪雪などの自然災害はいつ発生してもおかしくない時代で私たちは暮らしています。簡単に言えば，一昔前の世代よりも困難な時代を私たちは生きています。

こうした時代において日本の人々のみならず世界の多くの人たちがウェルビーイングにアクセスするためには，どのような工夫が個人として，また社会に求められているのでしょうか。

社会学は，現代社会の構造を明らかにし，現代を歴史の中に位置づけて社会の趨勢(すうせい)分析(時代の診断)を行おうとする学問です。具体的には，家族やコミュニティの基礎社会から学校や職場，さまざまな社会集団や社会空間といった中間集団，そして国内外の地域間関係や社会階層を俯瞰しながら全体社会の構成を見ていきます。その際，社会理論と呼ばれる社会を見るさまざまなアプローチや調査研究の方法論を学びます。

しかしながら，このオーソドックスな学習法では，大学において最低でも社会学概論と社会学研究法の２科目を履修することが必要になり，社会学を専門に学ぶ人には必須の教養であっても，一般科目として履修した場合には社会学の身近さや面白さにたどり着く前に講義が終了してしまいます。

本書は，従来の社会学の面目を一新するウェルビーイングのライフコース的アプローチとその課題について概説するという新しい社会学のテキストです。目次を見ていただけると分かるのですが，人の誕生から人生の最期までそれぞれの人生の段階においてどのような発達課題があるのか，そして，どのような問題があって解決のための試みや改善策が出されているのかということをみなさんに知っていただきたいのです。言い換えると，現代社会の課題を他人事ではなく，自分の問題として受けとめてもらうために自分の人生行路において遭遇する社会的課題を学習してほしいのです。

何のために学問はあるのか。私たちは何のために学んでいくのか。それは私たちが幸せに生きられるようになるために，人生で直面する諸問題に適切に対応するために，そして，世界中の苦難に直面する人々に対して想像力を働かすことができるようになるため，生き方に生かしていくためではないでしょうか。

このテキストの使いかたについて説明します。本書には，学習者にも教授者にも使い勝手がいい工夫が施されています。

① 見開きで左側の8頁分が図表とコラム，右側の8頁分が本文になっています。学生は10分から15分あれば，本文を読了することができますので，簡単な事前学習が可能です。教師は図表とコラムを資料として自由に講義を組み立てることもできます。図表の読み取り方についても，本文で説明がなされている以外の解釈が可能でしょう。

② 章の構成として，全体を「基本的学習」(1, 2)と「応用的学習」(3, 4)の項に分け，それぞれをさらに2つの項で分けて，学習すべき要点と未解決の社会的課題が明確になるように説明されています。ですから，素早く章の内容を把握しながら読み進めたいのであれば，基本的事項だけを読んでいくことも可能です。

③ ウェルビーイング研究や社会学の専門用語については，本文中もしくはコラムで語義の定義について解説をしています。この二つの領域につい

て基礎的知識がゼロからの学習であっても，本書読了後にはウェルビーイングの研究課題が何であるか，社会学のものの見方がある程度わかるようになります。

④ 各章末「考えてみよう・調べてみよう」の項には，推薦図書と発展学習のボックスを付しており，自分で学習を進めたり，少人数のグループで課題を示して学習を促したりすることにも使えます。

本書の執筆者は，社会学，文化人類学，社会福祉学，医療看護学などの専門家です。2018年4月から2022年3月まで編者の櫻井義秀を代表とするウェルビーイングの研究会を重ねてきました。2000年3月からの2年間はオンライン・セミナーという形で講師を招いた一般公開の研究会とし，本書の各章に関わる研究課題について理解を深めてきました。2019年から2022年には，科学研究費補助金基盤研究(B)19H01554「高齢多死社会日本におけるウェルビーイングとウェルダイングの臨床社会学的研究」(櫻井義秀代表)を受け，その研究成果を社会的還元する一つのプロジェクトとして本書が刊行されています。

北海道大学出版会の編集者である武島直美氏には，テキスト刊行までのスケジュール管理，テキストのフォーマット作成から図表の整理，電子書籍化までの段取りなど多彩な編集作業をこなしてくれました。御礼申し上げます。北海道大学出版会としては，櫻井義秀・飯田俊郎・西浦功編『アンビシャス社会学』(2014年)に次ぐ社会学のテキスト刊行になります。

本書が，教養科目として社会学を学ぶ大学の学部生や，社会福祉や医療看護で社会学を初めて学ぶ学生，および社会学のインターフェース的な役割に気づいた社会実践の現場で働く社会人の方々に手に取ってもらえることを期待しています。

編者

目　次

第1章　ウェルビーイングとライフコース
その視点と射程

この章で学ぶこと

ウェルビーイング(Well-being)とは，主観的幸福感と客観的な生活・社会環境の両面に着目した価値観であり，人間社会の目標でもあります。人はどのような状況・諸条件において幸せを感じ，味わうことができるのかを本書では人間の生老病死というライフコースにおいてみていきます。

この章ではそのための基本的な視点を学んでいきます。

キーワード：主観的幸福感，クオリティオブライフ(QOL)，幸福度，世代，人新世

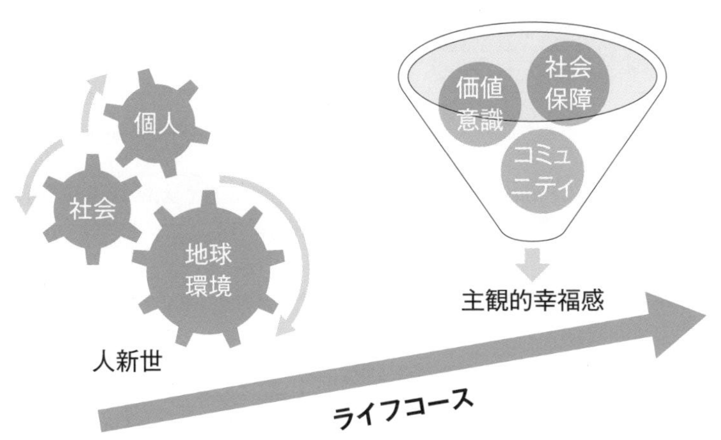

コラム 1-1　幸福論には

「幸福かどうかは明らかに環境的要素と自分自身のとらえ方に関わっている。――しかしながら，多くの人にとって幸福とは簡単で明快なものだ。食事ができて住むところがあり，愛する人とまずますの仕事に恵まれ，仲間たちに認められることである。」(私訳)

（出典）Russell, B., 1930, *The Conquest of Happiness*, London: Allen & Unwin.

「気分にまかせて生きている人はみな悲しみにとらわれる。否，それだけではすまない。やがていらだち，怒り出す。――ほんとうを言えば，上機嫌など存在しないのだ。気分というのは，正確に言えば，いつも悪いものなのだ。だから，幸福とはすべて，意志と自己克服とによるものである。」

（出典）アラン著(1925)，神谷幹夫訳(1988)『幸福論』岩波書店。

表 1-1　人生満足度尺度

1	ほとんどの面で，私の人生は私の理想に近い。
2	私の人生は，とてもすばらしい状態だ。
3	私は自分の人生に満足している。
4	私はこれまで，自分の人生に求める大切なものを得てきた。
5	もう一度人生をやり直せるとしても，殆ど何も変えないだろう。

各項目に対して，「まったく当てはまらない」「ほとんど当てはまらない」「あまり当てはまらない」「どちらともいえない」「少し当てはまる」「だいたい当てはまる」「非常に当てはまる」のいずれかで回答する

（出典）大石繁宏(2009)『幸せを科学する―心理学からわかったこと』新曜社。

1　ウェルビーイングとは何か

この節で学ぶこと：何が幸せかは人それぞれ，でしょうか？ 幸せには成るものでしょうか。それとも気づくものでしょうか。幸せとは何か，その定義や概念の構造を理解しましょう。
キーワード：幸福論，人生満足度，クオリティオブライフ(QOL)，幸福感の文化差

幸福とは何か

幸せの定義は難しい。広辞苑(第4版)には，そもそも「幸せ」の見出し語がなく，代わりに「仕合わせ」があります。①めぐりあわせ。機会，天運。②なりゆき。始末。③(「幸せ」とも書く)幸福，幸運，さいわい。運が向くこと，とあります。「幸福」の用法は素っ気なく，「満ち足りた状態にあって，しあわせだと感じること。」しあわせだと感じることが幸せなのだと同語反復で終えるあたりが，碩学の国語学者である新村出らしいところです。

漢字文化圏では，「幸」「福」に付く「運」に力点があるようで運を引き寄せるための易や祈願法が古来考えられてきました。満足であると感じることの意味で用いられる幸福は，西欧的でしかも近代的な用法のようです。

世界の三大幸福論であげられるバートランド・ラッセル(Russell, B.)，アラン(Alain)，カール・ヒルティ(Hilty, C.)の幸福論のうち，ヒルティのみ信仰の安らぎを説いています。現代の幸福論は大半が「しあわせを感じる」にはどうしたらよいかを説く気持ちの持ち方や生活態度の本です。

心理学者は，幸せを個人の気分や感情そのものとし，精神状態を把握する複数の質問から「幸せ感」の尺度化を行います(表1-1)。経済学者によれば，経済的主体が選択する動機の大きさが効用(utility)であり，満足度(satisfaction)で測定します。効用を得るためにはお金が必要であり，収入の高い人は概して幸せ感が高いというわけです。しかしながら，先進国では1960年代から70年代にかけて経済成長により人々が豊かになっているにもかかわらず，人々の生活満足度が上昇しないという状況が出現しました。この問題

	外的質 Outer Qualities	内的質 Inner qualities
生活の機会 Life chances	生活しやすい環境 Livability of environment	個人の生活力 Life-ability of persons
生活の結果 Life results	生活の満足感 Utility of life	幸福感 Appreciation of life

図 1-1　クオリティオブライフの構成

（出典）　Veenhoven, R., 2000, "The Four Qualities of Life: Ordering Concepts and Measures of the Good Life," *Journal of Happiness Studies* 1: 1-39.

		生活者の主観的評価	
		良好	不良
生活の客観的指標	良好	幸せ Wellbeing	不協和 Dissonance
	不良	適応 Adaption	剥奪 Deprivation

図 1-2　ヴォルフガング・ツァップの類型論

（出典）　Zapf, W., 1984, "Individuelle Wohlfahrt: Lebensbedingungen und Wahrgenommene Lebensqualität", in Glatzer, W. and W. Zapf (eds.), *Lebensqualität in der Bundesrepublik. Objective Lebensbedingungen und subjektives Wohlbefinden*, Frankfurt am Main: Campus Verlag, 13-26.

点は1974年に指摘したリチャード・イースタリン(Easterlin, R.)の名をとって「イースタリンの逆説(パラドクス)」と言われていますが，満足度の逓減と満足の内容の変化が，日本でも1980年代後半以降出現しました。

ウェルビーイングの類型論

ウェルビーイング研究で著名なルート・ヴィーンホヴェン(Veenhoven, R.)によれば，ウェルビーイングの概念を生活(人生)の機会(Life chances)と実現された幸せ(Life results)に分けるべきだといいます。さらに，クオリティオブライフ(Quality of Life：QOL，生活・人生の質)を構成する社会的条件(Outer qualities)と個人的条件(Inner qualities)の区別を加えたウェルビーイングの次元を分析的に考える4象限を考案しました(図1-1)。

生活満足度と幸福感を意識や心理で測定するとほとんど重なるのですが，他人から見て満足すべき環境にありながらも幸せ感を得ていない人はいます。逆に，不足を挙げればきりがないように見える人でも幸せそうに暮らしている人がいます。まさに生活を楽しめる個人の力が関わっていると言えるでしょう。

ヴォルフガング・ツァップ(Zapf, W.)は生活の客観的指標と生活者の主観的評価の重なり具合から4つの心理状態を類型化しました(図1-2)。どちらも良好であれば幸せですし，生活環境に不足はあっても満足できるのであれば環境や状況に適応しているともみなせます。逆に，恵まれた生活環境にありながら満足できないのは認知的不協和の状態とも言えます。もちろん，良好とは傍目から見ての話であり，本人でなければわからない気苦労やら問題などあるかもしれません。どちらも良好ではない状態が剥奪であり，社会的支援が提供されるべきです。

このようにウェルビーイング研究は，心理学から経済学，社会学や社会福祉学にまたがり，人間の精神状態を対象とするという意味では哲学や医学のような基礎科学にも及ぶ学際的領域研究に発展しています。世界に「不幸」な状況に置かれている人たちは数多くいます。ウェルビーイング研究では多くの人を不足の状態から救い，幸せを感じられる社会にするためにどうしたらよいのかという未完のテーマに取り組んでいます。

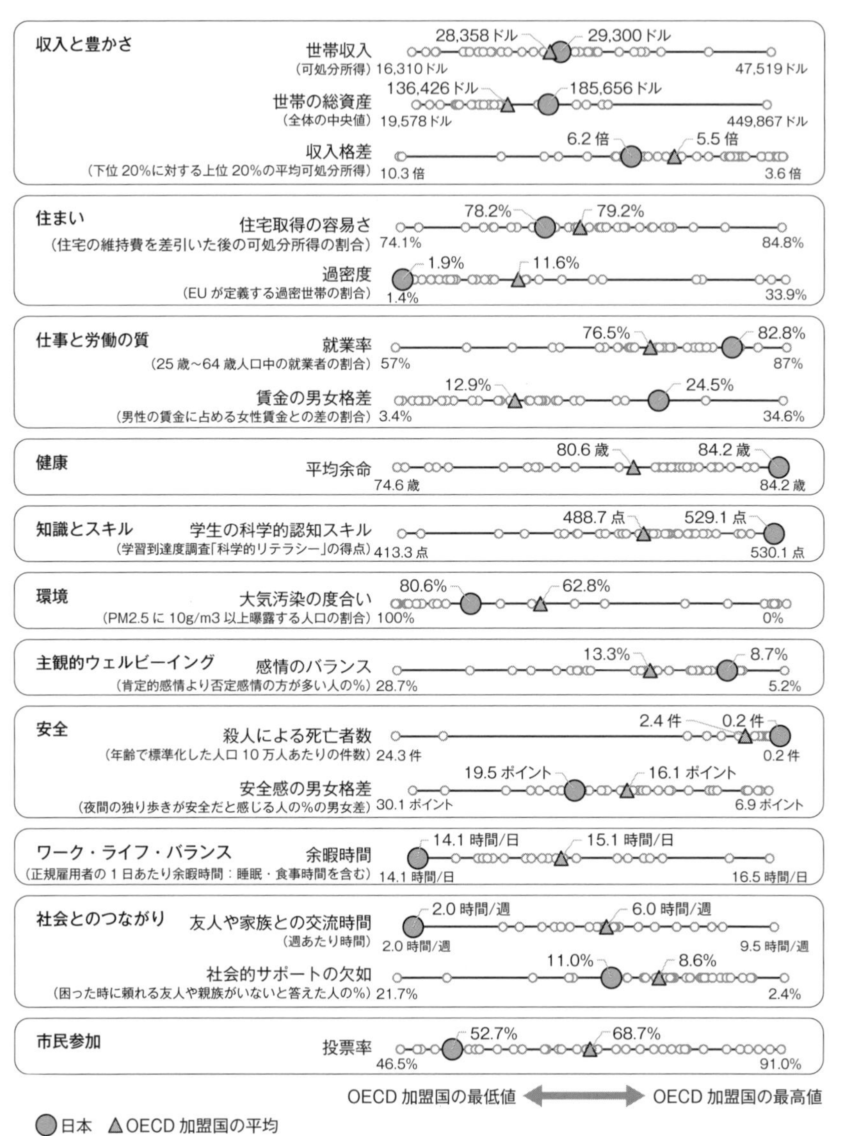

図 1-3　日本のウェルビーイングの特徴（BLI：より良い暮らし指標）

（出典）　OECD, 2020, *How's Life? 2020: Measuring Well-Being*, Paris: OECD Publishing より清水香基作成。

2　ウェルビーイングの国際比較

この節で学ぶこと：日本人の幸福度は先進国の中では中下位です。なぜでしょうか？
キーワード：幸福度調査，幸福感の文化差

幸福度の比較

コロンビア大学の地球研究所によって始められたWorld Happiness Report（世界幸福度報告）では，ギャラップ社の調査資料をはじめとして一人当たりの国内総生産，社会福祉，健康寿命，選択の自由，寛容さ，汚職の度合い，主観的心理状態（ポジティブ・ネガティブの両面から尺度化）他を用いて世界各国の幸福度をランキングしています。2021年版によると，2018年から20年にかけての日本の幸福度は，世界149カ国中で56位です。東アジアでは，台湾が24位，シンガポール32位，タイ54位，韓国は62位，香港77位，中国84位，ラオス100位です（Helliwell, J. F. et al., 2021）。

世界の1位から10位は順に，フィンランド，デンマーク，スイス，アイスランド，オランダ，ノルウェー，スウェーデン，ルクセンブルク，ニュージーランド，オーストリアであり，北欧の福祉先進国や人口規模の小さな国です。11位から20位にドイツ，アメリカが含まれ，21位から30位にはフランスなどのヨーロッパ諸国と中東の産油国が入ります。31位から40位までにバルト海三国や中南米の小国が入り，ちなみに世界で最も幸福度の低い国は，139位のインドを例外にアフリカの紛争国家とアフガニスタンです。

上位国では一般に社会保障・主観的幸福感共に高く，中南米諸国は主観的幸福感が社会保障の充実度や汚職の度合いを補って余りあるほど幸せ感が強いようです。富裕なアラブ諸国を除けば，世界経済に確固たる地位を占めている日本，韓国，中国の幸福度は意外なほど低く，ポイントの開きは，フィンランド（7,889），日本（5,940），中国（5,339），ラオス（5,030），インド（3,819），アフガニスタン（2,523）であり，東アジア諸国は中位国と言えます。

日本の特徴を他のOECD（Organization for Economic Co-operation and

表 1-2　文化的幸福感に関する知見

文化	幸福の捉え方	幸福の予測因
北米	ポジティブ 増大モデル 高覚醒	個人的達成思考 主体性と自律性 個人目標達成 自尊心・誇り
東アジア	ネガティブさの包括 陰陽思想 低覚醒	関係思考 協調的幸福，人並み感 関係目標達成 関係性調和 ソーシャルサポート

（出典）内田由紀子・萩原祐二(2012)「文化的幸福感―文化心理学的知見と将来への展望」『心理学評論』55(1)，29頁。

コラム 1-2　ポジティブ・シンキングとポジティブ心理学

ポジティブ・シンキング(positive thinking)はアメリカ的マインドとも言えますが，積極的に人生・ビジネスを切り開いていくノウハウから，思考が現象化するという疑似科学的集団療法まで幅広い発想法です。ポジティブ心理学はマーティン・セリグマン(Seligman, M.)によって発展されたアメリカの人間性心理学です。従来の心理学や精神医学が病者の治療を目的としていたのに対して，予防や抵抗力(レジリエンス)，さらに幸福感を高める方向で研究や実践を進めます。

日本では，ポジティブ・シンキングとポジティブ心理学の境界が曖昧であり，市販のポップ心理学本は前者が多いように思われます。本を読んでわかることと習慣化することはまったく別のことですし，なにより人にはそれぞれその人に合ったやり方があります。それを自分で探していくことで自ずとポジティブな人になれるのではありませんか。

Development：経済協力開発機構）諸国と比べるために，OECD が策定している BLI（Better Life Index：より良い暮らし指標）から見てみましょう（図 1-3，OECD 諸国における日本の位置）。日本は現在 OECD 諸国と比べて収入や住環境，ワーク・ライフ・バランスの面で平均よりやや低く，賃金の男女格差がかなりあります。治安や平均余命は高いのですが，社会との繋がりや政治参加の意識は高いとは言えません。主観的幸福感について言えば，肯定的感情よりも否定的感情を持つ割合が高いようです。

約 30 年の間に日本の所得や労働環境は OECD 諸国や他の東アジアの諸国と比べても相対的に低下しており，その主要な要因は少子高齢化の加速と有効な経済政策をうてなかったことがあげられています。ともあれ，日本が世代第二の経済大国だったという時代の記憶と自信に基づいて，「夢よもう一度」と安易な希望を持つのは現実的ではありません。

ところで，幸福度の国際比較調査では，幸福度の指標とされる諸項目の重み付けがどの国も均等であるという前提で比較しています。しかし，国民性や世代によってどの項目を重視するか，実際には違いがあるかもしれません。

幸福度の文化差と世代差

文化心理学では人々の価値観・心理的傾向・行動様式に集団間の文化差を想定します。内田・萩原の研究によれば，幸福感にも文化差が認められるのではないかということです。典型的な例で示すと，北米と東アジアの文化差であり，個人主義的な達成志向性およびそれを評価する文化圏と協調主義的な関係維持志向性とそれを評価する文化圏とでは，なにごとにつけ秀でることに対するポジティブ・ネガティブ感情のバランスが違い，仕事の喜びと人間関係を維持する喜びのどちらを重視するかにも違いが確認できます。

「禍福はあざなえるなわのごとし」と言います。良いことばかり続かないし，逆に悪いことばかりも続かない。幸せを個人が獲得するものというよりも向こうから近づいてくるものという捉え方を思い起こします。

こうした文化差は，歴史的に性別に役割が割り振られてきたジェンダー差として現れることもあれば，価値観や生活様式が世代ごとに大いに変わってきた現代の若者と中高年世代の差としても表れるかもしれません。

人生の諸段階	発達課題	支援・ケア
発育期・青年期	成長・学習	教育・療育
壮　年　期	労働・家族形成	就業・子育て
高　齢　期	介護・健康維持	医療・介護支援
人生の最終期	人生の総括	医療・スピリチュアル・ケア

図 1-4　人生の諸段階と発達課題

（出典）筆者作成。

コラム 1-3　自律性の呪縛から逃れてはどうだろうか

ピンピンコロリを理想として語る高齢者は多いものです。介護で家族に迷惑をかけたくないし，人の世話になりたくないという気持ちがあるのでしょう。しかし，ピンコロという急死や不治の病の死など，私たちは選択も自己決定もできません。長寿化社会において認知症と呼ばれる老いから逃れられる人は半数もいないのです。

重度の障害を抱えた子どもを育てることの意味・意義を問い続けてこられた児玉真美さんという方が，2019 年に『殺す親　殺させられる親―重い障害のある人の親の立場で考える尊厳死・意思決定・地域移行』（生活書院）という書籍を出版されました。安楽死・尊厳死の話を聞くたびに，この子は生きていてはいけないのか，親の責任でなすべきことがあるのかと児玉さんは語ります。2016 年の相模原障害者施設殺傷事件では，我が子が殺されたように思った親御さんが何千人もいました。

人間の尊厳を〈自律性－自己決定〉の権利や能力に置く発想には，人間の崇高さと冷酷さが諸刃の剣としてあるのではないでしょうか。近代的人間観の危うさを，マスメディアや社会は許してしまっているのではないでしょうか。生老病死は選択の外であり，自律的であることは恩恵であって，規範や義務にはならないと私は考えます。

3　ライフコースと世代

この節で学ぶこと：人は生まれた以上必ず死にます。永遠に若く活力に溢れ，何でもできる状態のままで死を迎えることはできません。生老病死，それぞれのときにおいてどんなドラマが待っているのでしょうか。その受け止め方，味わい方は世代・時代によって違うのでしょうか。現代において多くの人が幸せになるために最低限必要な条件は何なのかを考えましょう。
キーワード：発達課題，世代

人生百年時代の生老病死とウェルビーイング

現代日本の少子高齢化・長寿化の人口変動や格差社会の定着は，子どもたちの育ち方のみならず，壮年期・高齢期の生き方にも大きな影響を与えています。具体的には，子どもの教育，親の介護問題が中高年最大の懸案であり，長寿化は自身の健康問題や老後資金枯渇の課題を生み出しています。

このような時代に私たちは人生の諸段階において図1-4のような発達課題をかかえるようになりました。しかも，青年期の学習期間が大学院も含めれば30歳くらいまで延び，壮年期も老後レスの時代と言われるくらい労働期間が70代に延びようとしています。兄弟姉妹で分担していた親の介護は子ども数減少のために誰もが担うものとなり，老老介護も必須でしょう。高齢期の家族ケアの期間も80代まで延びています。そうしてようやく人生の最終段階を90歳前後で迎えようとしているのが現代の日本人なのです。

人生の発達課題を家族だけで担えるでしょうか。個人化が進行する現代社会に福祉や社会保障は必須ですが，社会的支援やケア労働に従事している人たちは必ずしも対価的に報われていません。本当に必要な仕事に従事する人たちが離職せずに済むよう，真剣に考えていかないと，日本人の人生設計はまったくなり立たなくなるのではないでしょうか。

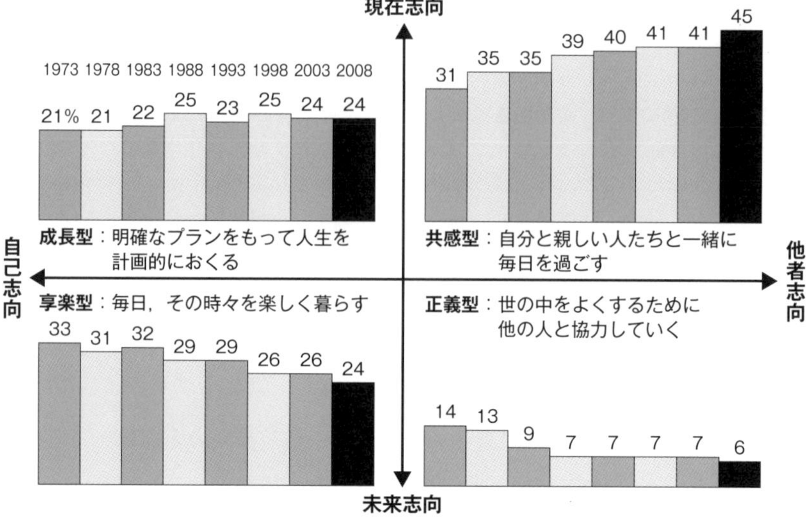

図 1-5　日本人の夢と価値観の変化

（出典） Shimizu, K. and K. Ng, 2019, "Is the 'Japanese Dream' Changing?: Cohort Analysis of NHK's Survey of Japanese Value Orientation (1973-2008)," 『21 世紀東アジア社会学』 2019(10), 40-57 頁および清水香基による作図。

コラム 1-4　昭和・平成・令和の三代を比べてみると

日本の元号は不思議に時代の特性を表しているものです。昭和は「百姓(ひゃくせい)昭明(しょうめい)にして，万邦(ばんぽう)を協和(きょうわ)す(『書経』)」，平成は「地平(ちたいら)かにして天成(てんな)る(『史記』)」「内平(うちたいら)かにして外成(そとな)る(『書経』)」，令和は「初春(しょしゅん)の令月(れいげつ)にして，気淑(きよ)く風和(かぜやわら)ぎ(『万葉集』)」が由来とされます。

人口変動から見ると昭和は人口増大期，平成はプラトー期，令和は減少期です。経済変動から見れば，昭和は右肩上がりの成長期，平成は失われた 20-30 年の停滞期，令和は緩やかな減退期(期待は維持・存続)となるでしょう。

どの時代に青年期を過ごしたかで「時代の精神」といったものがその世代に内面化されます。問題なのは，人口減少期・経済減退期に入っても政財界や社会の諸領域の指導層には「成長・成功神話」が根強く，中高年層は日本が「経済大国」であった時代の記憶を思い出し，政治に「夢よもう一度」を期待してしまうことです。

世代と価値観の変化

1961年に生まれた私が短期大学で専任講師として働き始めた1980年代後半は，日本経済の黄金期であり，誰もが日本の明るい未来を信じて疑わない時代でした。就職担当教員として菓子折をもって企業訪問をやりましたが，有効求人倍率16倍だったので実質的にやらずとも済みました。短大生たちも学校推薦で就職が決まり，金融機関に就職した教え子たちは2年目で私の給与やボーナスを追い抜いていきました。日本の若者が欧米の高級ブティックでブランドを爆買いし，中高年の団体旅行客が世界中を闊歩した時代でした。現在の中国の富裕層を想像してください。

私の10-20年先輩の人たちは学生運動時代に青春を送り，高度経済成長にのって人生は一貫して右肩上がりです。見田宗介という社会学者は『価値意識の理論．欲望と道徳の社会学』(弘文堂1966年)において社会変革運動に共鳴する学生たちのなかに享楽的で個人主義的志向性も見いだしていました。価値意識を現在志向—未来志向，自己志向—他者志向の二軸から価値意識の類型を作っています。この類型が約半世紀のうちにどのような変化を遂げたかを，伍嘉誠と清水香基という若手の社会学者がNHKの日本人の価値観調査を用いて分析した結果が図1-5です。

一見してわかるのは，日本において社会正義を求める志向性を持つ人は元々少なく，しかも減ってきていること。仲間と共感しながら気持ちよく過ごしたいという人が徐々に増えて今では社会の半数に達していること。自己を成長させたいという積み上げ型の価値観を持つ人が減っていることです。享楽型は元々の四分の一から変化がありません。

主観的幸福感を考える際に私たちがどのような価値観を持ち日々を過ごしているのかを知ることは重要です。成長型が減って共感型が増えているのは，約30年にわたる日本経済の成長鈍化が関わっているでしょうし，豊かさを達成した上で生活の質を求めたいという価値意識の変化を表しているかもしれません。人はどの時代に生まれるかを選ぶことはできませんが，時代に決められた人生の経路を辿りながら幸せを探して行くのでしょう。

主な生物	主な地質年代			年代
	新生代	第四紀	人新世	20 世紀
			完新世	1 万 1700 年前
人類			更新世	258 万年前
↑		新第三紀		
哺乳類		古第三紀		6600 万年前
↑	中生代	白亜紀		
恐竜		ジュラ紀		
↑		三畳紀		2 億 5100 万年前
三葉虫	古生代			5 億 4100 万年前
生命誕生	先カンブリア時代			46 億年前

図 1-6　地質時代に現れた人新世

（出典）筆者作成。

表 1-3　SDGs：持続可能な開発目標

1　貧困をなくす	10　不平等の是正
2　飢餓をなくす	11　持続可能な都市とコミュニティ
3　健康と幸福	12　生産と消費に責任を持つ
4　質の高い教育	13　気候変動に具体的な対策
5　ジェンダー平等	14　海洋資源を保全
6　安全な水とトイレ	15　陸域生態系の保護
7　クリーンエネルギー	16　平和と公正を可能にする機関設置
8　働きがいと経済成長	17　グローバル・パートナーシップ
9　産業と技術革新，インフラ整備	

（出典）国連開発計画（UNDP），「持続可能な開発目標」https://www.jp.undp.org/content/tokyo/ja/home.html（2022.2.10）より筆者作成。

4　人新世のウェルビーイング

この節で学ぶこと：現代社会は近代を超えて新しい時代に入ったことを認識しましょう。
キーワード：人新世，SDGs，グッド・アンセスター

人新世と地球の臨界

人新世（じんしんせい）(Anthropocene)とは，人類が地球の地質や生態系に与えた影響に注目して提案されている地質時代における現代を含む区分です(図1-6)。パウル・クルッツェン(Crutzen, P.)らが2000年に提唱し，国際層序委員会が完新世の後に新たな地質年代を加えるべきかどうか議論してきました。プラスチックという新たな化石が画期となるかはおくにしても，多くの生物種が大量絶滅しているのがこの時代の特徴となるでしょう。この概念が地質学の領域を超えて諸科学に与えたインパクトは，地球温暖化などの気候変動とその社会的影響，そして資本主義経済の成長スピードと規模が地球環境を破壊して再生の臨界を超えているという認識から生まれてきたものです。

皆さんはSDGsという言葉をご存知ですね。SDGs(Sustainable Development Goals：持続可能な開発目標)とは，2015年に国連で採択され2030年まで実施するとされた17の世界的目標，169の達成基準，232の指標からなります。元々は，2001年に策定され2015年まで実施されたミレニアム開発目標でしたが，先進国も含めたSDGsとなり，環境保全とエネルギー問題，貧困・飢餓・差別・不平等や不公正の是正が地球的な課題として提示され，世界中の政府や企業，大学や自治体も積極的に取り組むようになっています。

しかしながら，環境学や生態学を専門とする研究者は，SDGsウォッシュとでも言うべき企業活動や自治体プロジェクトの免罪符としてSDGsが使われることや，脱炭素を成長の起爆剤にしようとする動向に懸念を示しています。森林資源を数十年単位で伐採・植林する，魚類や動植物の生態系のバランスを再生可能な範囲を超えて崩さないためには，先進社会における快適な衣食住と娯楽の欲望に制限が必要です。原理的に考えてみると，成長より縮

表 1-4　短期的時間から長期的時間軸へ

短期主義の体制・文化・思考様式	長期思考の方法
時計の専制	ディープ・タイム　宇宙時間の慎しみ
デジタル機器に奪われる時間 / 注意散漫	後生へ遺産をのこす志向
場当たり的政治	世代間の公正
投機的資本主義	大聖堂思考
不確実性のネットワークへの埋め込み	包括的な未来予測
永遠の進歩 / 終わりのない経済成長	超目標 / 地球を残すことに注力

（出典）　クルツナリック著(2020)，松本紹圭訳(2021)『グッド・アンセスター――私たちは「よき祖先」になれるか』あすなろ書房。

コラム 1-5　「吾唯足知」(ワレタダタルコトヲシル)

茶の湯では知足香合(「吾唯足知」をデザインしたお香の容れ物)が使われます。少欲知足も僧侶の説法や文章で使われます。日本社会は人口減少や経済の縮小に覚悟を決められないので，成長戦略の策定に腐心するのでしょう。経済大国の看板を下ろし，少欲知足の旗を小さくあげてみることはできないものでしょうか。楽になると思うのですが。

図 1-7　京都・龍安寺(りょうあんじ)　蹲踞(つくばい)「吾唯足知」(ワレタダタルコトヲシル)

（出典）　大雲山龍安寺公式 HP　http://www.ryoanji.jp/smph/guide/grounds.html#g_lis02(2022.2.10)より筆者作成。

小が環境維持に求められています。

個人の幸せを超えた人類社会—地球のウェルビーイング—

ローマン・クルツナリック(Krznaric, R.)という政治社会学者が，「短期的思考が支配的な現代世界においてどのようにしたら長期的思考が可能になるのか」という副題の書籍において，私たちはよき祖先になれるかと問うています。地球温暖化やプラットフォーム型資本主義(GAFAM(ガーファム)のような巨大IT企業に利益が集中する資本主義)による格差社会化の問題は，私たちの思考様式から生み出されているというのです。

現代は時をめぐる綱引きが行われています。近現代の体制や文化は短期的時間の思考や行動様式を生み出しています。私たちはIT技術を駆使し寸暇を惜しんで情報を取得し，損をしないように効率的な投資をしようとします。個人も国家も豊かになりたい，若く魅力的でありたい，一目置かれたいということで永遠の成長をめざすのです。結果的に，地球環境の臨界を越えます。しかし，人類社会や地球という時間軸で考えたときに，わずか百年余りの大成長時代のために地球環境をだいなしにし，未来世代に手のつけどころがないような荒廃した大地や海を残していいのでしょうか。

一昔前まで，農家の人は次の代のために大地を肥やし，漁師は魚を捕りすぎることなく，山持ちの人は数十年先を見越して植林しました。世界的文化遺産の多くは，世代を超えて建造され，維持継承されてきました。これが人間社会の知恵だったのでしょう。ところが，工業化・都市化・情報化・消費社会化・グローバル化といった社会変動のなかで私たちは時間感覚を狂わせ，自分だけ，自分の国だけ，自分の世代のことだけを考えて多くを貪りました。私たちはそのしっぺ返しを地球温暖化に伴うゲリラ豪雨，スーパー台風，猛暑，大雪といった気候変動，人獣接近による感染症の襲来というかたちで目の当たりにしています。

ウェルビーイングは個人の一生を対象とするものですが，個人のウェルビーイングは人間社会や地球環境の存続なしに実現不可能なのです。

考えてみよう　調べてみよう

1. 大竹文雄・白石小百合・筒井義郎編著(2010)『日本の幸福度―格差・労働・家族』日本評論社。
2. 小塩隆士(2014)『「幸せ」の決まり方―主観的厚生の経済学』日経 BPM。
3. 島井哲志(2015)『幸せの構造―持続する幸福感と幸せな社会づくり』有斐閣。
4. 櫻井義秀(2019)『宗教とウェルビーイング―しあわせの宗教社会学』北海道大学出版会。
5. 櫻井義秀(2020)『葬儀レス社会　これからの仏教―人生百年時代の生老病死』興山舎。

1. 幸せって何でしょう。どんな時に，どんな風にかんじるものでしょう。みなさんで話してください。
2. 日本は世界の中で幸福度が中くらいの位置にあります。国家の経済力，国際的プレゼンス，文化伝統のユニークさや歴史性と比べて低すぎやしませんか。どうしてそうなるのでしょうか。みなさんで話してください。
3. SDGs，ソサイエティ 5.0，脱炭素社会など日本の成長戦略にあげられている目標を少し調べてください。私たちがそれで幸せになるのかどうか，みなさんで話してください。

引用文献

Helliwell, J. F. et al. (eds.), 2021, *World Happiness Report 2021*, New York: Sustainable Development Solutions Network.

第 2 章　誕生から思春期まで
「子ども」，「家族」，「教育」の変容と多様性

この章で学ぶこと

人間は誕生の前から複数の関係のつながりの中にいます。「子ども」たちは，生まれ落ちた社会に適応する必要に迫られ，その社会にとって適切な考え方や振舞い方，知識・技能を身に着けるために家族や学校などの担い手によって教育される対象となるのです。しかし，その具体的内容は子どもの置かれた社会や関係性のあり方によって異なることでしょう。この章では，誕生から思春期までの「子ども」と社会の関係について学び，ウェルビーイングと育ちとの関係とはどういうことであるのか改めて考えてみましょう。

キーワード：子ども，家族，教育，発達，多様性

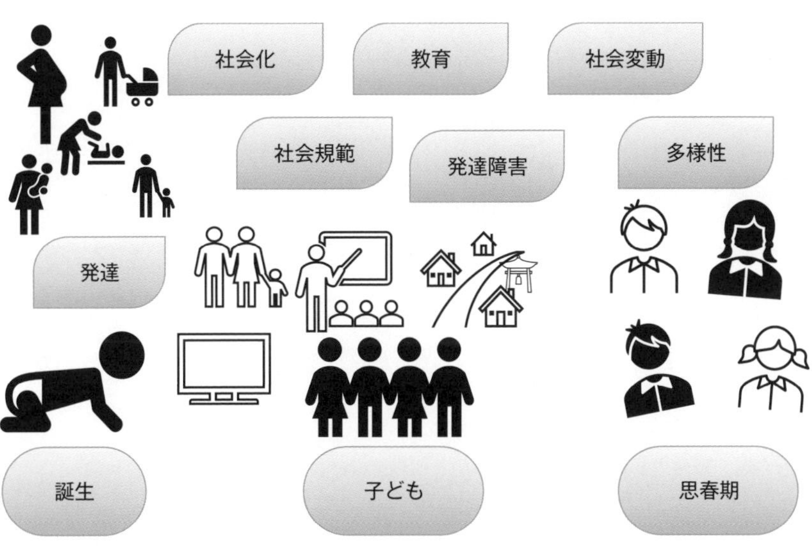

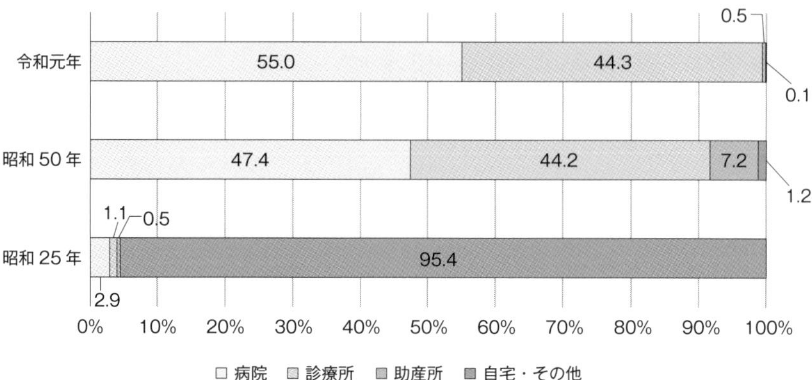

図 2-1　昭和 25 年・昭和 50 年・令和元年の出生場所

（注）　四捨五入のため，合計は 100 にならない場合がある。
（出典）　厚生労働省「令和 3 年度人口動態統計特殊報告出生に関する統計」統計表 17-2 より筆者作成。

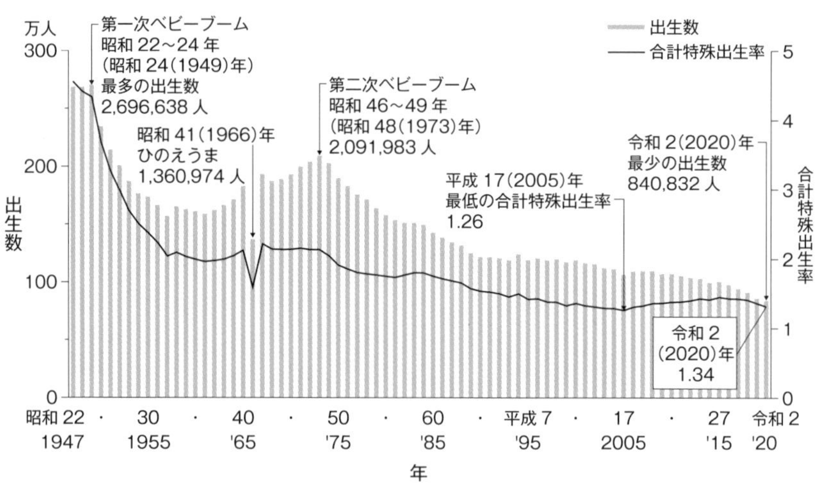

図 2-2　出生数及び合計特殊出生率の年次推移
（出典）　厚生労働省「令和 2 年（2020）人口動態統計月報年計（概数）の概況」4 頁。

1　社会的に作られる自己

この節で学ぶこと：誕生から思春期まで人間が育つ社会的プロセスについて，学びます。
キーワード：社会変動，社会化，社会規範，発達，教育

生まれ落ちた先

人間は正期産であれば40週前後の期間を胎内で育ち外界に出てきます。五感を働かせて周囲を感じ取ること，わずかに身体を動かすこと，泣くことが生まれたばかりの赤ちゃん自身にできる精一杯なことです。誕生した赤ちゃんが思春期まで生き延びるためには，他者からのケアを受ける必要があります。人間にとって，子ども時代を過ごす環境が人生に与える影響の大きさは疑いの余地がありません。

良い状態である誕生とはどのようなものでしょうか。そのありようは社会によっても時代によっても異なります。例えば，現在は病院・診察所で99%の赤ちゃんが出生していますので，筆者(猪瀬)が第2子を自宅出産したと聞くと驚くかもしれません。しかし，戦後まもなくは9割以上の人が自宅等で生まれていましたので，当時は病院・診療所生まれの方が驚かれたことでしょう(図2-1)。

日本の第一次ベビーブームである「団塊の世代」の例にみるように同世代の人数の多寡は，社会にも個人の人生にも少なからぬ影響を与えます(図2-2)。1947～1949年生まれの方たちの動向は，現在に至るまで経済や文化に大きな影響を与え，一人ひとりは多様な人生を歩んでいても総体として社会変動を支えてきました。社会変動は，子どもたちが生まれ育つ場である家族，学校，地域社会それぞれの変化をもたらし，そのあり方を方向付けます。

とはいえ，どんな社会・時代であっても，子どもたちが生まれ落ちた先の人間関係，社会関係の中で育ち，育てられていくことには変わりはありません。

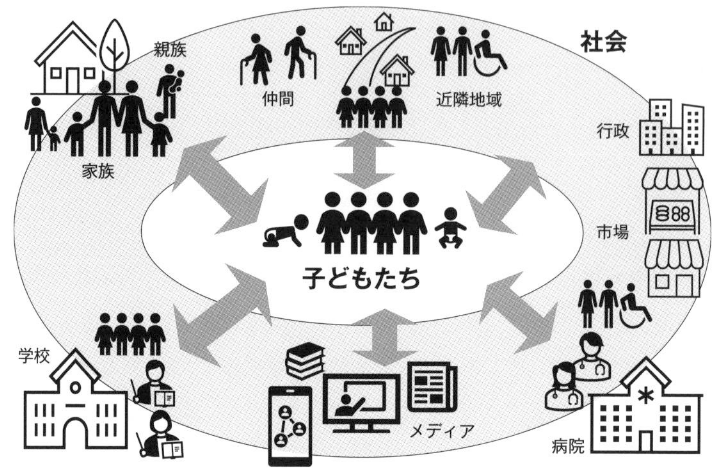

図 2-3　社会化のイメージ

（出典）筆者作成。

コラム 2-1　自己と他者

「鏡に映った自己(looking-glass self)」

チャールズ・クーリー(Cooley, C.)の用語。自己が他者との社会的な相互作用を通して理解・形成される社会的なものであることを比喩的に捉えたことば。

「重要な他者(significant others)」

ジョージ・ミード(Mead, G.)の用語。自分自身を形成していくうえでとりわけ重要な影響を与える他者。家族や教員，仲間集団が代表的だが，それにとどまらない。

「一般化された他者(generalized other)」

ジョージ・ミードの用語。個別具体的な他者ではなく，社会的規範を表象するような役割体系としての他者。

「社会化」される個人

「社会化(socialization)」とは，個人が他者との相互作用を通じてその人にかかわりのある社会や集団の価値観に基づく態度・技能・知識・動機・感情の持ち方・示し方といったその社会・集団の構成員として求められ，許容される範囲の思考・行動様式を習得・形成していく過程のことです。

社会化は相互作用です。赤ちゃんも生きていく場所を得るために周囲の様子を感じ取り，受け取り，周囲に返しています。2002 年に個人産院で生まれた筆者(猪瀬)の第 1 子は出生直後新生児室で一人にされたストレスなどが要因で血を吐いて救急搬送されました。これも必死の訴えだったのでしょう。

社会の側も赤ちゃんの成長に関心を払っています。2014 年に大学病院で生まれた筆者(猪瀬)の第 3 子は標準的に体重が増加せず，定期的に病院に通ってしばらく経過観察を受けました。生後 4 カ月頃には地域の民生委員，保育士から家庭訪問を受けて母子の様子を確認されました。病院や地域による観察・訪問は国が定めた母子保健法などの法律が根拠となっています。

生まれ落ちた先は家族だけでなく，国・地方公共団体，学校，病院，地域社会，メディアなど多様な担い手によって構成されています。個人は誕生から思春期までの間にこれらの社会関係が要求する思考・行動様式，「役割(role)」を習得して個人のパーソナリティとアイデンティティの基礎を確立し，社会の側は個人にその社会・集団の文化を伝達して集団の構成員として適合するよう促していきます。社会化は思春期以降の成人期・老人期まで新たな集団への参入，役割取得が求められるたびに必要となりますが，子ども期における社会化は自己の形成にとって重要なものとなります。

人間の自己は，「鏡に映った自己」とも称される他者との相互作用によって形成される社会的なものです。相互作用する対象は，個別具体的な「重要な他者」も，もちろん重要ですが，抽象的な「一般化された他者」の影響もその人のありようを大きく意味づけ，方向付けます。言語の中にはその社会における規範も埋め込まれており，「一般化された他者」の一つといえます。言語の習得は子ども期の重要な発達課題とされています。

表 2-1　ピアジェの認知発達段階

段階・年齢	発達課題の特徴
感覚運動期 0-2 歳	感覚と運動に基づいた外界に対する認知・適応
前操作期 2-6，7 歳	抽象化した言葉等による外界に対する認知・適応（自己中心性）
具体的操作期 7-11，12 歳	具体的な事物についての論理的思考による認知・適応
形式的操作期 12 歳以降	抽象的な概念等を用いた論理的思考による認知・適応

（出典）　高橋一公・中川佳子編（2014）『生涯発達心理学 15 講』北大路書房をもとに筆者作成。

表 2-2　ハヴィガーストの発達課題（社会的な側面の一部のみ）

段階・年齢	発達課題の特徴
幼年期 0-5 歳	・社会や事物についての単純な概念の形成 ・他者との情緒的結びつき　・性の違い，性に対する慎みを学ぶ ・善悪の区別の学習と良心の発達
児童期 6-12 歳	・友だちと仲良くする ・子どもとしての性別役割を学ぶ ・日常生活に必要な概念の発達
青年期 13-17 歳	・保護者からの情緒的自立　・大人としての性別役割を学ぶ ・職業選択，結婚・家庭生活の準備 ・行動の指針としての価値や倫理の体系を学ぶ
成人前期 18-35 歳	・適切な社会集団の発見・認識 ・配偶者選択，子どもを持つ ・仕事につく，家庭を管理する
中年期 36-59 歳	・一定の経済力を確保し，維持する ・大人に向かう子どもたちの成長を援助する ・老年の両親の世話と適応
成熟期 60 歳以上	・引退と収入の減少への適応 ・同年代の人との親密な関係の形成 ・配偶者と自身の死への準備と受容

（出典）　二宮克美・大野木裕明・宮沢秀次編（2012）『ガイドライン　生涯発達心理学［第 2 版］』ナカニシヤ出版および住田・高島編（2018）をもとに筆者作成。

2　社会における発達と教育

この節で学ぶこと：発達の理論と教育との関係について学びます。
キーワード：発達の理論，近代教育学，家族集団，学校集団

発達の理論と社会

他者からのケアを受け取れる環境で，一定の健康を備えた子どもが育てば，身体的にも精神的にもその子なりに力をつけ，自己を形成してある程度自律的に生きていくことができるようになります。この過程は発達といわれます。

近代教育学の古典とされる『エミール』の著者ジャン=ジャック・ルソー（Rousseau, J.-J.）は，人間社会によって歪められない「自然人」を理想としつつも，「社会」の影響は無視できないものととらえていました。

人間の発達において社会的影響は決定的に重要です。発達心理学者ジャン・ピアジェ（Piaget, J.）は生物学的に人間内に備わっている認知構造の発達に主に焦点を当て，子どもが成人に達するまでの間に認知発達が段階的に起こると考えました（表2-1）。一方，発達心理学者レフ・ヴィゴツキー（Vygotsky, L.）は，心の発達が歴史的産物である言語に依存することに着目し，社会的状況が子どもの認知発達には必要不可欠と論じました。ピアジェが子ども自身の独自に発達する側面を強調したのに対し，ヴィゴツキーは発達が個人と社会の間で共同的に起こる過程である側面に着目しています。

人間にとって社会的・対人的活動は生涯続きますし，「人間らしく」生きるために必須です。教育学者ロバート・ハヴィガースト（Havighurst, R.）は，人間の生涯を6段階に分け，各段階に具体的な発達課題を示しています（表2-2）。精神分析の創始者ジグムント・フロイト（Freud, S.）は思春期に至るまでの心的発達を性的な欲望の生じる場所の変化と組み合わせた発達段階を提示し，発達心理学者エリク・エリクソン（Erikson, E.）は性的発達だけでなく社会的欲求にも重点を置いて，次世代育成を課題とする壮年期，死の受容を課題とする老年期までの発達課題を設定しています。これらの理論には近代西欧の男性中心主義的な社会観・労働観の影響が強くみられます。

図 2-4　社会化集団と子ども

社会化集団は，新しく加わった（加わる予定の）社会成員に対して，「意図的に」その社会集団に「ふさわしい」人になるよう働きかけている。

（出典）　© Inose, R., 2022.

図 2-5　新型コロナウイルス感染拡大の影響

学校における学びは学校外で生じる出来事からも大きな影響を受ける。新型コロナウイルス感染拡大下では，教員，児童・生徒ともにマスク着用のもとでのコミュニケーションが基本となっている。

（出典）　© Inose, R., 2022.

教育と社会

善かれ悪しかれ，子どもが誕生から思春期まで育つ間，特定の社会の中で特定の思考・行動様式を身につけ，その社会が要求する「成人」「大人」の姿にある程度沿うように「発達」「成長」することが求められます。

「教育」は，「子ども」たちなど「未熟な」人間に対して発達過程の各段階に沿った社会生活に必要な「文化」を学習・習得していくことを目的とし，「大人たち」など「成熟した」人間が「意図的に」働きかける活動です。

ある教育社会学の教科書では，「教育」の目的を「変動する現代社会の混迷の中で子どもの発達が停滞したり，逸脱したりしないように，そしてまた現在の発達水準を高めるように」，「子どもの発達を価値実現に向けて方向づける」こととし，子ども期における「教育」の主要な担い手として家族集団，仲間集団，近隣集団，学校集団を取り上げています(住田・高島編 2018)。

「教育」とは，「意図的に」行われる社会化です。学校は教育の担い手の中でもとりわけ意図的に体系だった知識・技能・態度・動機・感情の持ち方・示し方を教育するために設けられた社会制度です。日本では，教育を受ける権利と受けさせる義務が憲法第 26 条に定められており，教育基本法，学校教育法等のもと学習指導要領に基づいて教科書が作成され，教育委員会の示す基準や指示を加味して各学校におけるカリキュラムを編成しています。

社会には多様な知識や文化がありますが，「国」などによって「社会全体にとって次世代を担う子どもたちに伝えるべきもの」と価値判断され，選ばれたものが「学校のカリキュラム」として提示されているわけです。

子どもたちは「学校カリキュラムの範囲外にある知識・文化・技能」を「家族や近隣，仲間などの所属集団，マス・メディアやインターネット，電子ゲーム」など多様なものから身につけることが可能ですが，これらの知識や技能は学校の評価基準では良い評価を得られにくい可能性もあります。

「学校」の評価基準と「家族や近隣集団，仲間集団」等の評価基準が一致しているとは限りませんが，いずれにせよ子どもたちは自分の外から提供される「評価基準」を用いて，自分自身を評価して生活しているのです。

コラム 2-2 「子ども」への近代的「まなざし」

フィリップ・アリエス(Ariès, P.)は，近代的な子ども観とそれ以前の子ども観の違いを非連続的なものとして考えていましたが，この説に対してはその後，子ども観の変化は歴史的に連続して生じていると考える立場などから反論が出されました。アリエスは自説を導き出すために多くの図像資料を用いましたが，近代以前にも「子ども」を「大人」と区別してみる「まなざし」があったことを示す図像資料を用いた反論も行われています(北本 2021)。

ピーテル・ブリューゲル(Bruegel, P.)の作品『子どもの遊戯』(1560)は『〈子供〉の誕生』(アリエス 1960)英訳本や邦訳本の表紙にも使われていますが，16 世紀の作品です。森(1989)は，この絵に描かれた遊びを詳細に論じ，この時代以前から遊ぶ子どもが絵画の主題になっているなど，次第に「子ども」への近代的「まなざし」が形成されてきていたことを指摘しています。

図 2-6　ピーテル・ブリューゲル『子どもの遊戯』(1560)

3　多様な子ども観と多様な子ども

この節で学ぶこと：子どもをどのように捉えるかという観点についても社会・文化的な要素を考慮する必要があること，また，子どもたち自体にも多様な状況があることについて学びます。
キーワード：子どもの誕生，子ども観，近代家族，学校制度，多様性

〈子ども〉の誕生

歴史家フィリップ・アリエス(Ariès, P.)は『アンシャン・レジーム期の子どもと家族』において，中世ヨーロッパ社会には「子ども」を「大人」と異なるものとして区別する感覚がなかったと指摘しました。日本では『〈子供〉の誕生』というタイトルとなった本書は，子どもや子育てに関する考え方が歴史的に変化するという視点から近現代の子ども観を相対化し，世界的に大きな影響を与えました。アリエスによると「子ども」を「小さな大人」ではなく「特別に保護し教育する対象」とみる価値観は，近代の成立とともに登場しました。日本でも，社会の変化とともに「子ども」対する「まなざし」が変化してきたことは確認されています。

人びとの「子ども観」の変化を大きく促したのは，近代的学校制度の整備と近代家族の登場です。近代的学校制度は，かつてごく一部の人びとだけが通い，年齢層も学ぶ内容も体系化されていなかった多様な学び舎が変化し，「学校」という場で年少者を一律に処遇していく仕組みであり，近代家族は，かつて開放的な地域共同体のなかで行われていた子育てが変化し，親子関係のみに閉じた「家族」という私的空間の中で担われるようになったものでした。

「発達」の理論を前提とした「教育」という考え方も，このような近代社会における家族と学校のありようを前提としたものといえます。

すべての「子ども」が「近代家族」の中で生まれ育つとは限りません。ケアが十分でないとき，国家による「児童福祉の論理」が働くかもしれません。また，前近代社会であれ，近代社会であれ，社会のありようは世界各地，全国各地で同一ではありません。制度としての家族や学校，国家のルールの「子ども」への影響のあり方もまた，一律ではないといえるでしょう。

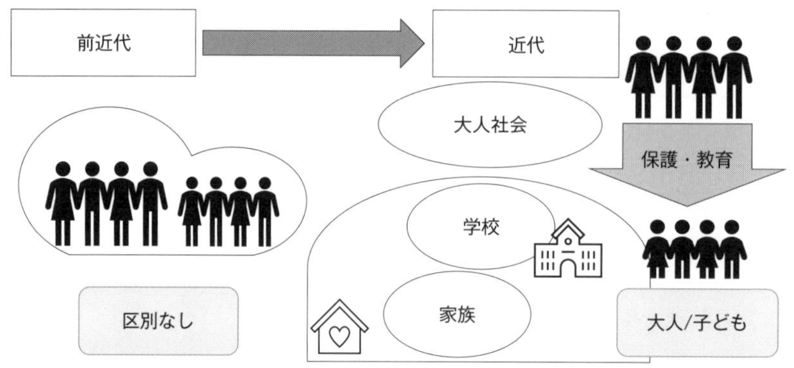

図 2-7　単線的「子ども」観

（出典）　筆者作成。

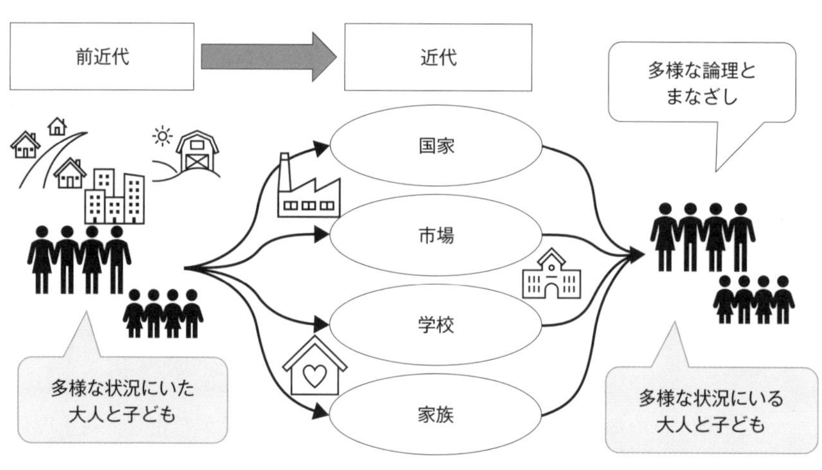

図 2-8　複線的「子ども」観

（出典）　筆者作成。

多様な「子ども」の近代

アリエス以降，日本においても近代的子どもの「誕生」と社会全体への「浸透」という捉え方は定説となりましたが，このような単線的図式を相対化し，その図式に当てはまらない，子どもを取り巻く多様な論理と現実を捉えようとする視点もあります(元森ら 2021)。

近代的「子ども」観では，子どもは純粋無垢で発達途上にあり，暴力や性的なものなどの侵襲から心身を保護され，適切な行動様式・思考様式を身につけるために教育を受けるべきであり，その条件が確保されないと非行や社会化不全，国家社会の不利益などの問題が起こると考えます。例えば，先に挙げた住田・高島編(2018)は，発達理論に基づいた各集団における子どもの社会化と発達の特徴，子どもを取り巻く現代社会の状況と変化を確認した後，「現代の子どもたちの問題行動」として，「少年非行」，「児童虐待」，「不登校と引きこもり」を取り上げています。このような問題の取り上げ方は見慣れたものですが，まさに近代的「子ども」観によるものといえます(図 2-7)。

それに対して，近代的「子ども」観から視点をずらし，「稼ぐ・貰われる・消費する」という観点から子どもの背後にある考え方を読み解くと，近代成立過程における「大人」たちの，「子ども」を安価な労働力として使役したいという論理，家計のための孝行としての「子ども」の労働を期待する論理，「家族」に恵まれない不良少年になる可能性のある「子ども」には「施設」による「教育」が必要だという論理，「子ども」を能動的な消費者とみなさない近代資本主義社会の論理，の存在が確認できます(元森ら 2021，図 2-8)。

年少者が家事・育児・介護等の家庭に必要な世話を担う「ヤングケアラー」問題の背景には，「子ども」の「孝行」を期待する論理や「子ども」を「安価な」労働力としてみる論理の存在があるでしょう。また，年少者モデルを用いたポルノグラフィ的表象の氾濫の背景には，「大人」が「子ども」を性的に消費することが出来るという論理がみえるでしょう。一人ひとりの子どもは，生まれ落ちた先で出会う多様な「大人」からの多様な「子ども」観のもとで，自己を形成し，生き延びていくく道を見つけていっているのです。

コラム 2-3 「存在(ビーイング)」と「生成(ビカミング)」

子どもを研究する人たちにとって，子どもを「生成者＝になるもの(ビカミングス：becomings)」とみるか「存在者＝であるもの(ビーイングス：beings)」のどちらとみなすかは，大いなる論争となる二項対立図式だったようです。

しかし，アラン・プラウト(Prout, A.)(2017)は「子ども」を二項対立の図式に当てはめてみないことを提案しています。大人も子どもも常に変化する社会の中で生きている「今を生きる存在者(ビーイングス)」として敬意を払われるべきであり，同時に「未来に開かれた生成者(ビカミングス)」としても見られるべきです。

また，子どもは「これから一人前になる存在(ビカミングス)」であると同時に，それ自体で「現代社会を生きる存在者(ビーイングス)」です。

その一方で，「子どもが完全に自立・自律している」とみることも適切ではありません。「子ども」は，生成されていく途上にあるものでもあるから，完全に自立・自律した存在と見て「自己責任」を負わせることは不適切です。

子どもたちは純粋な「自然」でも「文化」でもない異種混淆的なもの，複雑で多様な関係性の中にある存在です。そして「大人」も「子ども」と同様に，常に生成の途上にある存在者なのです。

コラム 2-4 思春期について

思春期は第二次性徴が起こる時期です。第一次性徴は誕生の際に生殖腺・生殖器官の違いで判断される性の違いを指し，第二次性徴は身体の成長に伴って性ホルモンの発現により生じる身体の外形的な成熟を指します。初経や精通も同時期に生じますがこれは第一次性徴である生殖腺・生殖器官の成熟です。

筆者(猪瀬)は，本書第 11 章執筆者の道信良子氏とともに，中高生の持つ「月経観」「射精観」について調査したことがあります。自身の性や身体について率直に話してくれた中高生のみなさんには，身近な大人と自身の身体的成長について真摯に話し合った経験があったことが印象的でした(猪瀬 2010)。また，中学校や高等学校における性教育・宗教教育についても調査した際は，それぞれの学校の事情と個々の生徒の状況に合わせた性教育に，悩みながらも真摯に取り組んでおられる多くの養護教諭，家庭科，保健体育科，宗教科の教諭たちに出会いました。思春期までの間に，自身の身体に備わった性・生殖について真面目に真剣に語ってくれる大人の存在はとても大切です。

4　ウェルビーイングと育ちとの関係とは

この節で学ぶこと：ウェルビーイングと育ちとの関係について考えます。
キーワード：ウェルビーイング，発達障害，居場所，逸脱，同化と排除

「発達障害」という考え方

「発達」概念に対しては，「子ども」が生物学的に普遍的な成長段階をたどるという前提が強く，社会的・文化的な要素を軽視しているという批判も出ています。また，「社会化」概念に対しても，「大人」から「子ども」への一方向的な影響として論じられる側面が強かったと批判もされています。このような議論と批判に共通しているのは「自然／文化(社会)」「子ども／大人」といった近代的二項対立図式で現象をとらえようとする視点です。

しかし，実際の子どもたちは，自ら育ちゆく身体を持って，多様な社会関係，多様なまなざしのもとで，自分が生き延びていく道を見つけようと能動的に行動や認知の取捨選択を行っています。つまり，二項対立図式のどちらかに収まるような「純粋」な状態ではありえません。「子ども」は生物学的要素と社会的要素，技術のハイブリッド，異種混淆的な存在なのです(プラウト 2017)。

「発達」というとらえ方への批判があるとはいえ，現代社会においても子どもを「発達」という観点から見る視点は，家庭や学校において子どもをしつけ，教育する際の基本的な考え方でありつづけています。子どもが地方自治体や保育所・幼稚園，学校などで定期的に身体検査など健診を受けるのも標準的な発達に照らして，一人ひとりの子どもの発育が順調かどうかを確認するものです。

「発達」という視点が現代社会の中でも大きな力を発揮していることは，「発達障害」という考え方が浸透していることからもわかります。既存の学校制度の「教育」に沿わない「発達」をする子どもは，その先に待ち受けている「社会」からも零れ落ちることになります。しかし，本人が生き延びるためにも，社会がその人を受け入れるためにも居場所が必要となります。

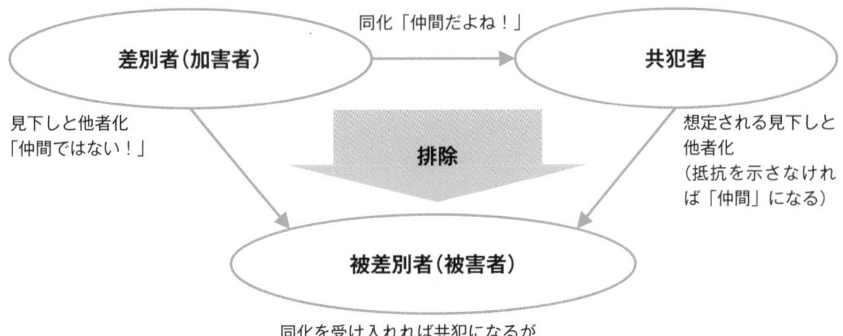

図 2-9 「いじめ」の構図：「差別行為の三者関係モデル」
（出典） 佐藤裕（2018）『新版　差別論』明石書店。

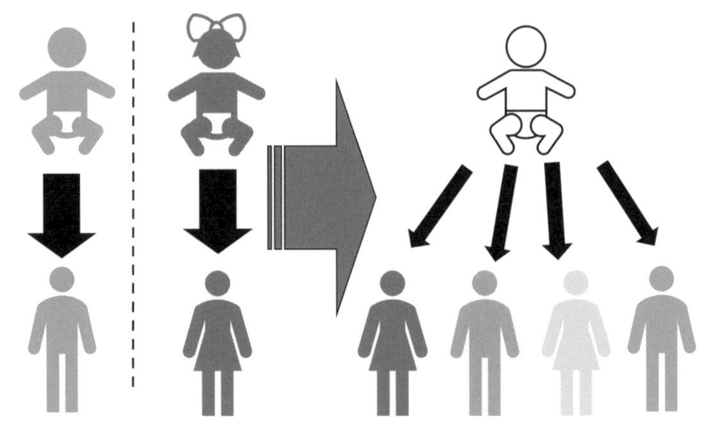

図 2-10　ウェルビーイングにつながる育ちのヒント
第一次性徴で人生・生活が大きく変わる社会から可能性の幅を広げた社会へ。
（出典） 筆者作成。

ウェルビーイングにつながる育ち

「セクシュアル・マイノリティ」にかかわる様々な苦悩や困難も，既存の性別役割に収まりきらない「性」のありよう自体が「少数」だから「問題」なのではなく，既存の性別役割や異性愛主義を受け入れる「大人」になることを「子ども」に求めるという「発達」や「教育」の背景にある論理とそれによって構成されている「社会」がもたらしている「問題」といえます。

正しい，あるいは正常な「発達」という枠組みがあらかじめ定められ，それに一致しない一人ひとりのあり方を「間違い」「異常」とすることは，それを「逸脱」とみなして「排除」する論理と行為を生み出します。

このように考えていくと「ウェルビーイングにつながる育ち」は，誰の立場，どのような観点からとらえるかによって異なること，一律には決まらず，その都度問い直され続ける必要があることに気づきます。

「よりよい」状態を求める基準としても用いられてきた，発達の理論，教育，近代家族のあり方がすべて間違っているわけではありません。先人たちの知識・経験を手掛かりにして，一人ひとりのウェルビーイングを考えることは有意義ですが，それが絶対的な「正解」だということでもないのです。

このような理論や規範は「枠」，つまり，そこからの「逸脱」や「排除」を作り出すものにもなりえます。「正常」を決め「逸脱」を「排除」する仕組みを持つ社会の中で育つ子どもたちは，自らその社会集団のルールからの「逸脱」を忌避し，「逸脱」を引き起こすように見える存在を「排除」するようになるかもしれません。たくさんの被害者・加害者を生み出して「社会問題」にもなっている「いじめ」問題にも通じる構図です(図 2-9)。

「子ども」を全員「同じ」であるとみなして全員「同じ」枠に押し込めようとするのではなく，「子ども」を「女／男」「自国民／外国人」などの「違い」があるものとして既存の「違い」に当てはめようとするのでもなく，今の社会における大人たちのあり方を見つめ直しながら，一人ひとりの子どもたちがその人なりによりよく育ちゆけるような関係性をはぐくむことが「ウェルビーイング」の実現のために必要なのではないでしょうか(図 2-10)。

考えてみよう　調べてみよう

1. 南本長穂・山田浩之編(2015)『入門・子ども社会学—子どもと社会・子どもと文化』ミネルヴァ書房。
2. 片山悠樹・内田良・古田和久・牧野智和編(2017)『半径5メートルからの教育社会学』大月書店。
3. 知念渉(2018)『〈ヤンチャな子ら〉のエスノグラフィー—ヤンキーの生活世界を描き出す』青弓社。
4. 元森絵里子・南出和余・高橋靖幸編(2020)『子どもへの視角—新しい子ども社会研究』新曜社。
5. 中村高康・松岡亮二編(2021)『現場で使える教育社会学—教職のための「教育格差」入門』ミネルヴァ書房。

1. 社会化には時代によって違いがあるでしょうか。考えてみましょう。
2. 国連「子どもの権利条約」には，世界各地の多様な現状が反映されています。日本より経済状況や社会情勢が不安定な国に生まれた子どもたちの育ちについても考えてみましょう。
3. 子どもたちは主体的に自らのあり方を選ぶ権利はありますが，「完全に自立・自律している」とみることも子どもにとってのリスクがあり，適切ではありません。具体的にどのようなリスクがあるのか考えてみましょう。

引用文献

アリエス著(1960)，杉山光信・杉山恵美子訳(1980)『〈子供〉の誕生—アンシャン・レジーム期の子供と家族生活』みすず書房。

猪瀬優理(2010)「中学生・高校生の月経観・射精観とその文化的背景」『現代社会学研究』23，1-18。

北本正章(2021)『子ども観と教育の歴史図像学—新しい子ども学の基礎理論のために』新曜社。

住田正樹・高島秀樹編(2018)『改訂版　変動社会と子どもの発達—教育社会学入門』北樹出版。

プラウト著(2004)，元森絵里子訳(2017)『これからの子ども社会学—生物・技術・社会のネットワークとしての「子ども」』新曜社。

元森絵里子・高橋靖幸・土屋敦・貞包英之(2021)『多様な子どもの近代—稼ぐ・貰われる・消費する年少者たち』青弓社。

森洋子(1989)『ブリューゲルの「子供の遊戯」—遊びの図像学』未来社。

第3章　子どもの貧困
社会が子どもの権利を守るために

この章で学ぶこと

子どもたちが生きる現代という社会，世界はどんな状態にあるのでしょうか。まず，「子どもの権利条約」から子どもという存在について学び，子どもたちの権利はどのくらい守られているのか，現状を知りましょう。

次に，子どもの貧困がなぜ問題なのかを考えていきます。そもそも貧困とはどんな状態なのか，貧困状態が子どもたちの権利や生活にどんな影響を与えるのかを学びましょう。

そして最後に，子どもたちの育ちの環境を守るために必要なことは何かを考えていきます。その中で，ひとりひとりの言動や考えが，子どもたちの育ちに影響していく過程を理解しましょう。

キーワード：子どもの権利，社会問題としての貧困，連鎖の防止

子ども期と貧困の影響
「子ども」の特徴が貧困状態に
どのような影響を受けるか
（3節　子ども期の貧困とその影）

社会的な解決の視点
なぜ貧困状態に至るのか
解決に向けて必要な視点とは
（4節　日本社会の中の貧困）

貧困とはどんな状態か
貧困の２つの捉え方と日本の状況
（2節　貧困の基本的な考え方）

子どもたちの現状
子どもの権利に基づく視点
（1節　子どもの生きる社会と貧困問題）

コラム 3-1　子どもの受動的権利と戦争の世紀

子どもの権利は，「受動的権利」と「能動的権利」の 2 つの面から捉えることができます。このうち受動的権利は，子どもたちが健康で安全に，安心して育つための条件を整える，最も基本的なものといえます。この権利の基礎となる考えは，19 世紀末にスウェーデンのエレン・ケイ（Key, E.）が提起しました。ケイはまた，20 世紀は子どもと女性の世紀となるべきであると主張しています。

しかし，20 世紀は相次ぐ世界大戦にみられるように，子どもを含む多くの人々の人権が蔑ろにされ，危機に晒されてきました。戦争は，子どもに限らず多くの人の人権を無視します。「子どもの権利条約」制定の背景には戦争への反省があります。戦争の根絶は子どもの権利を充足するための最低条件でもあるのです。

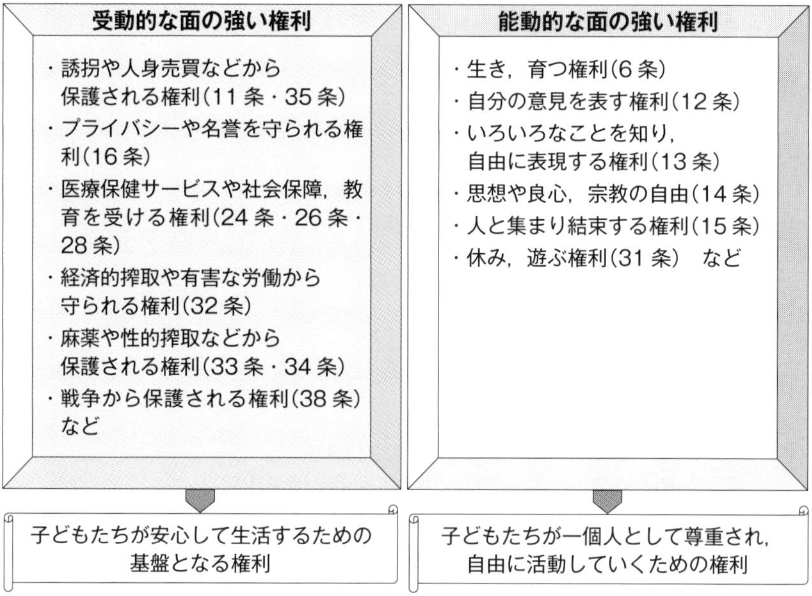

受動的な面の強い権利	能動的な面の強い権利
・誘拐や人身売買などから保護される権利（11 条・35 条） ・プライバシーや名誉を守られる権利（16 条） ・医療保健サービスや社会保障，教育を受ける権利（24 条・26 条・28 条） ・経済的搾取や有害な労働から守られる権利（32 条） ・麻薬や性的搾取などから保護される権利（33 条・34 条） ・戦争から保護される権利（38 条）など	・生き，育つ権利（6 条） ・自分の意見を表す権利（12 条） ・いろいろなことを知り，自由に表現する権利（13 条） ・思想や良心，宗教の自由（14 条） ・人と集まり結束する権利（15 条） ・休み，遊ぶ権利（31 条）　など
↓	↓
子どもたちが安心して生活するための基盤となる権利	子どもたちが一個人として尊重され，自由に活動していくための権利

図 3-1　子どもの権利の 2 つの面

（出典）　子どもの権利条約　日本ユニセフ協会抄訳 https://www.unicef.or.jp/kodomo/kenri/syouyaku.html（2022.4.7）より筆者作成。

1　子どもの生きる社会と貧困問題

この節で学ぶこと：子どもとはどんな存在なのでしょうか。子どもたちを守るための仕組みについて，子どもの権利条約を例に見ていきます。また，世界の子どもたちが置かれている現状も押さえていきましょう。
キーワード：**子どもの権利条約，絶対的貧困，地域格差**

社会の中の「子ども」と権利

皆さんは，「子どもの権利条約(邦訳：児童の権利に関する条約)」をご存じでしょうか。「子どもの権利条約」は，1989年に採択された，子どもの基本的な権利を国際的に守るための，世界で初めての条約です。この条約は，2019年2月時点で196の国と地域が批准，つまり条約の遵守を宣誓しています(参考：公益財団法人日本ユニセフ協会)。子どもという特有の時期や存在をいかにして守るのかという仕組みづくりは，19世紀末頃から進み始めましたが，2度の世界大戦による大幅な後退がありました。そして，戦争の世紀となってしまった20世紀の終わりに，1つの成果として出来上がったのが「子どもの権利条約」です(コラム3-1)。この「子どもの権利条約」には，〈①命を守られ成長できること〉を筆頭に，〈②子どもにとって最もよいこと，③意見を表明し参加できること，④差別のないこと〉という最も基本的な4つの原則・権利があります。また，子どもたちの育ちの権利や生きる環境を保障し，よりよくするために，子ども自身に加え子どもの周りの大人をも対象にした様々な権利を保障しているものです。

子ども自身の権利には，大きく分けて「受動的権利」と「能動的権利」の2つの面があります。受動的権利は，育つための環境をよりよく整えられ，健全に育つための権利です。これは，子どもが成長や発達の途上にあることと大きく関係した，いわば大人たちと社会が子どもたちに果たすべき最低限の義務ともいえます。もう1つは子ども自身が自分の力を発揮する，意見を主張するなどの能動的な権利で，子どもという一個人としての存在や人格を尊重するためのものです。子どもは育っていく段階の存在でもあるので，時

コラム 3-2　世界の子どもたちと貧困

世界中で絶対的貧困は減少傾向にありますが，まだ撲滅には至っておらず，悪化してしまっている地域があります。図 3-2 では，世界全体の絶対的貧困状態にある人のうち，①18 歳未満の子どもの割合と，②その子どもたちが暮らしている地域の割合を示しています。これを見ると，まず絶対的貧困状態にある人々の半数が子どもであること，さらにその子どもたちの多くがサハラ以南のアフリカに集中していることがわかります。さらにこの数値は，サハラ以南のアフリカでのみ，2013 年と比較して 2017 年の子どもの割合が増加していると指摘されています（世界銀行）。さらに，昨今のコロナウイルスの影響によりこの状況がさらに悪化していることも懸念されます。社会的に弱い立場の人のおかれた生活環境を守るということは，依然として全世界の大きな課題となっているのです。

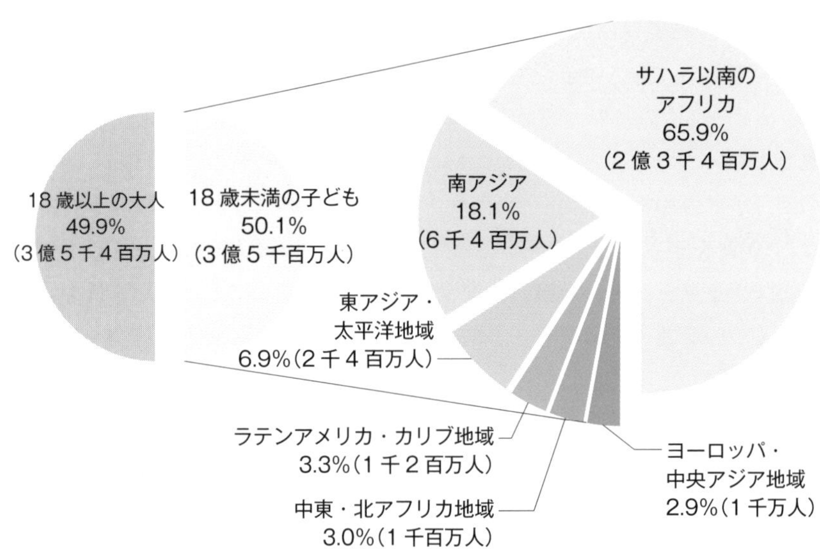

図 3-2　絶対的貧困状態にある子どもたちの割合と子どもたちが暮らしている地域

（出典）　Silwal, A. R. et al., 2020, "Global Estimate of Children in Monetary Poverty: An Update," *Poverty and Equity Discussion Paper,* Washington, DC: World Bank. https://openknowledge.worldbank.org/handle/10986/34704 (2022.6.16) より筆者作成。

に大人に従属する存在としてのみられがちですが，一個の主体としての力を十分に備えた存在です。一人の人間としての子どもをみることで，子どもたちを取り巻く問題の根本を理解し，解決につなげることができます。「子どもの権利条約」は，生活環境など大人に依存しやすい子ども期の特性を考慮しつつ，一人の人間としての子どもの主権を守ることを明示しているのです。

子どもの権利と貧困

さて，現代社会で子どもたちの権利はどれほど守られているのでしょうか。先に触れたように，戦争は子どもを含む様々な人々の生活基盤や環境を破壊するもので，人権の保障と対極にあります。しかし，今，戦地でなくとも生活環境が厳しい状態にある，基本的な権利を守られていない子どもたちも少なからずいます。人が生きていくために必要なものが不足していることや，必要なことができない状態，つまり貧困状態にある子どもたちです。

世界銀行によれば，1日当たり1.90ドル以下の水準での生活を余儀なくされる，極めて厳しい生活環境にある18歳未満の子どもたちは，世界中で3億5千百万人と推計されています(World Bank Group 2020)。この「1日あたり1.90ドル」という基準は，生きていくために必要な最低限のライン(国際貧困線)です。これを下回る状況が絶対的貧困と呼ばれており，「生活というよりも生存に近い」(松本他2016：17)と捉えることもできます。また，3億5千百万人は，この基準を下回る生活水準で暮らしている人全体の半数にあたります。さらに，絶対的貧困状態にある子どもたちのうち3分の2がサハラ以南のアフリカ，5分の1が南アジアで生活しているとされます(World Bank Group 2020，コラム3-2)。このように，世界の国のほとんどすべてが批准している子どもの権利を守るための枠組みですが，まだ十分に機能していない地域が多い—地域格差が大きい—といえます。子どもたちを守る取り組みをいかに実現するかは，私たちが今抱えている課題なのです。

コラム 3-3　相対的貧困と絶対的貧困

絶対的貧困という基準の難点は，世界の全ての人が同じラインで判断されるということです。つまり，物価の違いのような生活水準を無視しているのです。ごく単純な例では，平均年収が日本円で 250 万円の A 国（地域）と 600 万円の B 国では，「年収 400 万円」の持つ意味が違います。A 国では，経済的な意味で平均以上の生活ができている可能性がありますが，B 国では水準以下の生活スタイルになっているかもしれないのです。

一方で相対的貧困は，絶対的な水準を意味しないことがあります。上の A 国では，400 万円もよい方に見えるでしょう。しかし，最低限の生活に必要な水準が—健康や安全な生活環境，衣食住など—を満たすのには最低 500 万円が必要だとしたら，相対的によく見える 400 万円でもやはり基本的な生活の権利が守られていないことに変わりはないのです。

コラム 3-4　日本と世界の相対的貧困率の状況

日本での相対的貧困率は，明確に算出されていない時期がありました。そこで，2011 年に 1985 年以降の分を遡って算出しています（厚生労働省，国民生活基礎調査）。図 3-3 からこの数値を確認してみると，1985 年時点で約 1 割，そして 2018 年時点でも 14％の子どもが相対的貧困状態にある恐れがあるとわかります。さらに，大人・子どもともに日本の貧困率は上昇傾向にあることも押さえておきましょう。

また，子どもの貧困率は人口全体の貧困率をやや下回っていますが，2012 年には一時的に上回っています。OECD 諸国の中でも，子どもの貧困率が人口全体の貧困率を上回っている国は残念ながら少なくはありません。ただし，傾向として，子どもの貧困率の低い国は人口全体の貧困率も低くなっています。フィンランドやデンマーク，スロベニアなどの，図 3-4 の左側にある国（＊子どもの貧困率が OECD 平均よりも低い）がそうです。また，ラトビアや韓国といった国は，人口全体の貧困率は OECD の平均よりも高めなのですが，子どもの貧困率は OECD 平均よりも低くなっています。対して，図の右側に来ている国は，子どもの貧困率が OECD の平均よりも高い国です。これらの国は，オーストラリアや日本，リトアニアなどを除いて，子どもの貧困率の方が高い国が多くなってしまっています。相対的貧困を指標としてみても，全体的に貧困の厳しい地域ほど，子どもの育ちの環境も苦しい状況にあることが窺えます。

2　貧困の基本的な考え方

この節で学ぶこと：貧困とはどんな状態のことと考えられるのでしょうか。また，先進国のような地域にある貧困は，絶対的貧困と何か異なるのでしょうか。

キーワード：**必要を欠く　相対的貧困　社会によって異なる基準**

相対的貧困

貧困の問題は単純な数値だけで表すと見落としてしまうことが多くあります。その1つが，相対的な生活水準です。前節でみたような「1日あたり1.90ドル」という基準は全世界で共通のものです。しかし，主に先進国ではこの水準だけで測ることは危険です。なぜなら，物価などの生活水準を満たすための基準が異なるためです。例えば，ある社会では標準的な生活ができる額でも，別の社会では標準的な生活水準に必要な額に届かない，ということがあります(コラム3-3)。従って，絶対的な基準を元に見ると同時に，「その子どもが生活している社会での」一般的な水準と比較してみる必要もあるのです。こちらの捉え方を相対的貧困といい，日本を含む先進国での貧困問題を考える際に必要となります。このように，貧困という視点だけで見ても，子どもの権利保障の状況は地域によって異なっているといえます。

貧困とはどんな状態か

ここで改めて，貧困とはどんな状態かを確認しておきましょう。貧困は，「社会生活をいとなむための『必要』を充足する資源の不足・欠如」(松本他 2016：16)ということができます。この考え方はとても重要です。具体的な金額だけではなく，生活に必要な資源の不足を基準とするこの見方によって，絶対的貧困も相対的貧困も同じように子どもの権利を侵害する社会の課題であることがわかります。「必要を欠く」という表現には，その社会での生活水準を基準とする前提がある，と気付くことができるためです。また，この場合の「社会」は，同じ地域という意味だけではなく，時代の変化も含めます。例えば同じ国であっても，時代が変われば生活水準も変わる，つまり

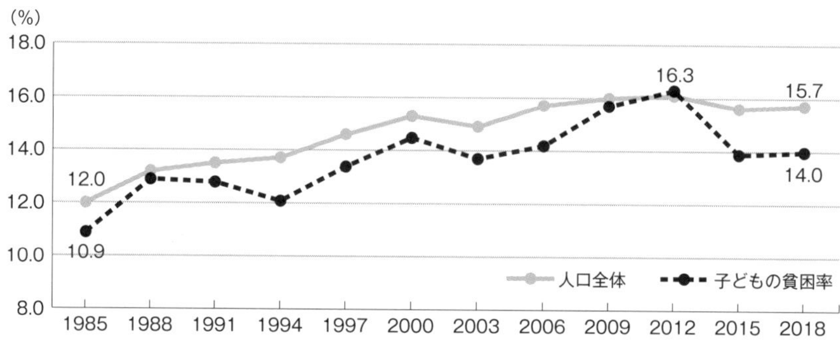

図 3-3　日本の人口全体と子どもの相対的貧困率の推移

（出典）　厚生労働省（2020）『国民生活基礎調査 2019』より筆者作成。

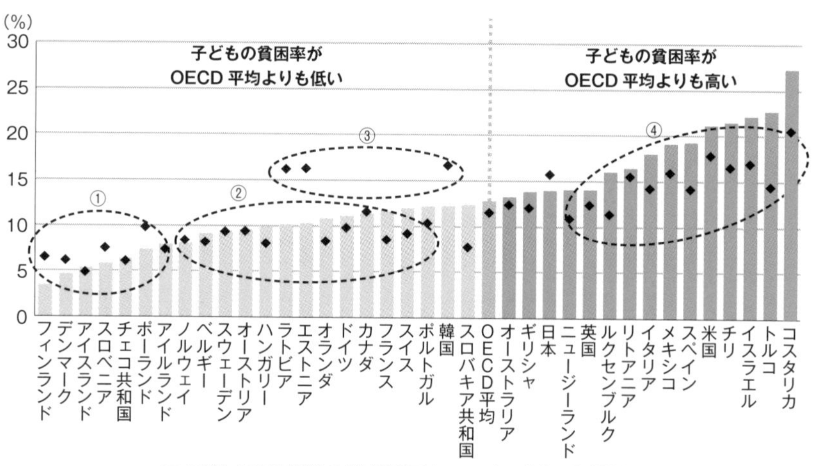

■ 子ども（18 歳未満）の相対的貧困率　◆ 人口全体の相対的貧困率

①～③子どもの貧困率が OECD 平均よりも低い国

①子どもの貧困率も人口全体の貧困率も低め（フィンランド，デンマーク，スロベニア，ポーランドなど）

②子どもの貧困率と人口全体の貧困率がほぼ同じ（ベルギー，スウェーデン，オーストリア，カナダ，フランスなど）

③人口全体の貧困率はやや高いが，子どもの貧困率は抑えめ（ラトビア，エストニア，韓国）

④子どもの貧困率が OECD 平均よりも高い国

子どもの貧困率が人口全体よりも高い傾向にある（ニュージーランド，ルクセンブルク，イタリア，スペイン，トルコなど）

図 3-4　人口全体の貧困率と子どもの貧困率（OECD 諸国）

（出典）　OECD Family Database, 2021, “CO2.2: Child poverty, Chart CO2.2.A. Relative income poverty rate (%), for the total population and for children (0-17 year-olds)” より筆者作成。

「相対的に厳しい」状態を指す水準も異なると考えます。

貧困問題のことを考える際には，絶対的貧困のような衣食住などの基本的な生活基盤に強い支障がある状態だけをイメージするかもしれません。しかし，絶対的貧困も相対的貧困も，生活に必要なもの・ことを欠くという点では同じです。絶対的貧困の場合は，生存に直接かかわるものであるため，より状況が深刻なことが多いのは事実です。しかし，人としての尊厳を保たれた生活を送る上では，相対的貧困も同じく生活の必要を欠いた状態として理解することが不可欠です。絶対的貧困も相対的貧困も，人権に深くかかわっている，解決しなければならない状態であることを押さえておきましょう。

日本社会と貧困

では，日本社会では貧困はどのように捉えられてきたのでしょうか。皆さんもご存じのように，第二次世界大戦後の日本は非常に厳しい生活水準にあり，絶対的貧困状態にある人々も多く見られました。しかし今の日本は「戦後」ではありません。20世紀半ば以降の高度経済成長期を経て，世界でも類を見ない経済的な成長と物質的な豊かさを実現してきた国でもあります。そのため，子どもと貧困を結び付けて考える視点が非常に弱くなった期間がありました(厚生労働省の国民生活基礎調査では，2011年度版より1985年〜2010年の相対的貧困率を掲載)。しかし，日本には貧困は存在しなかったわけではありません。数値でみても，少なくとも相対的貧困は存在し続けてきたことがわかっています。統計があるのは1985年以降ですが，1985年から現在に至るまで子どもの相対的貧困率は1割以上となっています(コラム3-4)。ただし，相対的貧困率はあくまで1つの基準で算出された数値によってみているため，目安のような役割を果たしているに過ぎないことも理解してください。貧困率は，割合がそのまま(相対的)貧困であるとは限らないのです。例えば，基準となる額よりも少し高ければ相対的貧困ではない，とは言えません。また，何がどのくらい不足しているのかといった厳しい生活状況の実態を反映しきれていないことにも注意が必要です。

コラム 3-5　日本の中での地域差

日本国内でも，子どもの相対的貧困率に差が見られます。戸室(2016)によると，2012 年時点では関東地域を中心として低い(色の薄い)地域が，西日本や東北で高い(色の濃い)地域が多いことが指摘されています。特に沖縄は37.5%と，21.8%の大阪と 20.6%の鹿児島と比較しても非常に高くなっています。対して，最も低く抑えられていたのは福井(5.5%)や富山(6.0%)といった北陸～関西地域でした。このように，同じ日本の中であっても，貧困の状況に差があることを知るとともに，低い地域でも決してゼロではないということ，皆さんの身近にある課題だということを改めて理解してください。

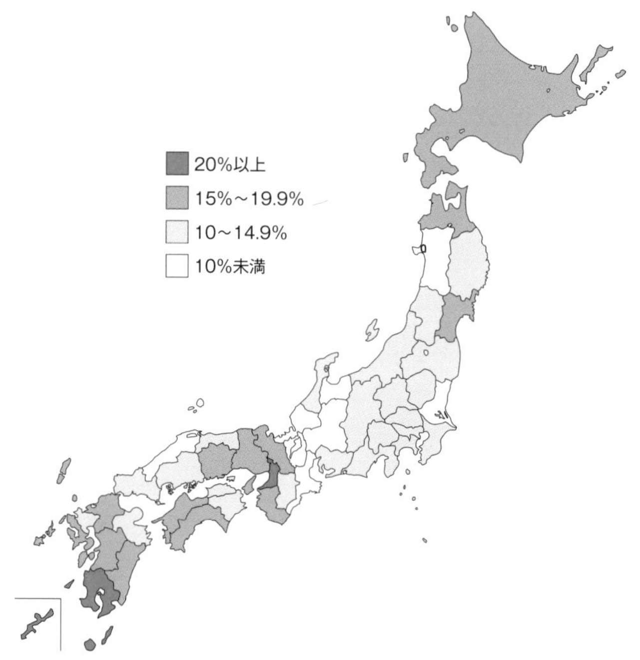

図 3-5　都道府県別の子どもの相対的貧困率

(出典)　戸室健作(2016)「都道府県別の貧困率，ワーキングプア率，子どもの貧困率，捕捉率の検討」『山形大学人文学部研究年報』13，33-53 頁より筆者作成。

3　子ども期の貧困とその影響

この節で学ぶこと：子ども期に貧困状態にあることで，子どもの生活・成長・将来に何が起きるのでしょう。子ども期の生活基盤の弱さから生じる不利が，子どもが成長した後に与える影響について考えましょう。
キーワード：子ども期と大人，現在と将来，派生する影響

「育てられる」権利への影響

子ども期に貧困状態であるということは，子どもが成長するための基盤を欠くことです。コラム 3-1 で触れたように，子どもの権利は大きく受動的権利と能動的権利に分けられます。このうち，受動的権利は子ども期が周囲の大人，特に親や保護者といった生計を共にする人に依存しやすいことと強く結びついています。子ども期は身体が育つ時期ですが，育ちや健康を維持するのは自力では難しく，親や保護者など周囲の大人の力が必要になります。つまり，子どもの権利の保障には，子どもの育ちの環境，特に生計を共にする親や保護者の状態との関わりを見落としてはいけないのです。

貧困問題を考える際，お金やモノの不足による影響は避けて通れません。特にお金の不足は，衣食や健康などの子どもの基本的な権利の充足にかかわってしまうため，重要性が高いと言えます。一例を挙げると，子どもの貧困対策を推進するために，子育て世帯の経済状況や生活環境などとその関係性を把握する目的で実施された「北海道子どもの生活実態調査」(2016 年)でも，収入の低い家庭ほど，食費の削減や医療機関の受診を控えた経験がある傾向が見られます(北海道保健福祉部・北海道大学大学院教育学研究院 2017：74-85 頁。この調査では，子どもだけではなく親の受診控えも指摘しているが，その詳細な理由は明確ではない点にも注意を促している)。また，コラム 3-3 と 3-4 では，先進国でも地域によって相対的貧困の状況が異なっていることをみてきましたが，日本国内でも地域によって状況が異なっていると推定されています(コラム 3-5)。

コラム 3-6　連鎖の問題

親世代の生活の困難は，様々な面で子どもの生活に影響を与えます。経済面はもちろん，時間などの面でも制約を受けることで，子どもたちの様々な機会が得にくくなります。その代表例が進学です。例えば，家計のサポートや家族の看病・介護は時間面を圧迫しますし，食を十分に取れないことによる集中力の低下は，機会や費用面のことをおいても学習・進学に影響を与えてしまいます。ここでは進学を例に見ましたが，このような形で親世代の生活基盤の弱さから生じる不利が世代的につながってしまい，次世代の子どもの権利を脅かすことになるのです。

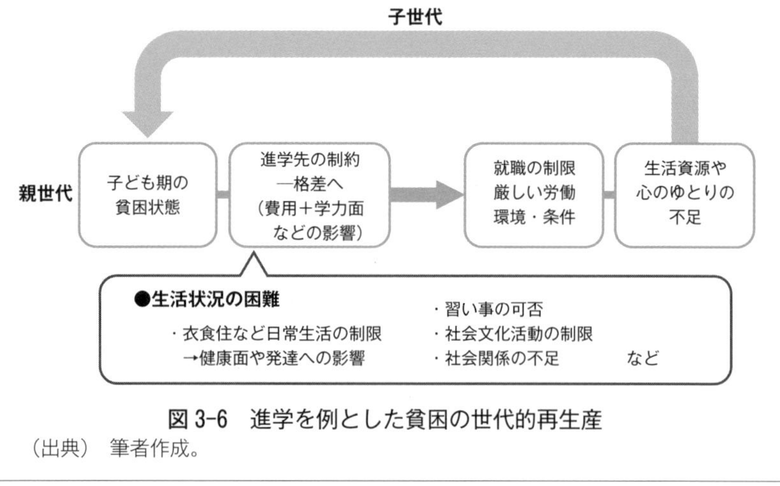

図 3-6　進学を例とした貧困の世代的再生産

（出典）筆者作成。

「育つ」権利への影響

一方，子どもに影響している貧困状態は，目には見えにくいものも多く，表に見えている姿だけでは，その影響を捉えきれない恐れがあります。現代社会で「貧困状態の見えにくさ」を考える際に，わかりやすい例の1つだと思うのは，スマートフォンです。スマートフォンは，高校生で9割以上，中学生でも7割以上と高い所持率となっています(総務省 2022：4)。つまり，スマートフォンは贅沢品というよりも，生活上必要不可欠なものとして浸透しているといえるでしょう。このような状況は，筆者の周囲でも，また様々な現場の知見にも(渡辺 2018 など)見られます。言い換えると，ある程度身綺麗で，スマートフォンを使っている「今時よく見る子ども」であっても，その裏に貧困状態の影響が隠れている可能性があるのです。例えば進学先や校外活動などを学費や費用で選ばなければならない，食費が極端に小さい，教材を十分に得ることが難しい状態にある…などが考えられます。これらは全て，生活に必要なモノや経験を欠いた状態ということができます。その背景には，子どもの育ちの環境に苦しさがあること，例えば家庭の置かれた環境に何らかの問題が生じている可能性を示しています。その問題が，子どもの育ちに影響して選択肢を狭めているのですが，見た目だけで簡単に判断がつかないことも多くあります。子どもの貧困は子ども自身の権利を侵害するものであり，また子育て家庭全体にかかわる課題だという視点も不可欠です。

お金の問題は，「食事」のような子どもの今にかかわる事柄だけではなく，「進学先」のように子どもの将来にかかわる事柄にも影響を与えてしまいます(コラム 3-6　世代間の連鎖)。根底にあるお金の問題は避けて通れませんし，必ず解決しなければならないポイントです。しかし一方で，貧困はモノの不足と派生する経験等の不足の，少なくとも2つの面から捉える必要があります(松本他 2016：12-13)。経済面の影響が生活上の別の面にも派生すること，見えにくい影響があることを忘れてはなりません。この2つの面をみながら，子どもの今の暮らしを守り，将来に向けた選択肢を拡げるための支援を行い，子どもの権利を守る手立てを探る必要があります。

コラム 3-7　女性労働と子どもの生活

一時期，先進国を中心に子どもを持つことと女性(母親)の労働が結び付けられて考えられていました。世界的に見ても「男が稼ぐ」が普通であった時期があり，この結び付きはその影響の例の 1 つです。では現代はと言うと，OECD のデータからはこの結びつきは小さくなっているようにみえます。一方，子どもの貧困と母親の労働―特に正規職であるかの結びつきは未だに明確に見られます。下の図 3-7 は OECD 諸国のデータを使って，子どもの相対的貧困率と働いている母親のうちの正規雇用者の割合を示したものです。これをみると，子どもの相対的貧困率が低い国には母親の正規雇用率が高い国が多くなっています。もちろん就労だけが全てではありません。しかし，親の生活や労働環境を整えることで，子どもの生活を守る可能性を高めることができるのです。

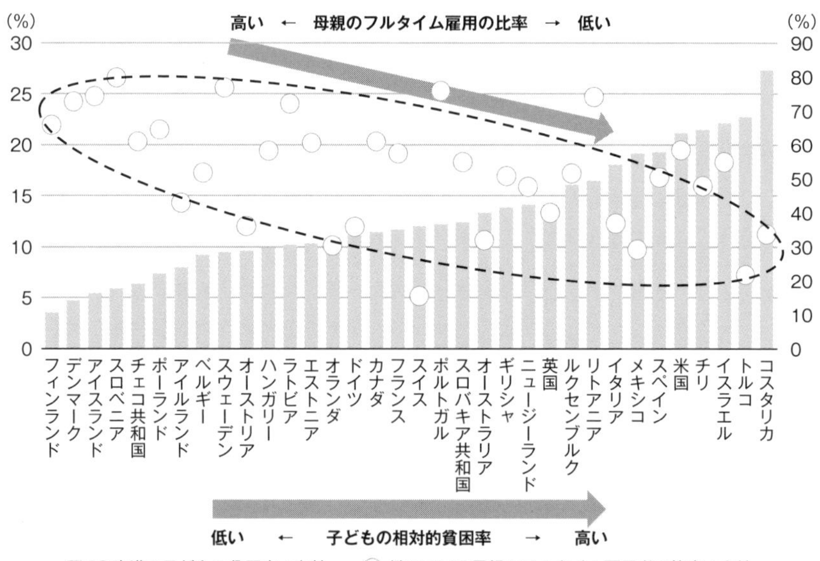

図 3-7　子どもの相対的貧困率と母親のフルタイム雇用の関係(OECD 加盟国)

(注)　データが揃っている国のみ抜粋。日本は正規雇用者の比率が掲載されていないため除外。

(出典)　OECD Family Database より筆者作成。

4　日本社会の中の貧困

この節で学ぶこと：現代の日本社会は，親子の生活環境や権利にどのような影響を与えているのでしょうか。ひとり親家庭の置かれた社会環境を例に，日本社会の抱える課題について考えてみましょう。
キーワード：性別役割分業，母親の権利，「当たり前」，社会の課題

ひとり親家庭の不利と不利の背景

日本で特に貧困による不利が大きくなってしまっているのが，ひとり親家庭です。ひとり親の２世帯に１世帯が相対的貧困状態にあるとされており，かつひとり親家庭の８割以上は母子家庭となっています。つまり，数字上，母子家庭の相対的貧困のリスクは，特に大きいと考えられます。

ここで問題になるのは，母子家庭になる理由，そして母子家庭の貧困リスクは誰の責任かということです。母親の労働能力や意欲が低い，怠惰である，努力が足りない…など母親の責任なのでしょうか。答えはもちろん，否です。そもそも母子家庭に至る経緯は様々です。例えばパートナーとの死別，本人や家族の病気や怪我…など母親本人の責任とはいえない理由もあり，ときには DV（Domestic Violence，ドメスティック・バイオレンス：配偶者や恋人など親密な関係にある，又はあった者から振るわれる暴力）のような，子どもの基礎的な権利を守るために必要な選択として，離婚を選ぶケースもあります。

社会の課題としての視点を

母子家庭の自立を難しくしている大きな要因の１つが，母親を含む女性の労働環境です。第二次世界大戦後の日本では，稼ぎ手の男性と家庭を維持する母親という分担で世帯を構成するモデル（性別役割分業）を一般的なものとしてきました。そのために，女性の稼ぎ手としての価値を不当に低く見てしまい，現代でも男性に比べると女性が自立した生計を立てることは難しくなっています（厚生労働省の 2021 年度版賃金構造基本統計調査によると，男性を 100 とした場合の女性の賃金は 75.2）。例えば，DV を受けている母子

コラム 3-8　ひとり親家庭の状態

既に触れた日本の相対的貧困率について，世帯の類型別にみるとひとり親(大人が 1 人)家庭では 2018 年度の数値で 48.3%となっています(図 3-8)。大人が 2 人以上いる家庭の場合には 11.2%と子どものいる家庭全体の 14.0%を下回っていることからも，この数値の大きさがわかると思います。さらに，OECD 諸国の中でも，この 48.3 という数値は最も高くなります(OECD がデータを取得している国の中では 3 番目)。ただし，ひとり親家庭の貧困率は OECD 諸国も全体的に高く，4 割を超える国は 13 あり，1 割を下回っているのはデンマークだけです(表 3-1)。このように，ひとり親であることの不利は世界的にも大きく，是正が不可欠な課題の 1 つとなっています。

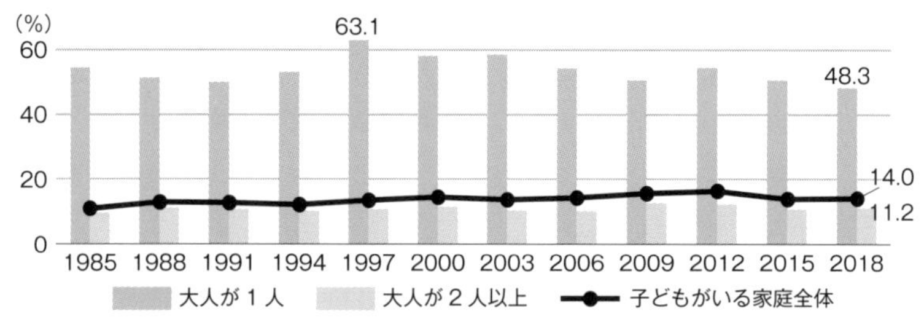

図 3-8　世帯類型別の子どもの相対的貧困率

(出典)　厚生労働省(2020)『国民生活基礎調査 2019』より筆者作成。

表 3-1　OECD 諸国のひとり親家庭の相対的貧困率

デンマーク	9.7%	スウェーデン	25.3%	ルクセンブルク	40.2%
フィンランド	16.3%	ギリシャ	26.8%	スペイン	40.3%
アイスランド	18.9%	ドイツ	27.2%	オーストラリア	41.0%
ノルウェイ	23.4%	ポルトガル	27.5%	リトアニア	41.3%
ハンガリー	23.5%	アイルランド	27.5%	チリ	42.6%
ポーランド	23.8%	英国	28.1%	カナダ	44.1%
フランス	24.1%	チェコ共和国	28.4%	米国	45.7%
スロベニア	24.5%	エストニア	29.1%	ニュージーランド	46.1%
ラトビア	24.8%	オランダ	29.5%	コスタリカ	47.4%
		ベルギー	29.5%	韓国	47.7%
		オーストリア	31.0%	**日本**	**48.3%**
		トルコ	31.2%		
		イタリア	33.4%		
		スロバキア共和国	33.6%		
		イスラエル	33.9%	(OECD 平均)	31.9%
		メキシコ	34.2%		

(出典)　OECD Family Database, 2021, “CO2.2: Child poverty, Chart CO2.2.C. Poverty rates in households with children by household type, 2018 or latest available year” より筆者作成。

が，やっとのことで暴力から逃れても，生活上不利な状況になるリスクを負い，生活をするために厳しい条件でも働かざるを得ない状況を作りやすくなります。このような労働者の権利や女性の権利を軽視する状況は，子どもの権利を軽視することにもなっています。さらに，子どもの労働に対する希望を奪う可能性も指摘しなければなりません。実際に渡辺(2018)は，自身の活動の中で親が働く姿の辛さや長い時間の拘束といった面に目が行ってしまい，働くことに対する意味を見出すことを難しく感じてしまう例をあげています。(渡辺 2018：23-25)。労働環境の改善は，労働者本人だけではなく家族全体の生活，子どもの将来にも影響していくのです。

父親のひとり親世帯についても，育児休暇の取得の困難さ，保育や教育など子どもの活動の場での居心地，家庭環境の維持といった生活上の困難さがあることが指摘されています(岩田 2009，浅沼 2020 など)。これらは，子どもと母親がセットで考えられてきたことによって，父親が子育て主体となることの異質性が無意識に表れている一例と考えられます(多賀 2005：45)。経済的な意味では，父子家庭は母子家庭よりもややよいといえるのかもしれません。しかし実際には，経済面を含め日常の様々な場面で苦しい生活状況を強いられていることが少なくないのです。

これらの課題は，個人の責任ではなく社会による「当たり前」が生み出したものです。ここではひとり親家庭の状況のごく一部だけを切り取って取り上げていますが，こうした「社会によって作られた当たり前」による問題は他にもあります。だからこそ，松本が指摘する「貧困が社会によって生み出された不平等であり，社会によって生み出された不平等は社会によって緩和・解決できる」(松本他 2019：21)という視点が重要になります。ともすれば，子ども・子育ての課題については，家庭の責任を重く見がちですが，実際には社会の側の要因が強く影響していることが多くあります。子ども・子育ての環境づくりや彼らが向き合っている課題の解決には，個々人の力と社会の力の両方が必要であることを理解してください。

考えてみよう　調べてみよう

1. 山野則子(2019)『子どもの貧困調査』明石書店。
2. 浅井春夫(2020)『子どもの未来図』自治体出版社。
3. 山野良一(2014)『子どもに貧困を押しつける国・日本』光文社。
4. 山科醍醐こどものひろば編，幸重忠孝・村井琢哉(2013)『子どもたちとつくる貧困とひとりぼっちのないまち』かもがわ出版。

1. 貧困を解決するために行われている様々な取り組みについて，日本で行われていること・世界で行われていることを調べてみましょう。
2. 日本社会での一般的な生活—憲法第25条で言うところの「健康で文化的な生活」とは，どんなことでしょうか。
3. 子どもたちの生活・権利を守るためにできることを，「今すぐ⇔時間をかけて」「個人で⇔みんなで」のように4つに分けて整理してみましょう。

参考文献

浅沼裕治(2020)「父子家庭への効果的な社会的支援—父親の語りによるテキスト分析から」『日本福祉大学大学院福祉社会開発研究』15：1-9頁。

岩田美香(2009)「階層差から見た父子家庭の実態」『季刊家計経済研究』81：43-50頁。

公益財団法人日本ユニセフ協会HP「子どもの権利条約　締約国リスト」https://www.unicef.or.jp/about_unicef/about_rig_list.html(2022.4.7)。

総務省(2022)『2021年度　青少年のインターネット利用環境実態調査　調査結果(概要)』。

多賀太(2005)「男性のエンパワーメント？—社会経済的変化と男性の『危機』」『国立女性教育会館研究紀要』9：39-50頁。

北海道保健福祉部・北海道大学大学院教育学研究院(2017)『北海道子どもの生活実態調査結果報告書』。

松本伊智朗・湯沢直美編著(2019)『シリーズ子どもの貧困1　生まれ，育つ基盤』明石書店。

松本伊智朗・湯沢直美・平湯真人・山野良一・中嶋哲彦(2016)『子どもの貧困ハンドブック』かもがわ出版。

渡辺由美子(2018)『子どもの貧困』水曜社。

第 4 章　若者のウェルビーイング
多様化する若者とその幸福像

この章で学ぶこと

現代社会を生きる若者は，格差の拡大や先の見えない将来など，さまざまな不安とストレスにさらされています。しかし，だからといって「いまの若者は不幸だ」というのは，適切ではないでしょう。それぞれの時代に育った若者世代は，その時代特有の課題と向き合い，新しいウェルビーイングのあり方を形成しつづけています。本章では，現代の若者をとりまく社会状況を概観し，それにどのように若者が適応しているのか，またそこで，どのような新たな課題と向き合っているのかについて考えていきます。

キーワード：ライフチャンス，メンタルヘルス，デジタルネイティブ世代

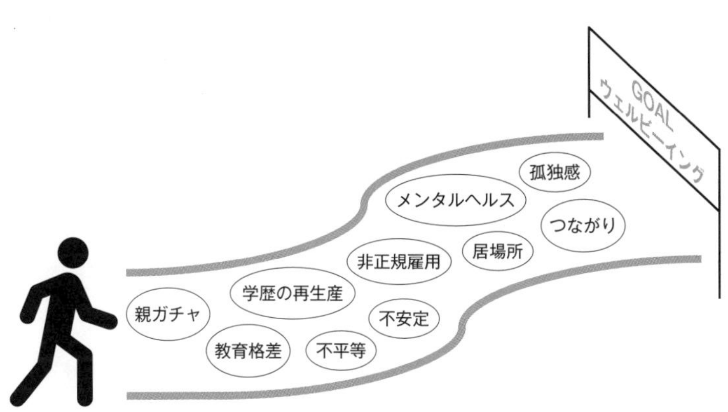

コラム 4-1　価値観の「静かなる革命」？

「どんなものを，どれくらい大事なことだと考えるか」というものの見方を価値観と言います。ロナルド・イングルハート（Inglehart, R.）は，青年期をどのような社会環境で過ごしたかによって価値観が形成されると考えました。

彼はアブラハム・マズロー（Maslow, A.）の欲求段階説と関連づけながら，衣食住に不安のある時代に育った人びとは，経済成長や秩序の維持を重視する「物質主義的」な価値観を，ある程度豊かな時代に育った人びとは，人格の尊重や言論の自由をより重視する「脱物質主義的」な価値観を持つようになると論じました。その結果，日本を含む先進諸国では 1970 年代から 80 年代にかけて，新しい価値観を持った世代が台頭することで文化変動（カルチャーシフト）が起きていると論じ，それを「静かなる革命（Silent Revolution）」と名付けました。

（出典）　イングルハート著（1977），三宅一郎訳（1978）『静かなる革命―政治意識と行動様式の変化』東洋経済新報社。

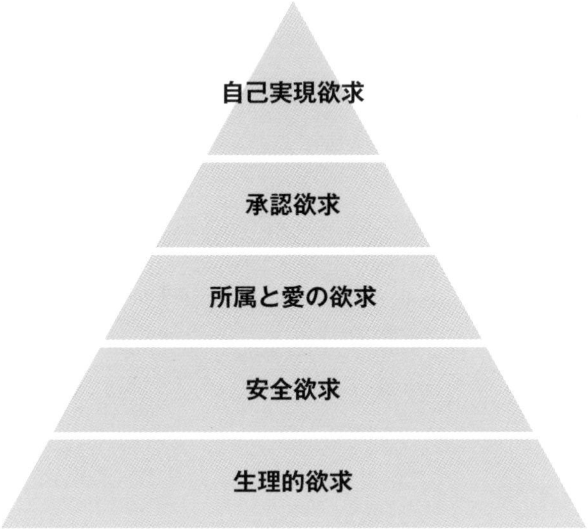

図 4-1　マズローの欲求段階説

1 「若者」をとりまく社会状況

この節で学ぶこと：本節ではまず，青年期というライフステージの位置付けについて考えます。続けて，高学歴化や非正規雇用の増加といった，近年の若者のライフコースに関わる動向について概観していきます。
キーワード：青年期，社会化，教育格差，非正規雇用

青年期における社会化

発達心理学者のエリク・エリクソン(Erikson, E.)は，青年期の発達課題を「同一性対役割の混乱」という言葉で呼び表しています。それは，「自分は自分自身をどのような人物だと考えているか」と「自分は他者からどのような人物であるとみられているか／期待されているか」との葛藤であり，そこでは拡散した同一性(アイデンティティ)を統合していくプロセスが重要だとされます。

社会学でも，青年期は個人の社会化にとって重要な時期だと考えられており，形成期と呼ばれることもあります。たとえば，価値観の国際比較文化研究で有名なロナルド・イングルハート(Inglehart, R.)は「個人の価値観の基礎は，生まれ育った時代に形成され，それ以後あまり変わらない。したがって個人の生まれ育った時代の経済的・政治的状況が意見形成の要因となる」と論じています。

時代を映す鏡としての若者世代

その意味では，若者の意識や行動様式は，それぞれの時代を移す鏡であるとも言えます。こうして新しい時代を養分として育った若者は，それよりも上の世代からすれば，どこか異質な存在のものとして見えることもあります。「最近の若者は…」といった言説が絶えず繰り返され，ゆとり世代，さとり世代，Z世代など，さまざまな呼び名で時代ごとの若者論が展開されてきました。他方で，いまの若者世代の考え方や，そこに生じているさまざまな「生きづらさ」を理解しようとするならば，現在の社会状況をよく理解する必要があるでしょう。また，同世代の若者だからと言って一括りまとめてし

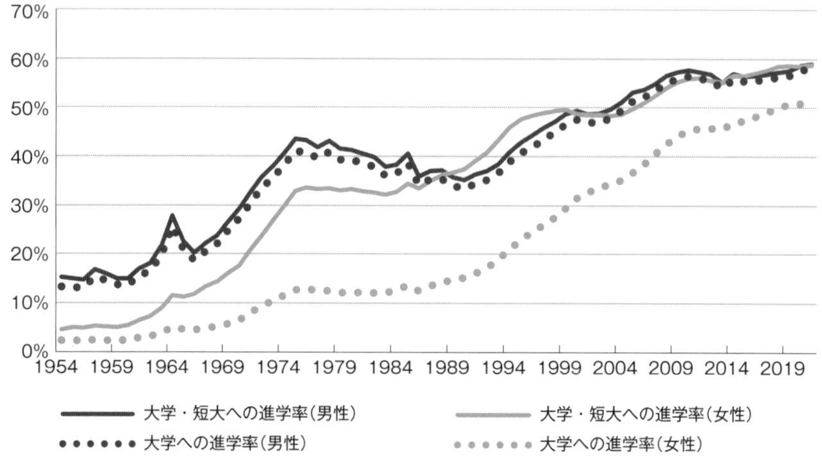

図 4-2　大学等進学率の推移

（出典）　文部科学省「学校基本調査」より筆者作成。

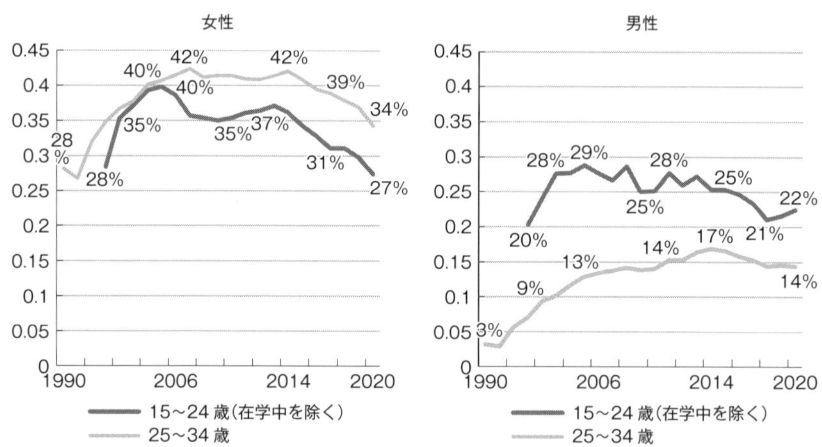

図 4-3　若者における非正規雇用労働者の推移

（出典）　内閣府・男女共同参画局『男女共同参画白書　令和 3 年版』「I-2-7 図　年齢階級別非正規雇用労働者の割合の推移」より一部を抜粋して筆者作成。

まうのはやや乱暴で，その中に存在するさまざまなサブ・グループにも目を向けていく必要があるでしょう。

「大学全入時代」の背景にあるもの

青年期の若者をめぐる近年の目立った傾向の一つは，高学歴化です。図 4-2 では，1964 年以降の大学(短大を含む)への進学率を示しています。2021 年では男女合わせて 58.9％と，人口の半数以上が高校卒業後に進学しています。最近では，進学を希望する人(願書を提出した人)の数と，全国の短大・大学の募集定員がほぼ同数に近づきつつあることを指して，大学全入時代の到来ということが言われるようになってきました。

この現象への説明として，よく少子化による 18 歳人口の減少が引き合いに出されますが，教育社会学者の吉川徹は「大学に行きたいと望む高校生が半数程度しかいないこと」が最も大きな要因であると指摘しています(吉川 2009)。その背後には，自分の思い描くライフコースにおいて，大学等への進学があまり意味を持たないという人もいれば，一方で学費の都合からそもそも進学を希望できない人など，多様なケースが考えられます。

若年労働者における非正規雇用の増加

学校を卒業したあとの働き方にも，ここ 2，30 年で大きな変化がありました。そのひとつは非正規雇用という就労形態の増加です。正社員を除くパート，アルバイト，派遣社員，契約社員，嘱託などがそれにあたります。2020 年時点で，日本の女性の 54.4％，男性の 22.4％が非正規雇用であり，その差は約 2.5 倍に及びます。図 4-3 は，15～34 歳の若年労働力人口に絞って，1990 年から現在にかけての非正規雇用労働者の割合をまとめたものです。女性では，2014 年ごろからわずかに減少傾向にありますが，依然として男性よりも多くの女性が非正規雇用に従事しています。また，男性では，1990 年時点では 25～34 歳のうちわずか 3％でしたが，近年では 14～17％前後で推移しており，5 倍近くにまで増加しました。先ほどの高学歴化の話から予想される結果とは裏腹に，不安定な条件下で働く若者が増えてきていることが見て取れます。

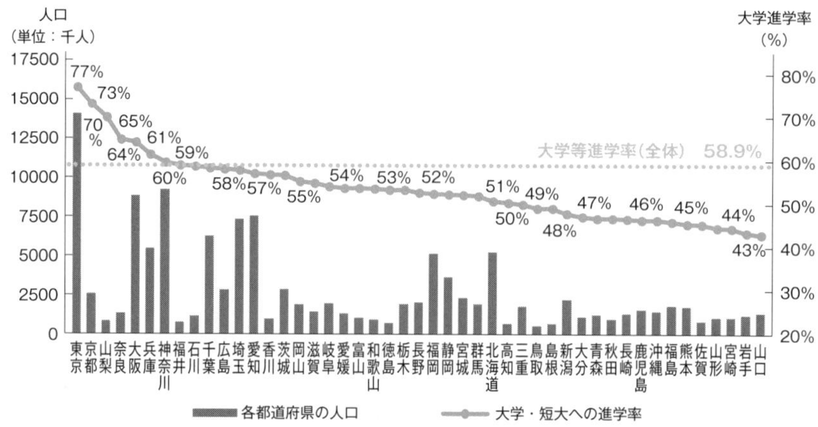

図 4-4　出身高校の都道府県別にみる大学(学部)進学率

(出典)　文部科学省「学校基本調査」および総務省「令和 2 年国勢調査」より筆者作成。大学進学率は「2021 年度の大学学部入学者数(過年度高卒者等含む)」/「2018 年度の中学校・義務教育学校修了者及び中等教育学校前期課程修了者」によって算出した。

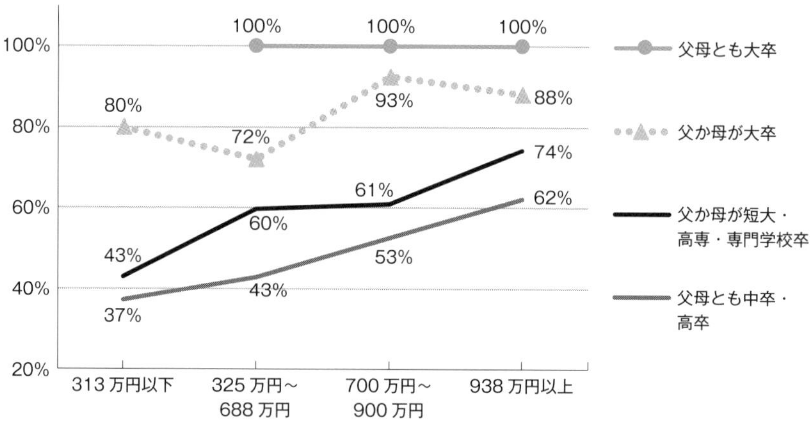

図 4-5　親の学歴・収入と子どもの大学進学率

(出典)　平沢和司「世帯所得と子どもの学歴―前向き分析と後向き分析の比較」中澤渉編『2015 年 SSM 調査報告書 5　教育Ⅱ』を一部修正して転載。

2　不平等な競争と見えない先行きの中の若者

この節で学ぶこと：学歴達成や職業達成は，必ずしも個人の努力の結果とは言い切れません。現代社会の格差には，それを再生産する仕組みがあり，現代の若者は不平等な競争の中でストレスにさらされています。
キーワード：学歴の再生産，格差，自己責任，ライフチャンス

前節では，進学率の上昇や非正規雇用の増加といった，近年の動向を紹介してきましたが，高校卒業後に進学する若者とそうでない若者，あるいは正規雇用に就く若者とそうでない若者の選択の違いには，どのような要因が考えられるでしょうか。

家庭を通じた学歴の「再生産」と不安定雇用のリスク

まず学歴に関して見ていきましょう。図4-4は，出身高校の所在地別の大学進学率を示したものです。全体で見れば進学率は58.9％ですが，47都道府県中40県で全体平均を下回っており，地域によって大きな開きがあることがわかります。また，図4-5は，家庭の世帯年収と親の学歴別に子どもの大学進学率をまとめたものです。より収入が高く，親の学歴が高い家庭出身の人ほど，進学を選択する人の割合が高いことがわかるでしょう。

出身家庭によって学歴が異なることは以前から知られており，いくつかの説明の仕方があります。ひとつは，経済的に裕福な家の方が，子どもを学習塾に通わせたり，授業料の高い私立学校に通わせることができるなど，より豊富な教育機会を用意できるというもので，こうした説明の仕方は「経済的再生産論」と呼ばれます。もうひとつは，学校教育にどのような価値を置くか，どのようなライフコースを志向するかといった家庭の文化が関わっているというもので，これは「文化的再生産論」と呼ばれています。

続いて，働き方についても見ていきましょう。非正規雇用の人たちにその理由を尋ねた調査では「自分の都合のよい時間に働きたいから」(24歳以下で51％，25～34歳では29％)という人が最多でしたが，「正規の職員・従業員の仕事がないから」(24歳以下で5％，25～34歳では15％)という不本意非正

表 4-1　若年労働者の学歴別の就業形態（15～34 歳，在学中を除く，%）

	正社員	正社員以外の労働者					不明	合計
		雇用期間の定めあり		雇用期間の定めなし		全体		
		フルタイム	短時間	フルタイム	短時間			
中学卒	35.4	32.2	11.4	13.5	7.0	64.0	0.6	100
高校卒	56.3	16.7	8.2	11.2	7.1	43.2	0.4	100
専修学校（専門課程）修了	66.6	12.2	9.5	8.3	3.3	33.3	0.1	100
高専・短大卒	66.2	12.1	9.4	6.1	6.2	33.8	―	100
大学卒	80.9	10.2	3.8	2.7	2.5	19.1	0.0	100
大学院修了	84.3	6.9	3.2	2.7	2.9	15.7	0.1	100
全体	69.0	13.1	6.6	6.6	4.5	30.8	0.2	100

（出典）　厚生労働省『平成 30 年若年者雇用実態調査報告書・統計表』「個人調査・第 14 表　在学の有無，産業・事業所規模・性，年齢階級・在学の有無・最終学歴・職種，雇用・就業形態別若年労働者割合」より一部抜粋して筆者作成。

表 4-2　若年労働者の就業形態別の「主な収入源」（15～34 歳，在学中を除く，%）

	自分自身	親	配偶者	兄弟姉妹	その他・不明	合計
正社員	74.1	17.1	7.9	0.2	0.7	100
正社員以外	46.5	26.1	23.5	1.2	2.8	100
正社員以外の内，フルタイム	57.0	25.5	14.4	0.8	2.3	100
正社員以外の内，短時間	27.5	27.2	39.9	1.8	3.6	100
全体	65.5	19.9	12.7	0.5	1.3	100

（出典）　厚生労働省『平成 30 年若年者雇用実態調査報告書・統計表』「個人調査・第 14 表　在学の有無，産業・事業所規模・性，年齢階級・在学の有無・最終学歴・職種，雇用・就業形態別若年労働者割合」より一部抜粋して筆者作成。

コラム 4-2　2021 年の流行語大賞「親ガチャ」

2021 年の流行語大賞に「親ガチャ」が選出され，話題となりました。出生にあたって親を自分で選ぶことができず，運次第で当たり外れがあるという意味の言葉で，小型玩具の自動販売機（通称 ガチャガチャ）や，オンラインゲーム上のキャラクターや装備の確率抽選になぞらえた言い回しです。

親の苦労子知らずとはよく言ったもので，自分自身も苦労して子育てをしてきた多くの親たちからすれば，品性に欠ける表現であることは否めません。とはいえ，やはり先行きの見えない競争のストレスに多くされており，またインターネットや SNS（Social Networking Service：ソーシャル・ネットワーキング・サービス）の普及によって，同世代の生活を覗き見る機会の多い現代の若者たちにとって，どうしても直感せざるを得ない不平等が存在するのも事実でしょう。

規雇用の人も少なくありませんでした(総務省「2020 年 労働力調査」)。

表 4-1 は，若年労働者の就労形態を学歴別に集計したものです。大卒者でも 2 割程度が非正規(正社員以外の労働者)ですが，高卒者ではそれが 4 割程度にまで増加します。また，表 4-2 は主な収入源を就労形態別にまとめたものです。若い非正規雇用の労働者の 4 分の 1 が「親」をあげており，ひとりで生計を立てていくことの難しさがうかがえます。また，非正規雇用でも半数弱の人が「自分自身」と回答しており，これは不安定な雇用条件のもとで経済的自立を余儀なくされている人も多くいるということを示しています。

努力か，不平等な格差の再生産か

収入の大小，職業上の地位，安定性，それらに関わってくる学歴達成といったものは，しばしば個人の努力の結果であり，自己責任などと見做されがちです。もちろん，そういった部分も皆無ではないでしょうが，生まれ育った地域や家庭に応じて，個々人のライフチャンスに格差が生じている点にも目を向けなければなりません。「大学全入」時代においては，むしろそうした不平等の問題がより鮮明になってきているとも言えるでしょう。

2019 年には，東京大学入学式の祝辞で，社会学者の上野千鶴子が「(中略)…頑張ってもそれが公正に報われない社会があなたたちを待っています。そして頑張ったら報われるとあなたがたが思えることそのものが，あなたがたの努力の成果ではなく，環境のおかげだったこと忘れないようにしてください」と述べ，議論を呼びました。上記の祝辞は，ジェンダーによる格差を指摘したものでしたが，こうした格差はいたるところに存在しており，2021 年の流行語大賞には「親ガチャ」が選出されました。以前と今の若者世代との最も大きな違いは，こうした格差が若者に自覚され，彼ら / 彼女らの日常の一部になってきていることかもしれません。

こうした格差の広がりは，不利な立場に置かれている人はもちろん，恵まれている人にとっても，「生きづらさ」を助長するプレッシャーになり得ます。現代を生きる若者のストレスも，若者研究の大きなテーマのひとつです。

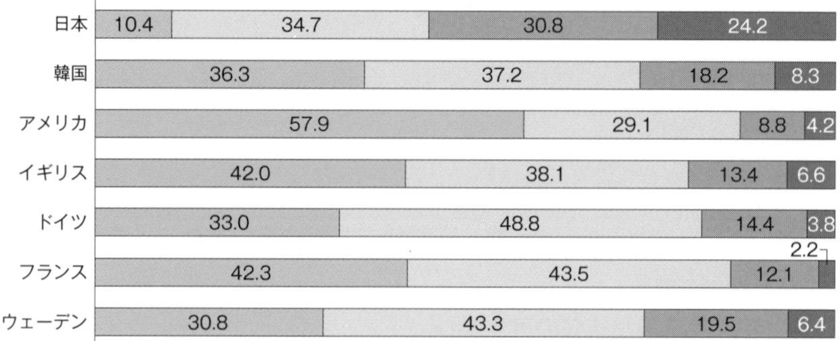

図 4-6 「私は，自分自身に満足している」に対する若者の意見（%，国際比較）
（出典） 内閣府「平成 30 年度我が国と諸外国の若者の意識に関する調査」より筆者作成。

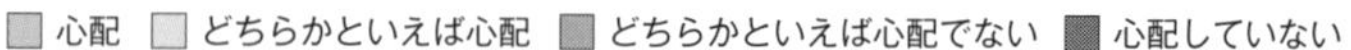

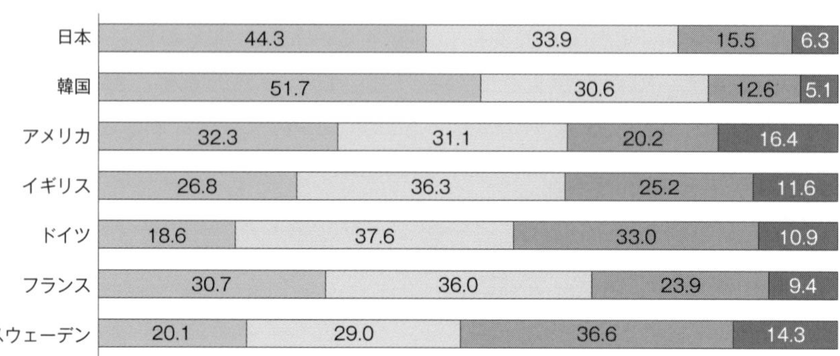

図 4-7 「自分の将来のこと」に対する若者の心配（%，国際比較）
（出典） 内閣府「平成 30 年度我が国と諸外国の若者の意識に関する調査」より筆者作成。

3　若者のウェルビーイング

この節で学ぶこと：様々なストレスを抱える現代の若者は，果たして不幸といえるでしょうか？世代に応じて異なる多様なウェルビーイングのあり方を考えてみましょう。
キーワード：メンタルヘルス，国際比較，若者のウェルビーイング

若者のメンタルヘルス

ここまでに概観してきた通り，いまの若者世代は，近年の格差拡大の煽りを受けながら，明るい将来を確保しなければという絶え間ないプレッシャーを感じています。彼ら／彼女らが直面している多くの不確実性は，メンタルヘルスにも影響を及ぼします。これまで様々な調査から，若者は多くの不安を抱えており，傷つきやすく，上の世代よりも高いストレスを有していることが示されてきました。若者世代におけるひきこもり，抑うつ，さらには自殺の増加も，こうしたメンタルヘルスの危うさを物語っています。

日本と海外の若者を比較すると，これが単に，青年期というライフコースの特定の段階における，典型的な兆しではないということがわかります。図4-6は，各国の13～29歳の若者を対象に調査したもので，日本の若者は，韓国，アメリカ，イギリス，ドイツ，フランス，スウェーデンの若者よりも自己肯定感が低いことを示しています。また，図4-7からは，就職などの将来について，強い不安を抱えていることがわかります。

学者たちが，日本の若者の現状がやや暗いと議論をしていた矢先，2011年に社会学者の古市憲寿が出版した『絶望の国の幸せな若者たち』(講談社)で内閣府の生活満足度に関する調査データが紹介され，話題となりました。20～29歳の若者は，2000年代半ば以降，他のどの年齢グループよりも高い生活満足度を有しています(図4-8)。また，NHK(2013)が中高生を対象に実施した調査では，「とても幸せだ」と回答した中高生の割合が，1982年から2012年にかけて大幅に増加したことがわかりました。

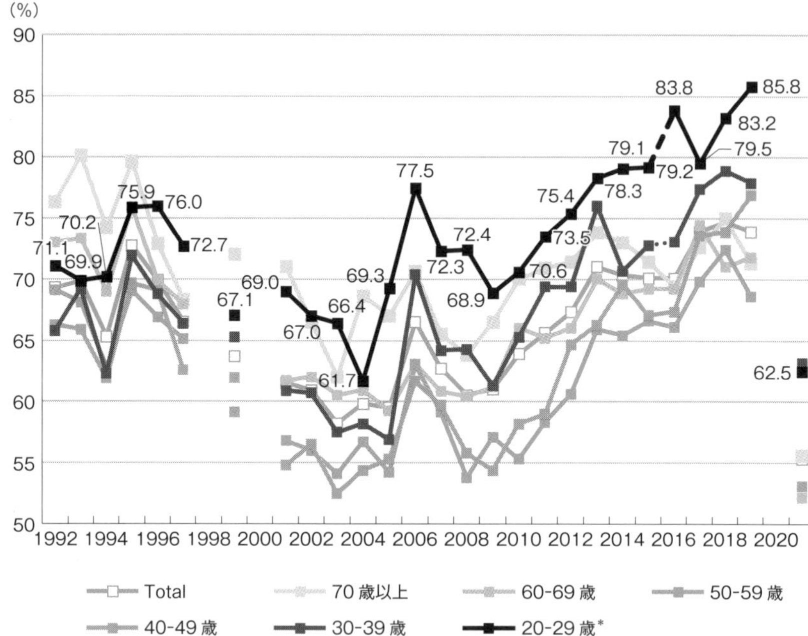

図 4-8　各年齢グループの生活満足度（1992～2021 年）

（注）　それぞれの数値は，全体としての現在の生活に「満足している」，「まあ満足している」と答えた人の割合を示している。

なお，グラフ中に折れ線が途切れている箇所があるが，1998 年・2000 年・2022 年に調査が実施されておらず，データのない期間が生じていることを表している。

＊ 2016 年調査から，最年少の年齢グループに 18 歳から 29 歳までが含まれるようになった。したがって，2015 年の前と後で一概に比較可能とは言えない点に注意しなければならない。

（出典）　内閣府・国民生活に関する世論調査より筆者作成。

世代で変わる幸福像

では，なぜ多くの若者は，数々の不安要素に自分たちの社会的な立ち位置を脅かされながらも，その生活に満足しているのでしょうか。古市は，その主観的幸福の高さが「奇妙な安定」に起因すると主張します。彼ら／彼女らは，親に守られながら，比較的豊かで気楽な生活を享受できている今という時間を肯定的に評価しているというのです。しかし同時に，まるでダモクレスの剣のように，自分達の頭上には，増え続ける高齢者の介護費用や，国の負債を負担しなければならない，そう遠くない暗い未来がぶら下がっていることも分かっています。だからこそ，それに脅かされないためにも，「今ここ」に存在しているということへの満足度が重要になるのだといいます。

これは，若者が幸福にとって重要だとするものが，上の世代のそれと異なっているためかもしれません。この仮説をある程度裏付けるものとして，ホメリヒとティーフェンバッハ(2018)は，生活満足度に影響を与えるものの構造が，年齢グループに応じて異なることを報告しています。経済停滞期に生まれ育ったいわゆる「平成世代」は，上の世代とは対照的に，経済状況の満足度にあまり左右されません。これは，物質的欲求に中心としたライフスタイルからの解放であり，現代の経済的なリアリティに適応した新世代の特徴なのかもしれません。若者の非物質主義的な態度は，おそらくは，豊かさよりも簡素さを追い求めた理想的な人生選択の結果というよりも，その必要性から生まれたものなのではないでしょうか。これが本当に新世代の特徴(コーホート効果)なのか，ライフコースのある特定の段階に応じた特徴(年齢効果)なのか，現時点で判断することは困難です。しかし，今の若者が自分たちの人生を評価する際に上の世代とは異なる優先順位を設定しており，その結果として高い生活満足度を達成しているということはあり得るでしょう。

世代間での大きな違いの一つは，現在の若者がデジタル端末を利用するという点です。上の世代とは異なり，いわゆるデジタルネイティブ世代はインターネットとともに成長しており，これは彼ら／彼女らの「良い生活」の意味付けが変容するきっかけになっているとも考えられるでしょう。

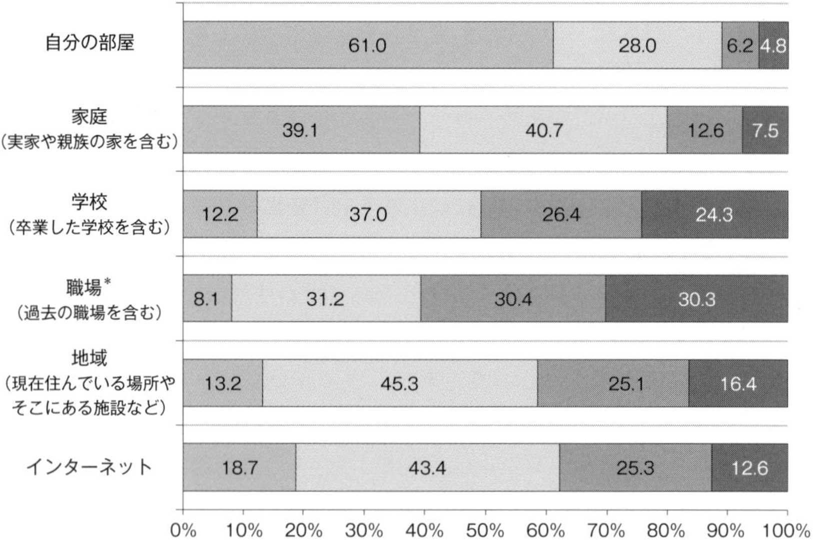

図 4-9　若者にとっての居場所

（注）　*職場のみ n=4243，他はいずれも n=6000。

（出典）　内閣府『平成 29 年版子供・若者白書（特集）若者にとっての人とのつながり』より筆者作成。

4　若者とインターネット空間

この節で学ぶこと：インターネット空間は若者にとってのつながりを築くための新たな居場所となりつつあります。本節では，インターネット空間が生活の満足度を高めることができるのかを考えていきます。
キーワード：インターネット空間，インターネット依存，インスタ映え

新たな居場所―インターネット空間―

現在の若者はデジタル端末を利用し，インターネット空間を人とつながる新たな居場所としています。内閣府は 2016 年に 15～29 歳までの男女 6,000 人を対象に調査を実施し，『平成 29 年版子供・若者白書』の巻頭特集「若者にとっての人とのつながり」を発表しました。「自分の部屋」「家庭」「学校」「職場」「地域」「インターネット」のそれぞれについて，自分の居場所と思うか思わないかを尋ねた結果，「自分の部屋」(89.0％)「家庭」(79.9％) に次いで，「インターネット」を居場所と感じる若者は 62.1％にのぼり，「学校」(49.2％)「職場」(39.2％)「地域」(58.5％) を上回りました (図 4-9)。

インターネットの利用率と利用時間は全世代において年々増えていますが，若者世代では特にソーシャルメディアと動画サービスの利用時間が，他の世代より著しく長くなっています (表 4-3)。著者が講義で学生に SNS の使用状況と満足感を尋ねると，SNS を利用して人のつながりを常に維持し，また手軽にファッション，芸能人，料理などの情報を入手できることから，「満足している」と答える学生が少なくありません。

その一方で，学校や職場などの集団の中で人間関係がうまく築けず，周囲と十分なコミュニケーションが取れずに孤立したり，心を開いて悩みを相談できる相手がおらず，自分ひとりで悩みを抱え込む状況が続くことによって，様々な問題を複合的に抱えた状態に陥る若者もよく見られます。孤立を防ぐ手立てとして，居場所やつながりは大切です。インターネット空間がデジタルネイティブ世代の若者にとって，つながりを築く大切な居場所となったことは確かですが，そこには，どのような注意すべきことがあるでしょうか？

表 4-3　インターネットの利用項目別の平均利用時間（令和 2 年度）

	単位：分	メールを読む・書く	ブログやウェブサイトを見る・書く	ソーシャルメディアを見る・書く	動画投稿・共有サービスを見る	VODを見る	オンラインゲーム・ソーシャルゲームをする	ネット通話を使う
全年代	平日（N=3,000）	40.8	24.6	37.9	38.7	11.3	18	3.8
	休日（N=1,500）	22.0	27.9	44.2	58.0	17.9	26.8	2.8
10 代	平日（N=284）	18.4	11.7	72.3	90.2	17.1	18	3.8
	休日（N=142）	14.5	14.6	85.4	131.8	28.6	62.0	8.7
20 代	平日（N=426）	39.6	29.8	84.6	73.8	18.1	32	7.9
	休日（N=213）	27.0	31.0	110.8	115.9	30.9	45.5	4.3
30 代	平日（N=500）	39.7	31.7	40.9	35	13.5	18.5	2.9
	休日（N=250）	14.3	34.7	43.8	58.4	20.6	27.6	2.7
40 代	平日（N=652）	44.8	27.9	27.5	26.7	13.3	18.5	2.1
	休日（N=326）	24.3	31.8	28.2	42.7	14.8	26.1	1.3
50 代	平日（N=574）	45.4	25.8	20.1	22.1	5.9	9.2	1.3
	休日（N=287）	22.4	35.3	22.5	33.9	16.2	16.4	2.0
60 代	平日（N=564）	44.5	15.9	12.9	20.3	4.4	5.7	3.5
	休日（N=282）	25.9	14.5	14.3	19.2	5.6	5.9	1.4

（出典）　総務省情報通信政策研究所（2021）「令和 2 年度情報通信メディアの利用時間と情報行動に関する調査報告書」より筆者作成。

インターネット空間における問題

近年，若者のインターネットや携帯電話の長時間使用が指摘され，高校生の6割がインターネット依存傾向にあります(総務省 2013)。インターネット上の行動に関する研究で，大木ほか(2011)は「仮想人間関係交流度が高くなるほど，仮想対人ストレスが増加し，それは孤独感を悪化させて，QOLを低下させている」と説明しています。また，インターネットに投稿した悪ふざけが第三者により拡散されたり，ブログの炎上がきっかけで自殺にまで発展してしまうといった事件が多発しています。ネット上での攻撃行動は，「ネットいじめ」「炎上」「ネット誹謗中傷」など多様化しています。

電通総研が発行している『情報メディア白書』によれば，数年前まで，ブログやSNSでは「言葉で明示的に感情を記述する日記型」の投稿が主流でしたが，今は「ビジュアルでインデックス的に端的な事実を記録するアルバム型」にシフトしてきています。「被写体としてフォトジェニックか」「リア充アピールできるか」など，「SNS映えするモノ・コトか」といった，いわゆる「インスタ映え」は，若者が投稿する上での大事なポイントとして新たな現象となっています。そのようにすれば，現実では達成することの難しい，望ましい生活が実現できたかのように見えます。SNS上の日常をこうした視点で彩ることで，若者は自己顕示欲求を満たしています(電通総研編 2016)。しかし，SNSの投稿を他人と比較し，自分の人生の方が他人の人生よりも充実しているようにアピールする裏には，劣等感や孤独感が潜んでいることもあります。

つながりを求める若者は，インターネット空間を新たな居場所としています。その一方で，妬みや自己嫌悪などのネガティブな感情を抱くことになる人も少なからずおり，更に大きな孤独に陥ってしまう可能性もあります。そうしたリスクを知ったうえでインターネット空間やSNSを利用し，いかに生活の満足度を高めることができるのかが，デジタルネイティブ世代の新たな課題となるでしょう。

考えてみよう　調べてみよう

1. 藤村正之・浅野智彦・羽渕一代編(2016)『現代若者の幸福—不安感社会を生きる』恒星社厚生閣。
2. 吉川徹・狭間諒多朗(2019)『分断社会と若者の今』大阪大学出版会。
3. 吉川徹(2018)『日本の分断—切り離される非大卒若者たち』光文社。
4. 山田昌弘(2007)『希望格差社会—「負け組」の絶望感が日本を引き裂く」筑摩書房。
5. 石田浩・佐藤香(2017)『ライフデザインと希望』勁草書房。

1. いまの若者世代は，上の世代と比べて幸せだと思いますか？ あるいは不幸だと思いますか？ また，なぜそのように思いますか？
2. あなたにとっての「幸せな人生」について一度考えてみてください。どのようなことを浮かぶでしょうか？ どうすれば手に入るでしょうか？
3. あなたはSNS(Twitterなど)を使っていますか？ そして，そこでのやりとりに満足していますか？ また，それはなぜでしょうか？(使っていない場合は，なぜ使っていないのでしょうか？)

引用文献

NHK放送文化研究所(2013)『NHK中学生・高校生の生活と意識調査2012：失われた20年が生んだ「幸せ」な十代』NHK出版。

大木慎ほか(2010)「情報環境における対人交流がQOLや孤独感に与える影響」『環境情報科学論文集』24：333-338頁。

吉川徹(2009)『学歴分断社会』筑摩書房。

総務省(2013)「青少年のインターネット利用と依存傾向に関する調査」http://www.soumu.go.jp/iicp/chousakenkyu/data/research/survey/telecom/2013/internet-addiction.pdf(2022.4.7)。

電通総研編(2016)「特集Ⅰ　インターネットの20年」『情報メディア白書』ダイヤモンド社，14-34頁。

Hommerich, C. and Tiefenbach, T., 2018, "The structure of happiness: Why young Japanese might be happy after all," in Heinrich, P. and C. Galan (eds.), *Being Young in Super-Aging Japan: Formative Events and Cultural Reactions*, London: Routledge, 132-149.

第5章　生きがいの探求とカルト
メンタル・キャピタルとレジリエンス

この章で学ぶこと

青年期は自己のアイデンティティを模索する時期です。真摯に人生の意味や世界のあり方を考えるために，性急な答えや対処法を求めがちです。カルト団体はそうした求めに応じ，答えと仲間・居場所を提供してくれます。しかしながら，一時の安心と爽快感は自由と自律を犠牲にしたものです。この章では学生の皆さんにアプローチするカルト団体の存在を伝えるだけでなく，ウェルビーイングを支えるこころのあり方について，メンタル・キャピタル，レジリエンスという考え方をお伝えします。

キーワード：カルト，マインド・コントロール，アイデンティティの確立，居場所と承認，メンタル・キャピタル，レジリエンス

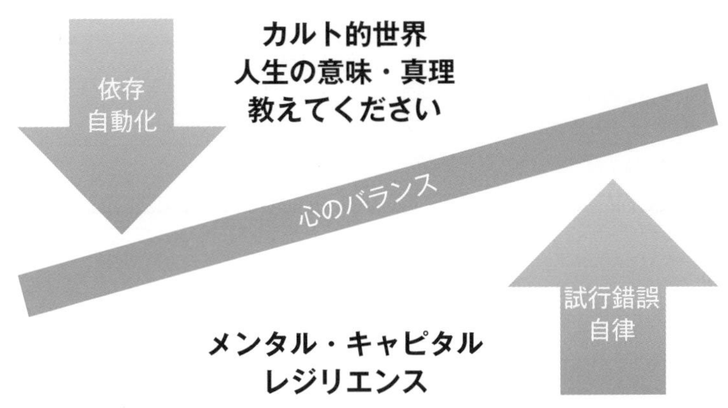

表 5-1　カルト宗教団体や自己啓発セミナーなどへの参加勧誘の有無

	それらを受けて嫌な思いをしたことがある	そのような経験はない	他人が勧誘を受けて困っているのを見たり，聞いたりした	そのような経験はない
2001	21.90%	78.10%	27.80%	72.20%
2006	25.90%	74.10%	36.70%	63.30%
2010	17.70%	82.30%	22.40%	77.60%
2014	13.60%	86.40%	23.65%	76.35%
2018	8.00%	92.00%	16.20%	86.80%
2022	8.40%	91.60%	9.60%	90.40%

（出典）　北海道大学学生生活実態調査　各年より筆者作成。

表 5-2　社会的影響力（Social influence）の例

1：	Reciprocation（互酬性） 〈教訓〉タダ飯は食わせたものの勝ち。食ったものの負け。
2：	Scarcity（稀少性） 〈教訓〉「ここだけの話」を聞かされたのは，あなたで千人目です。
3：	Authority/Credibility（権威） 〈教訓〉現時点で効能が説明できない場合に，正しさが強調される。
4：	Consistency/Commitment（一貫性 / コミットメント） 〈教訓〉始めることで得られるものより，辞めることで失うものを怖れる。
5：	Social Proof（社会的証明） 〈教訓〉体験談は効能があると思った人だけの話を集めたもの。
6：	Liking（好意） 〈教訓〉ものの価値より勧める人を見てよさを判断してしまう。
7：	Cognitive Overload（認知負荷） 〈教訓〉情報のシャワー，その後，思考の節約を促すアドバイス。

（出典）　チャルディーニ著（1984），社会行動研究会訳（1991）『影響力の武器―なぜ、人は動かされるのか』誠信書房より筆者作成。

1　カルト問題とは何か

この節で学ぶこと：大学生をターゲットにするカルトの勧誘があります。カルトが用いるマインド・コントロールとはどのような精神操作のやり方でしょうか。なぜ，カルトと呼ばれる宗教団体があるのでしょうか。
キーワード：カルト，マインド・コントロール

キャンパス内，あるいはSNSによるカルトの勧誘

毎年春の季節は多くの人が移動や生活の変化を経験し，ストレスで心身の調子を崩しがちです。新入生や新社会人の中には親元を離れて一人暮らしになり，大学や職場になじめるかどうか不安な人も多いでしょう。

私は二十年以上，新入生へのオリエンテーションにおいてメンタルヘルスの重要性とカルトにご注意のアドバイスを行ってきました。なぜなら，カルト団体は四月から夏休みまで勧誘活動に全力をあげるからです。頼れる友達や心地よい居場所が見つかっていない人を標的にするのです。表１は私の大学における勧誘の実態です。年を追うごとにキャンパス内における対面型の勧誘からSNSを介した勧誘に変化し，実態が見えづらくなっています。

カルト団体とは，正体を隠して市民や学生を勧誘し，情報や環境を操作することで特異な教説やイデオロギーを教え込む団体のことです。学習・運動サークルやボランティア団体を偽装して勧誘を行います。勧誘される人の信教の自由を尊重しない勧誘は違法行為ですし，金銭的契約を伴えば不実の告知として特定商取引法違反に問われます。

勧誘のやり方は，表5-2に示したような社会的影響力が使われています。集団的影響力もしくは承諾誘導のテクニックの一部は，コマーシャルやセールス，マスメディアなど，コミュニケーションにおいて一般的に用いられるものです。しかし，情報の受け手に錯誤的判断をさせたり，過大な損害を与えたりする結果をもたらす影響力の行使は倫理的に問題があります。マインド・コントロールという言葉は，悪質な影響力の行使を社会問題化した言葉です。

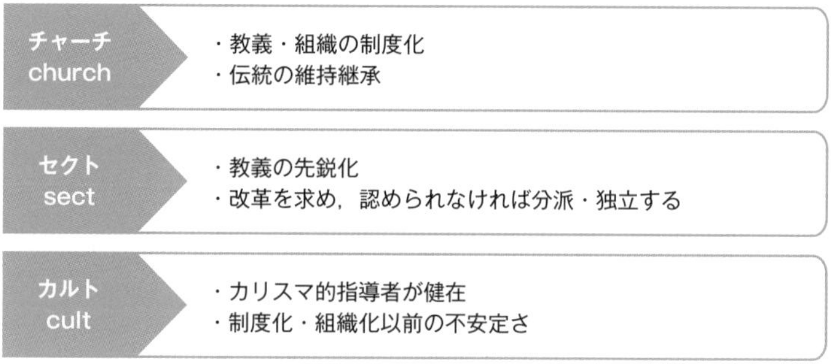

チャーチ church	・教義・組織の制度化 ・伝統の維持継承
セクト sect	・教義の先鋭化 ・改革を求め，認められなければ分派・独立する
カルト cult	・カリスマ的指導者が健在 ・制度化・組織化以前の不安定さ

図 5-1　宗教団体の 3 類型

（出典）　筆者作成。

オーディエンス・カルト	・精神世界に関心を持つ一般人に市販本や SNS で情報提供 ・ニューエイジ，スピリチュアル
クライエント・カルト	・特定の顧客に対価を払わせ，特殊な効用を提供 ・集団心理療法団体・ビジネス，代替療法の一部
カルト運動	・包括的救済を約束するかわりに全人格的な献身を要求 ・新宗教運動の初期状態

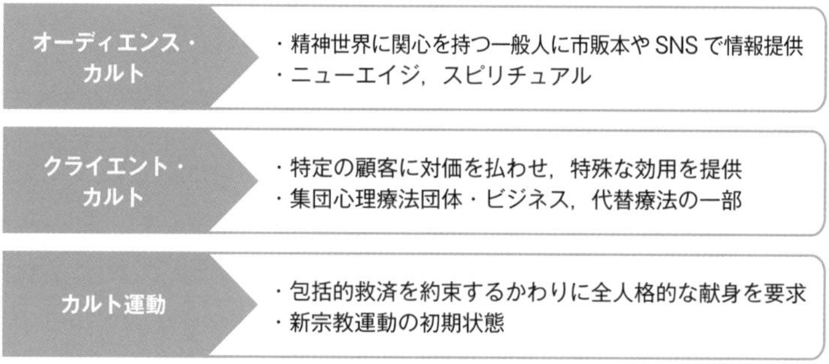

図 5-2　カルト団体の 3 類型

（出典）　筆者作成。

コラム 5-1　終末論 / 千年王国論（apocalypse, millennialism）

キリスト教の黙示録に示された最後の審判で悪が裁かれ神の時代が始まるという世界観であり，世界の諸宗教にも歴史の終わりと新しい時代の始まりを予言する世界観がありました。宗教的指導者が民衆の叛乱を導く場合に掲げられます。

カルトの諸形態

なぜカルト団体はこのような勧誘までして人や資金を集めたがるのでしょう。カルト団体のなかには終末論的・千年王国的世界観を持ち，この世に終わりが来る，新しい時代が始まると考えて，世俗的な法制度や価値規範にとらわれない行動をするものがあります。正体を隠して勧誘しても結果的にその人や世界を救うことになるとか，その人が自分のためにお金を使ってしまうよりも崇高な理念や大義のために使われるべきではないかとか主張するわけです。

どのような宗教も生まれた当時は古い道徳や社会規範を変えようという理念があり，社会体制と軋轢を起こすことがあります。しかし，時間の経過と共に原初的な宗教団体は体制に適応し，むしろ社会体制を正当化するような働きをすることがあります。宗教社会学では，このような制度内宗教をチャーチ(カトリックをモデル)とよび，制度化された組織宗教の枠内では自身の理念を実現できないと考えるグループが分派した教派をセクト(プロテスタントの諸教派)，新しい宗教理念や儀礼を創出するカリスマ的指導者に率いられる集団をカルトと類型化してきました(図 5-1)。

また，ロドニー・スターク(Stark, R.)は，カルトの形態について，どのような宗教的報酬を与えるかによってカルトを三つに分類しています(図 5-2)。書店の精神世界コーナーでスピリチュアルな書籍を購入する人たちがオーディエンス・カルトを支えています。精神世界の愛好者が特定の霊能師や施術者の顧客となるとクライエント・カルトの段階に進み，オウム真理教のようにヨーガ系サークルが新宗教となって社会問題化する事態(カルト運動)が生じることもあります。

身体的境界	・自他の身体的区別を無視し，他者の身体を支配する ・肉体的暴力，性的暴力，苦行の強制など
精神的境界	・自他の精神的区別を無視し，他者の精神を支配する ・マインド・コントロール，自由な思考を奪うなど
社会的境界	・自他の社会的区別を無視し，他者の持ち物を支配する ・献金や布施の強要，資産・労働の搾取など

図 5-3　バウンダリー（境界）の侵犯例

（出典）　クラウド＆タウンゼント著（1992），中村佐知・中村昇訳（2004）『境界線（バウンダリーズ）』地引網社より筆者作成。

コラム 5-2　オウム事件死刑囚の手記

「現在，私はオウムの教義や麻原の神格を全否定しています。その正当性の根拠だった宗教的経験について，脳内神経伝達物質が活性過剰な状態で起こる幻覚的現象として理解しており，教義のいう意味はないと考えているからです。

それだけに，いかなる理由があれ人間として許されない罪を犯したことは，慙愧の念に堪えません。亡くなった皆様のかけがえのない命は取り戻すことができないこと，ご遺族の皆様，重症を負われた皆さまやそのご家族の皆様の苦しみが今後も続くであろうことを考えると，後悔の念ばかりが浮かびます。」

（出典）　広瀬健一著，髙村薫監修，朝日新聞出版編（2019）『悔悟―オウム真理教元信徒・広瀬健一の手記』朝日新聞出版。

コラム 5-3　カルト団体のチェックポイント

1　指導者の教えへの服従がないか。
2　過度に厳しい規則がないか。
3　自己を否定されないか。
4　全員が一般社会から離れ，集団生活に入る傾向がないか。

（出典）　広瀬健一著，髙村薫監修，朝日新聞出版編（2019）『悔悟―オウム真理教元信徒・広瀬健一の手記』朝日新聞出版。

2　精神の呪縛―マインド・コントロール

この節で学ぶこと：カルト団体に所属するとなぜ人格が変わってしまうのでしょうか。
キーワード：マインド・コントロール，バウンダリー

バウンダリー(境界)の発想

この章ではカルト団体の具体的な名前を挙げておりません。それよりも社会的に問題とされるカルトの特質をマインド・コントロールから考えていった方が，どの団体がカルトであり，何が問題なのかをよく理解することができるでしょう。その際に前節で説明したマインド・コントロールの概念を吟味しておく必要があります。つまり，一般的な社会的影響力の行使ではなく，人権や公共性の観点においても容認し難いマインド・コントロールとは何なのかということです。精神の呪縛の度合いがはなはだしく，自由にものを考えたり行動したりすることができなくなり，暴力を受けて健康を害したり，貴重な時間や資産までが収奪されるような状況が問題です。

歴史上，身分制社会では身体そのものが売り買いの対象とされる奴隷がおり，権力者が暴力によって他者の自由を奪うことが認められていました。しかし，現代の民主的社会では奴隷の存在を認めません。自分の体や精神が自分のものであるように他者の体や精神は他者のものです。人が汗水垂らして稼いだお金をだまし取ることは許されません。

ところが，問題のある組織に加入したり，指導者から影響力を受けたりするなかでこの感覚があいまいになることがあります。この点をバウンダリー(境界)の視点を用いて支配と従属の関係から明確に示してみましょう(図5-3)。カルト視される団体の教祖のなかには，信者に暴力を振るったり女性信者に性的関係を強要したりする人たちがいました。神様の代理や仏の生まれ変わりなどを称している教祖を崇拝し畏怖している信者は抗うことができないのです。信者の労力，資産の収奪が行われることもしばしばみられるところです。

表 5-3　オウム真理教　年表

日付		出来事
1984 年	2 月	「オウム神仙の会」発足，87 年 6 月「オウム真理教」に改称。
1989 年	2 月	信者の田口修二氏殺害事件(リンチ死)。
	8 月	東京都がオウム真理教を宗教法人として認証。
	10 月	オウム真理教被害者の会結成。
	11 月 4 日	坂本弁護士一家殺害事件。
1990 年	2 月	松本智津夫他信徒 24 名　衆議院選に「真理党」として立候補し，全員が落選，供託金は没収。
1993 年		山梨県の旧・上九一色村の教団施設にサリン工場建造開始。
1994 年	1 月	信徒落田耕太郎氏を殺害(脱会阻止)。
	6 月 27 日	松本サリン事件　8 名殺害　約 600 人重軽傷。
	7 月	信徒冨田俊男氏を殺害(スパイ扱い)。
	12 月	反対者を VX ガスで襲撃　1 名が死亡，2 名が重症。
1995 年	2 月	目黒公証役場事務長拉致，監禁，殺害事件。
	3 月 20 日	地下鉄サリン事件　13 人が死亡，約 6000 人が重軽傷。
	3 月 30 日	國松孝次警察庁長官が銃弾 4 発の狙撃を受け重傷。犯人は不明。
	4 月 24 日	村井秀夫教団幹部刺殺される。
	5 月 16 日	松本智津夫(麻原彰晃)死刑囚逮捕。
	10 月	東京地裁がオウム真理教に解散命令。
1999 年	12 月	オウム新法の施行(団体規制法による観察処分)。
2000 年	1 月	アレフに改称(2003 年アーレフ，2008 年 Aleph に改称)。
2006 年		最高裁，松本死刑囚の特別抗告棄却，死刑確定。
2007 年		上祐史浩元代表が脱会，5 月に新団体「ひかりの輪」を設立。
2011 年	11 月 21 日	最高裁が元教団幹部・遠藤誠一被告の上告を棄却(オウム真理教関連事件で起訴された 189 人すべての裁判が終結)。
2012 年		平田信，菊池直子，高橋克也の逃亡信徒を逮捕。
2018 年		オウム裁判が全て終結。
		松本智津夫と教団幹部計 13 人に死刑執行。
2021 年		Aleph，ひかりの輪，山田らの集団に 7 回目の観察処分を更新，3 年間延長。

(出典)　筆者作成。

オウム真理教事件

皆さんはオウム真理教事件をご存知でしょうか。オウム真理教は，チベット仏教とキリスト教の終末論にオカルト情報を組み合わせた教説とヨーガの行法を信者に課した新宗教であり，1980 年代の精神世界ブームの波に乗り，地下鉄サリン事件まで急速に教勢を拡大させました。教祖，麻原彰晃(本名松本智津夫，1955 年出生)は，わずか数年で千名あまりの信徒を集め，全国各地に道場やサティアンと呼ばれる施設を作り，最盛期には出家者と在家者併せて 11,500 人に達したとされます。

オウム真理教信者が起こした一連の事件で起訴された教団幹部や信徒は計 192 人にのぼり，13 事件で計 27 人を殺害した教祖の松本智津夫他 12 名の幹部が死刑に処されたことでオウム裁判は終結しました。しかし，教団そのものは宗教法人としての認証が取り消されたものの，Aleph(アレフ)とひかりの輪他の組織に分裂して存続し，現在でも活発に大学生への勧誘活動を行っています。

オウム真理教に入信して殺人事件に加担した広瀬健一は，高校三年生頃から生きる意味や物事の価値に悩み，早稲田大学理工学部に進学した後も哲学や宗教の書籍を乱読しました。大学院 1 年生の時に霊的エネルギーの覚醒を自覚し，それを統御するために読んだ本が麻原の書籍であり，即座に入門して，宗教体験に基づいて麻原を指導者として仰いだのです。彼は人生のすべてを麻原にかけました。その結果，青年期から中年期の自由な時間を数年間の教団生活と 20 年以上の拘置所生活に奪われ，命までも失いました。

広瀬が死刑に処せられる前に残した手記は学生のみなさん宛に書かれています。「『生きる意味は何か』―皆さまは，この問いが心に浮かんだことがありますか。」から始まる文章の一部を抜粋しておきました(コラム 5-1)。そのなかで彼は，カルト的団体の特徴と注意すべき点をまとめております。それにしても，偶然的な出会いがあったにせよ「生きる意味は何か」を考えることで，どうしてカルト団体と通じてしまうのでしょう。

カルトに関わった人たちは愚かだったわけではありません。むしろ，人生の問題に真面目に向き合っていたのです。どこに問題があったのでしょうか。

コラム 5-4　統一教会に入信していた人の言葉

「教会に入る前の私は，寮で先輩からいじめを受け，テレビニュースを見ては暗くなり，社会にたいする不満や将来の家庭への不安，自分の無力感をパンパンに膨らませ自殺まで考えていたことでした。教会に入ることで自分の居場所をえたように思いました。——入信後は，教えの通り考え動くようになり，身近なことから就職先まで指導者に相談し，自分で決めることはやめました。——9年後脱会しました。体は28歳なのにこころとあたまは18歳のようなそんな感覚になっていました。信仰を得ることで解決していたと思っていた問題は何1つ解決しておりませんでした。——数年後自分にも家族ができ，別の人格を一人前に育てる責任が増えました。そこで私はまた悩むのです。しかし，自分が親として成長できるよう子どもの力を借りて行けばいいんだと気付きました。完璧な人間などいないのだから，多くの失敗や一部の成功の中から学んで1歩進んだ方が，知らなかった新しい世界が見えてくると思います。」

（出典）　櫻井義秀編（2015）『カルトからの回復』北海道大学出版会。

コラム 5-5　オウム真理教に入信していた人たちの言葉

「人のために役立とうとして（大学生）」

「社会の矛盾に悩み（30代男性）」

「心を安定させようとして（30代女性）」

「自我の妄想の中で『解脱』というマジックワードに出会って（大学生）」

「世の中の不正や汚れの中にあっても，その現実の上に立って戦い，世の中をよくしていく地道な努力をすべきでした（30代女性）」

「オウムの信者達は自己肯定感が少なく，尊師が本物であったらという期待（これ以外の道無し）と恐怖（この道から離れたら——）によって，教団生活を継続してきた。（30代男性）」

（出典）　カナリヤの会（2000）『オウムをやめた私たち』岩波書店。

3　メンタル・キャピタルを高める

この節で学ぶこと：人生を通して柔軟な感性と学ぶ意欲を持ち続け，周囲の人々との関わりを絶やさないことでメンタルな力が付いていきます。カルトに巻き込まれない，極端な発想や閉鎖的な組織に囚われないために必要な精神の柔軟性や跳ね返す力がどのように形成されていくのかを学びます。
キーワード：生きがい，メンタル・キャピタル，ストレス，レジリエンス

人生の同伴者

「生きる意味は何か」「何が真理か」「世界はどうなっていくのか」

このような問いを真剣に考えた人たちがカルトに巻きこまれていきました。青年期は自己のアイデンティティを確立する時期です。「自分はどのような人間か，何をしたいのか」「本当の人間関係とは」と悩んだことがある人も多いでしょう。青年期に悩むことがなくても，壮年期において失業，離婚，家族の死などに直面して人生の裂け目を覗き込んだときに，やはり同じような問いを抱く人は多いものです。

私たちの成長過程において親や教師，友人に恵まれたり，社会生活や家庭生活において家族や職場の人間関係にも恵まれたりしているのであれば，少々の挫折や難題に直面してもアドバイスを得て潤いのある時間を持つことで明日への活力が得られるでしょう。しかし，このような良き人生の同伴者を得ることなく，孤立した時にストレスは心身に重くのしかかります。カルトの勧誘は，同伴者を装うことが多いのです。こころが弱っているときに優しい言葉をかけてもらったり，人生の指針をアドバイスしてもらったりすれば，その人を信頼するようになります。カルトに入信した人たちは，偶然にそういう出会いをしてしまったということです。そこでさまざまな葛藤を抱えながらも真理があるのではないか，この教えを守っていれば幸せになれるのではないかと思い，青年期の数年間を過ごしていたのです。この間，統一教会のように霊感商法を行って市民の資産を搾取したり，オウム真理教のように信者や無辜の市民の命を奪ったりする活動に従事してしまった例は悲劇です。

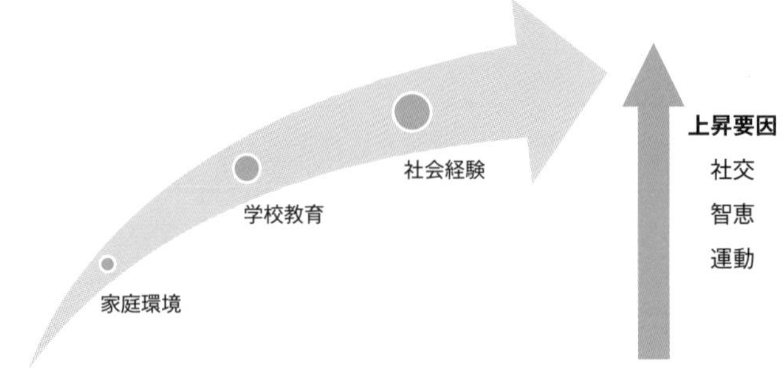

図 5-4　メンタル・キャピタルの蓄積

（出典）　筆者作成。

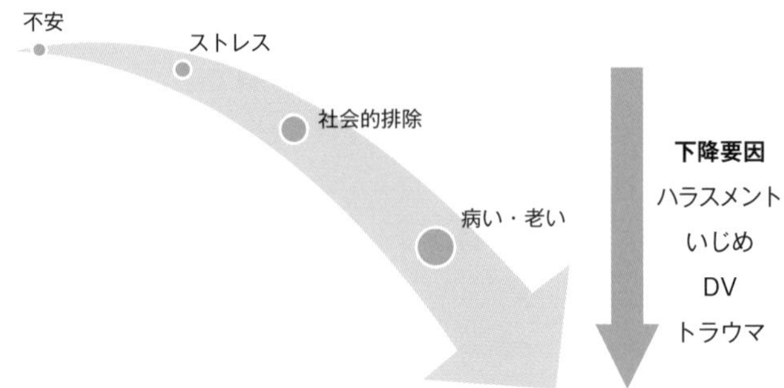

図 5-5　メンタル・キャピタルの減退

（出典）　筆者作成。

表 5-4　メンタル・キャピタルを高める 5 つの要因

1	つながる（Connect）　コミュニケーション
2	動く（Be active）　身体を動かす
3	関心を持つ（Take notice）　知的好奇心と柔軟なこころ
4	学び続ける（Keep learning）　知的・精神的に成長し続ける
5	与える（Give）　善意のこころは人間関係・社会を豊かにする

（出典）　The Government Office for Science, Foresight Mental Capital and Wellbeing Project, 2008, *Mental Capital and Wellbeing: Making the most of ourselves in the 21st century*, 10, 22, 55.

メンタル・キャピタルの蓄積と減退

キャピタルは資本の意味です。メンタルな資本とは何でしょうか。個人が所有する認知的・感情的リソースと定義されます。学ぶプロセスにおいて柔軟に認知力を働かせ，ストレスに直面してもしなやかに立ち直れる感情的な知性を生かすことで，私たちは社会に関わっていくことができるし，生活の質を高めていくことができるとされます。

人生の諸段階において人々は多くの人に出会い機会を得て育まれ，このようなメンタル・キャピタルを蓄積することができます。しかしながら，さまざまな要因によって人に頼れない，頼りたくない，自分にも自信が持てず生活も不安定になるような孤立状態になると，認知的にも感情的にも柔軟性を失ってしまいます。

逆に，ストレスや社会的排除（貧困や差別などの経験），病いや老いのなかにあっても，人と会話したり，家事・仕事，散歩などで身体を動かしたり，人生の経験で得てきた知恵を働かすことによってメンタル・キャピタルの減退を止めることができます。

私たちは真理を得たり，至福の時を過ごしたりすれば，その後の人生において一切の心配をしなくて済むようになるといったことはありません。信仰者であっても困難に直面し，心を惑わし，元気をなくすことはあります。その時にどれだけ柔軟なこころ（認知・感情）を維持し，対応の仕方を工夫していけるのかが肝心です。それは自分だけで悩む必要はなく，助けを求めてもいいし，自分に余裕があるときは他者の助けをなすことでこころを豊かに保てます。

こころのしなやかさをレジリエンスとしてもう少し見ておきましょう。

表 5-5　レジリエンスを高める要因

	特性	要素
1	前向きな姿勢	楽観主義とユーモア
2	積極的対処	解決策の模索と感情の制御
3	柔軟な認知	逆境に意義・価値を見出す
4	倫理基準	人生の指針，宗教的信念
5	身体の運動	自尊心や忍耐心
6	社会的支援	よき相談者と手本となる人物

（出典）　田亮介(2009)「PTSDにおけるレジリアンス研究」加藤敏・八木剛平編『レジリアンス―現代精神医学の新しいパラダイム』金原出版株式会社，75-92頁から筆者作成。

コラム 5-6　心の師とはなるとも，心を師となさざれ（願作心師不師於心）

この言葉は大乗仏教の経典『大般涅槃経』にありますので釈迦の言葉として伝わっています。日本では多くの僧侶や文人，茶人もおりにふれて言及しています。簡単に言えば，こころにふりまわされてはいけないということです。こころとは，現象に対する認識やそこからわきあがる感情です。わたしたちは何かを見，何かを考え，何かを言い，何かをなすとき，こころの命ずるままにやってしまいます。気持ちのいいのは一時で，後悔したり空しさを感じたりするときがあります。自分のこころが望むとおりにならなければ，怒ったり，悲しんだり，落ち込んだりすることもあります。相手にもこころがあります。自分のこころを知ることが難しいのだから，相手の心を知ることはなおのこと難しいものです。私たちは自分の認知や感情がどういうものか，それが自分や相手を幸せにするものかどうか，静かに見つめ直すことが大事ですね。かくいう私にもなかなかに難しく，できないのですが。

4　精神のレジリエンス

この節で学ぶこと：人生において重要なことは立ち上がる力を養うことです。
キーワード：レジリエンス，就活，将来の展望

PTSDとレジリエンス

PTSD(Post-traumatic Stress Disorder)は心的外傷後ストレス障害と訳されており，生死が脅かされる状況やDV，性的被害を受けたり目撃したりすることで発症するフラッシュバックなどの精神的身体的症状とされます。心のケアが必要です。人は強いストレスに晒され続けると心身の不調があらわれます。ただし，ストレス耐性の強い人と弱い人がいます。

レジリエンス(resilience)はバネのような復元力，こころや身体の回復力を意味し，逆境を経験した人々が獲得した生き抜く力として注目されています。PTSDが病因の特定と治療に向いた概念であるのに対して，レジリエンスは予防や精神衛生に向いた概念といえます。レジリエンスはメンタルな面だけではなく，災害にみまわれたコミュニティの復興力にも使われています。

現代社会は都市化，IT化，グローバル化によって数年単位で社会が激変し，新しい環境に慣れていかなければならないストレスがかかります。メンタルなレジリエンスを高めていくことが精神衛生上も重要です。

レジリエンスを高める要因は，メンタル・キャピタルを高める要因とかなり共通しています。つながると与える，動く，関心を持つと学び続ける。さらにレジリエンスの独自項目である楽観主義とユーモアは注目に値します。カルトの世界観は悲観主義であり，「このままでは不幸になる」「地獄に堕ちる」と徹底して落ち込ませ，「真理を求めなさい」「絶対に幸せになる道がある」と救いの手をさしのべるのです。溺れるものはワラをもつかむと言いますが，溺れていないにもかかわらず溺れていると思い込ませるのが，マインド・コントロールと言えるかもしれません。そして，自分たちの信じていることや活動を相対化して，たいしたことではないと笑う余裕がありません。ですから，倫理基準も他者の目を意識することなく，独善的になります。

コラム 5-7　櫻井義秀「節目が実感できない　大学新入生の皆さんへ」

2020 年の春は，新型コロナウイルスの感染防止のために大学の卒業式や入学式が中止され，みなさんにとって人生の節目を実感できないまま，大学の授業を受講しているのではないでしょうか。大学で何をどう学ぶべきかを学長から式辞で受けず，ガイダンスもそこそこに大学生生活をスタートするみなさんに覚えておいてもらいたいことがあります。それは，大学において「自分で考えること」と「対話力」の重要性をより深く自覚してほしいのです。そんなことは小中高の学習や生活目標ではないかと思うかもしれません。しかし，現代のように社会変化が激しく，現状の認識や将来予測が圧倒的な情報量で提供される時代において，自分の頭でものを考え，対話で理解し合い，行動することは実に難しいのです。

これから，みなさんは，現状分析も難しいし，どう対応したらわからないような世界規模の感染症や，地震，地球温暖化に伴う気象変動，そしてみなさんの就職や働き方に関わる世界金融市場の乱高下に直面していくことでしょう。大学ではこれらの諸現象を解明し，解決に資するために，医療・生理学をはじめとする自然科学，経済学を含む社会科学，人類史を俯瞰する歴史学などの専門科学を研究しており，これをみなさんは学ぶことになります。

しかし，専門は深く，他分野との関連もなかなかわからないものです。そういう時に，世界はこうなっている，社会問題の解決はこうすべきだ，人間の本質はこれだと，声高に主張する人や団体，ネット情報に出会うかもしれません。カルト団体はその類いです。

注意してください。人間も社会も世界も単純ではありません。複雑です。真理は一つではなく，複数の道筋が私たちの対話や共感力のなかに現れます。自分で考えて迷ったときには友人や先輩，大学の教職員に話をしてみてください。次善の策が出てきます。学生相談室の活用などもその一つですね。

私は社会科学の専門家として，また人生を 60 年生きたものとして，次善の策はベストを称する策に勝ることが多いことを知っています。

（出典）　赤旗 2020.3.24 に掲載の筆者のコラムより要約。

就活セミナーと将来のしごと

数年来，就活セミナーに参加することで体調を崩し，肝心の就職や卒論などにも支障が出るような学生を見聞きするようになっています。就活セミナーには，自己分析，業界研究，企業研究，エントリー・シート，筆記試験，面接といった就活の要点を講師が指導する就活塾や就活サロンなど多様です。内定率○%をHPで広告するところから元塾生の口コミや紹介だけで人を集めるところまでさまざまで料金も数万円から数十万円程度まで幅があります。

学生は3年次後半からセミナーに誘われ，3ヶ月程度の講習(前記の内容に加えプログラミングなど)を1，2度受けた後メンター役にスカウトされ，セミナーのスタッフとして月3万円程度で雇われてイベントの企画や新規の受講生勧誘にかり出されます。自分の卒論や就活よりもセミナーに入れ込み，業者から勧誘や契約の実績を追求されて心身の限界まで追い込まれ留年した人もいます。

就活セミナーの原型は，1980年代に日本で流行した自己啓発セミナーです。アメリカの人材開発や集団療法を元に「本当の自分」や「本当の人間関係」を発見できるとうたって多くの若者を集めた集団合宿では，自身や他人の人格変容を目のあたりにできる感動に嗜癖した人たちが出ました。自己啓発セミナーの中にはカルト的とみなされる集団もありました。現在の就活セミナーでは，コロナ禍で人間関係が疎遠になったなかで一緒に目標に向かって熱く努力する濃密な人間関係に魅力を感じ，メンター役でケアする役割に充実感を持って抜け出せなくなってしまったと語る学生がいました。

就活に失敗したくない，職業選択で後悔したくない人は多いでしょう。しかし，日本では経済成長期の終身雇用制が崩れており，40年近い将来のキャリアにおいて複数の職業や職場を経験することがあたりまえになっています。学生時代の就活と最初の内定ですべてが決まることはありません。何が自分に合っているのか，できることなのかはやってみて結果的にわかることです。ですから，学生のみなさんはあせることなく，試行錯誤しながら自分の可能性を試してください。柔軟なこころで楽観的にいきましょう。

考えてみよう　調べてみよう

1. 櫻井義秀(2009)『霊と金―スピリチュアル・ビジネスの構造』新潮社。
2. 櫻井義秀・中西尋子(2010)『統一教会―日本宣教の戦略と韓日祝福』北海道大学出版会。
3. 櫻井義秀(2014)『カルト問題と公共性―裁判・メディア・宗教研究はどう論じたか』北海道大学出版会。
4. 櫻井義秀編(2015)『カルトからの回復―こころのレジリアンス』北海道大学出版会。
5. 井上順孝編(2011)『情報時代のオウム真理教』春秋社。

1. あなたの友だちが最近非常に明るくなり，「人生の目的や意味がわかった。すごくいいセミナーだから一緒にうけてみない。頼りになる先輩がいるんだ」とあなたを誘ってきました。あなたは友だちにどのように答えますか。
2. あなたは気分が落ち込んだ時，どのようなやり方で気分転換を図っていますか。不安になった時，迷った時に誰か相談する方はいますか。自分の気持ちを安定させるために何か心がけているようなことがありますか。友達といっしょに話してください。
3. 「大人になる」「大人になりなさい」という言い回しは，さまざまな文脈で使われています。どういうケースが考えられますか。大人になったらこころが強くなるんでしょうか。強くなった人はどういう経験をしたんでしょうか。友達といっしょに話してください。

第6章　職業生活とストレス

この章で学ぶこと

職業生活のウェルビーイングは，仕事の質・量に対する主観的評価と，労働条件や職場環境などの客観的指標の両面から考える必要があります。第6章では，日本社会の労働環境や仕事の満足度について現状と課題を把握したうえで，働きがいのある職業生活を送るために必要な，労働者としての権利を守る行動について考えます。

キーワード：働きがい，職場の男女格差，職場のハラスメント，労働組合の設立

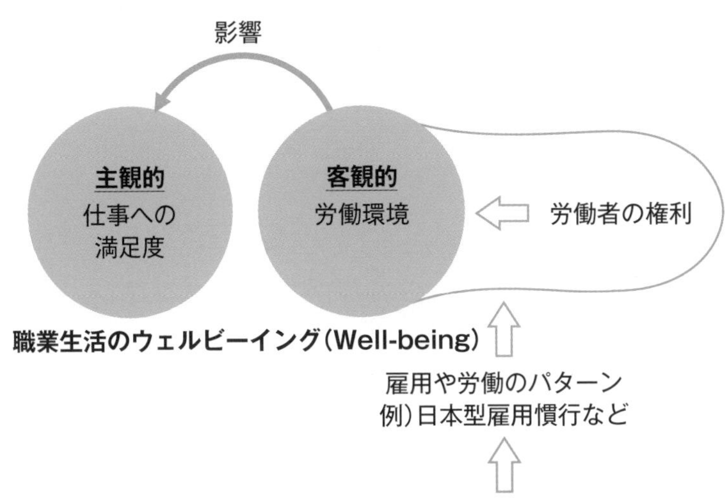

コラム 6-1　社会的分業

18 世紀イギリスの経済学者アダム・スミス(Smith, A.)は，生産力の発展を推進するものとして工場内の技術的分業に着目したうえで，工業化が進む社会の複数の生産部門において，分業を通じた経済の効率化が進んだことを分析しました。これに対し 19 世紀フランスの社会学者エミール・デュルケーム(Durkheim, É.)は，分業を経済効率だけではなく社会の全領域にわたる現象としてとらえました。そして人口が増加し多様な職業が存在する近代社会において人々が共存できる理由として，異質な諸個人が社会的分業を通じて相互に依存する「有機的連帯」の存在を挙げました。

他方，批判的に分業をとらえる見方も多く存在します。例えばカール・マルクス(Marx, K.)は，資本主義社会における資本家と労働者の不公正な権力関係を問題視しました。これは近代の社会的分業が固有の階級関係や権力関係を伴うという指摘につながっています。また，女性が家事労働に特化する性別役割分業には，フェミニズムの立場から様々な批判がなされています。

(出典)　柴山桂太(2012)「分業」大澤真幸ら編『現代社会学事典』弘文堂。

コラム 6-2　社会学による職業の定義

「職は役目であり分担である。しかし同時にこれにふさわしい能力であり権限である。すなわちそれは職分および天職に相当するであろう。これに反して業はかの『なりわい』の『なり』であり，したがってそれは生業にほかならない。かくて職業は語義のうえからも『職』と『業』とからなる二重構造を有(する)。」

「職業とは個性の発揮，役割の実現および生計の維持をめざす継続的な人間活動である。(…)職業とは，社会生活を営む各人が(一)その才能と境遇に応じて(二)その社会的分担(役割)を遂行し，そして(三)これから得られる報償によって生計を立てるところの継続的勤労である。」

(出典)　尾高邦雄(1953)『新稿職業社会学』福村書店。

1　職業生活のウェルビーイング

この節で学ぶこと：複数の意味を持つ「職業」という言葉の定義を，社会学の考え方に沿って整理します。そのうえで，職業の定義を参照しながら実際の職業生活に起こり得る課題を考察していきます。
キーワード：**天職，職分，生業，働きがい，役割葛藤**

「職業」とはなにか

「あなたの職業は何ですか？」と聞かれて皆さんはどのように答えるでしょうか。「学生」でしょうか。辞書で「職業」と引けば，「生活を支える手段としての仕事」が最初の意味に挙がっています(『新明解国語辞典第 8 版』三省堂，2021)。手当を支給される一部の学校を除けば，「学生」は本来の意味での職業とは言い難いのです。むしろ皆さんの多くが従事する非正規雇用の「アルバイト」の方が，定義からすると職業にふさわしいかもしれません。

社会学用語としての「職業」も同じく，職業を「生計の手段」と定義しますが，同時に非経済的な側面にも着目し，職業を「個人と社会との結節点」と位置づけます。そして職業を，個人が経済的報酬を得て生計を維持し，また個々の仕事を通じて自己実現を図る個人的側面と，職業を通じて社会的分業を実現し，人びとの連帯を維持する社会的側面とに分けて考えます。社会学者の尾高邦雄は『職業社会学』(1941 年)という著作で，①個性の発揮としての天職，②連帯の実現としての職分，③生計の維持としての生業を「職業の 3 要素」としました。①と③が個人的側面，②が社会的側面にあたります。個人が「他と異なる個性を発揮」することで，他者との連帯を実現することを，尾高は重視しました。

職業を問われて学生と答えた人は，アルバイトよりも学生として社会と結びつき，個性を発揮している感覚が強いのかもしれません。ただ近年は，従来は職業としての側面を軽視されてきたアルバイトやパートなど非正規雇用による働き方や，家事・育児労働といった無償労働についても，職業として認め必要な保護を行うよう求める動きが顕著になっています(第 9 章参照)。

コラム 6-3　日本型雇用慣行

20 世紀後半に日本社会で定着した働き方を「日本型雇用慣行」と呼び，終身雇用，年功序列・賃金，そして企業内労働組合の 3 つを特徴とします。日本型雇用慣行において，労働者と使用者(企業)の関係は協調的でした。労働者は終身雇用を保障され，企業側は配置転換や賃金据え置きに抵抗しない柔軟性の高い労働力を獲得できたので，労使双方に一定のメリットがあったためです。

他方，終身雇用の代償として，労働者本人のみならず，家族の人生設計も企業の都合に合わせることが当然とされる社会が出現しました。「企業戦士」という言葉が象徴するように，生活時間の大半を仕事に費やす夫と，家庭にいない夫を家事・育児で支える妻という性別役割分業が固定化しました。ただ 1990 年代後半からは，有期雇用の拡大や派遣労働の規制緩和が段階的に進み，経営者は企業外部から安価で柔軟性の高い労働力を調達できるようになっています。非正規雇用の労働者は労働者全体の 3 割を越え，日本型雇用慣行は転換期を迎えています。

(出典)　今井順(2021)『雇用関係と社会的不平等』有斐閣。

表 6-1　ストレスに影響する規定要因の国際比較

	日本		アメリカ		ドイツ		ノルウェー	
	男性	女性	男性	女性	男性	女性	男性	女性
1 週間の労働時間	0.186**	0.097*	0.155**	0.151**	0.097*			
仕事の自律性がないこと		0.140**	0.114*	0.124**		−0.118**		
仕事がおもしろくないこと		0.197**						
職場の人間関係が悪いこと	0.216**	0.248**	0.166**	0.208**	0.144**	0.275**		0.105*
仕事が家庭生活の妨げになること	0.217**	0.262**	0.310*	0.281**	0.326**	0.306**	0.437**	0.375**

(注)　* $p<0.05$，** $p<0.01$ のように統計的な有意水準を設定した。
表は，国際比較調査グループ ISSP が 2015 年に実施した調査結果から，日本を含む 4 か国について，仕事のストレスの規定要因を重回帰分析を行って比較した結果。数値が大きい要因ほど仕事のストレスに与える影響が大きいことを示す。

(出典)　村田ひろ子(2018)「何が仕事のストレスをもたらすのか～ISSP 国際比較調査『仕事と生活(職業意識)』から」，『放送研究と調査』2018 年 3 月，38-50 頁。

職業生活におけるウェルビーイング

第1章で紹介したウェルビーイングの研究者ツァップによると，ウェルビーイングは日本語の「幸せ」に近い概念で，生活者の主観的評価と，生活の客観的指標がともに良好な状態を指します。この見方を職業にあてはめると，私たちの職業生活が幸せな状態にあるかどうかは，自分の仕事の質や量に対する主観的評価と，職場環境や賃金水準，労働時間などの客観的指標の両方を把握することで初めて判断できます。そして主観的評価と客観的指標とは，相互に影響を与えあう関係にあります。その意味では，職業生活におけるウェルビーイングは，「働きがい」と言い換えられます。仕事から得られる有形無形の成果や充足感が好ましいものであれば，その職業は働きがいがあり，職業生活に対する主観的評価は高くなるでしょう。

私たち全員の職業生活が，尾高の示した理念(コラム 6-2)の通りに，個性を発揮することで社会的役割を果たし，生計も維持できるような，働きがいのあるものであれば，どれほど幸福な社会でしょう。しかし現実の職業生活では，個性を発揮して自分のやりたいことを追求すれば生計が成り立たないという，職業の要素①と③の衝突は珍しくありません。また要素②の「職業を通じた連帯」といっても，労働者の基本的な権利が無視される「ブラック企業」の従業員が，労働市場の規制緩和を訴える経営者たちと連帯することは可能でしょうか。

さらに職業生活のウェルビーイングは，仕事以外からも大きな影響を受けます。例えば，日本を含めた先進国に共通する課題として，職場のストレスの最大の要因が「仕事か家庭か」の選択を迫られることで生じる役割葛藤にあることも，表6-1のような比較研究で明らかになっています。職業が個人と社会の結節点であるからこそ，職業生活には私たちの生きる社会の矛盾が集中し，働く個人は葛藤の只中に置かれます。職業生活のウェルビーイングを実現するには，個人的側面と社会的側面，それぞれの課題を把握したうえで，「個人(ミクロ)—企業や労働組合など(メゾ)—国家政策(マクロ)」という各レベルで解決策を探ることが必要となります。

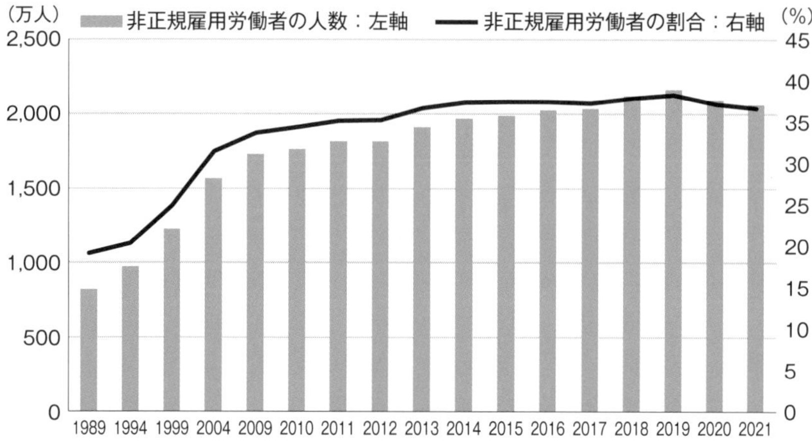

図 6-1　非正規雇用労働者の推移

（出典）　厚生労働省「非正規雇用の現状と課題」https://www.mhlw.go.jp/content/000830221.pdf (2022.4.10)。

コラム 6-4　ギグエコノミー(gig economy)

ギグ(gig)は元々，ジャズやロック音楽の演奏家が行う単発のパフォーマンスという意味から転じ，単発の一時的な仕事を指すようになった英語の口語です。近年は，インターネットを通じて単発の仕事を請け負う人を「ギグワーカー」，ギグワーカーによって成り立つ経済活動を「ギグエコノミー」と呼ぶようになりました。米国発祥で，日本でも料理宅配サービスを中心に展開する企業「ウーバー」などが，ギグエコノミーの担い手として知られています。

日本を含む多くの国では，ギグワーカーは個人事業主とみなされ，仕事中の負傷や休業に対する補償を受けられません。このため，労働者としての権利を求める働き手と企業との間で，紛争が起きています。英国とフランスの司法当局は 2020 年以降，ウーバーから仕事を請け負った人を，個人事業主ではなく従業員とする判断を示し，ギグワーカーに最低賃金の補償や有給休暇の権利を認めました。

（出典）　Russon, M.-A., “Uber drivers are workers not self-employed, Supreme Court rules,” BBC News 2021.2.19, https://www.bbc.com/news/business-56123668 (2022.4.10).

2　国際比較からみた日本の労働環境

この節で学ぶこと：第2節では，職業生活におけるウェルビーイングの前提として「ディーセント・ワーク」の理念を紹介します。そのうえで，日本社会の労働環境や，職業生活に対する主観的評価の特徴と課題を，国際比較によるヨコ軸と経時的変化というタテ軸から考えます。

キーワード：ディーセント・ワーク，非正規雇用労働者，インターバル規制

労働環境をめぐる国際目標「ディーセント・ワーク」

国際労働機関（ILO：International Labour Organization）は1999年，すべての人に「ディーセント・ワーク」を実現することを政策目標として提起しました。ディーセント・ワークとは，労働者の諸権利が保障され，生計を立てるのに十分な収入のある仕事を指します。ディーセント・ワークの推進はその後，国連のSDGsともなりました。労働者の待遇や労働環境の改善が，経済の発展状況を問わず，各国の共通課題であり続けているためです。

日本を含む先進国では近年，正規雇用の労働者が減少し，労働者としての権利を十分に保障されない低賃金の労働者が増えました。経済のグローバル化により先進国の産業空洞化が進んだことや，情報通信技術の発達の影響が考えられます。たとえば，情報通信技術を駆使する「ギグエコノミー」の広がりは，失業や労働災害のリスクを労働者が個人で負わなければならない，名ばかりの「事業主」増加という負の側面を伴いました。発展途上国の高学歴層が，自動翻訳やインターネット通信を通じて先進国のホワイトカラーに取って代わる「遠隔移民」の現象も指摘されています（上村 2021）。

他方，正規雇用の比率が先進国より低い発展途上国では，企業に代わり政府が主体となって労働者を保護する仕組みを整える必要が指摘されています。ただ，企業に依存しない政府としての労働者保護の仕組みは，非正規雇用が労働者全体の3割を超えた現在の日本にも求められています（図6-1）。

安定した雇用と構造的な男女格差

日本の労働環境や賃金水準は先進国の中でどのような位置にあるのでしょ

就業率
(25〜64 歳人口における就業者の比率)

正規雇用労働者一人当たりの平均年収
(2018, 米ドル購買力平価による)

性別による賃金の差
(男性と女性の賃金中央値の差の
男性賃金との比率)

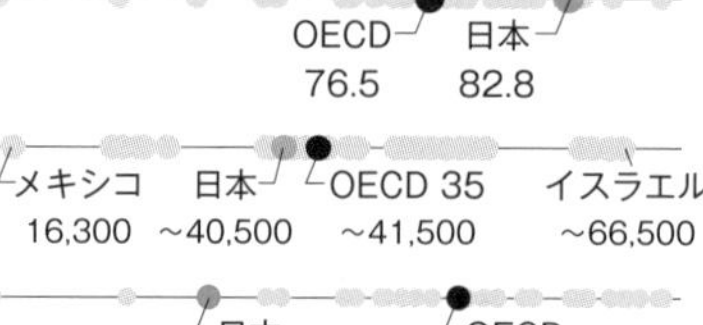

図 6-2　仕事に関する指標の国際比較

(出典)　OECD, 2020, *How's Life? 2020: Measuring Well-being*, Paris: OECD Publishing. https://www.oecd-ilibrary.org/content/publication/9870c393-en (2022.4.10).

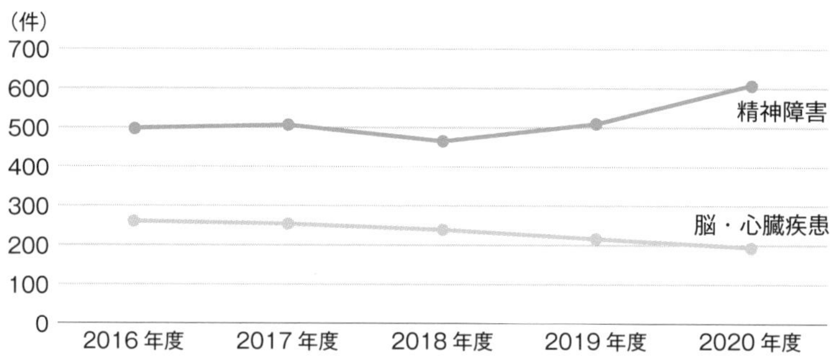

図 6-3　労働災害認定件数の推移

(注)　労災認定件数は労働災害補償の支給決定件数。
(出典)　厚生労働省「脳・心臓疾患の労災補償状況」https://www.mhlw.go.jp/content/11402000/000796021.pdf (2022.4.10),「精神障害の労災補償状況」https://www.mhlw.go.jp/content/11402000/000796022.pdf (2022.4.10)。

表 6-2　労働災害の発生件数の多い業種(2020 年度)

脳・心臓疾患		精神障害	
業種	労災件数	業種	労災件数
道路貨物運送業	55(19)	社会保険・社会福祉・介護事業	79(0)
飲食料品小売業	16(6)	医療業	69(5)
建設業総合工事業	12(6)	道路貨物運送業	32(3)
建設業設備工事業	11(3)	建設業総合工事業	27(9)
サービス業飲食店	8(2)	サービス業飲食店	23(3)

(注)　労災認定件数は労働災害補償の支給決定件数。うち()内は死亡件数。
(出典)　厚生労働省「脳・心臓疾患の労災補償状況」https://www.mhlw.go.jp/content/11402000/000796021.pdf (2022.4.10),「精神障害の労災補償状況」https://www.mhlw.go.jp/content/11402000/000796022.pdf (2022.4.10)。

うか。OECD(経済協力開発機構)の指標で比較すると，現在の日本は雇用の安定性は高めで，賃金水準は中程度である一方，雇用をめぐる男女格差が加盟国の中でも際立って大きいという特徴があります(図6-2)。男女格差では，男性の平均所得が女性を13%上回っており，OECD各国で日本は韓国に次いで2番目に所得の男女格差の大きい国です。所得格差は，男女間で採用や人材育成，昇進の過程が異なる職場内の男女格差や，正規雇用の男性比率が高く低賃金の非正規雇用で女性比率が高い雇用形態の格差など，雇用をめぐる男女不平等が構造化された結果といえます。日本政府は2010年代後半から，非正規労働者の待遇改善や，職場における女性の活用政策を打ち出しましたが，事業者の反応は鈍く，構造的な改革は始まったばかりです。

“KAROSHI”は減少したけれど

過去30年間でみられた日本の労働環境の改善点としては，労働時間の長期的な減少が挙げられます。著名な英語辞書にも掲載された日本の「KAROSHI(過労死)」については，脳・心臓疾患による死亡に対する労災補償の支給決定件数が，2011年の121件から2021年の57件に減少しました。

他方，業種や年代によって労働時間の長短二極化が進んだことも見過ごせません。メディアで集中的に報道され，労働時間の抑制に向けた世論を喚起したのは，大手広告代理店「電通」など有名企業で発生した過労死です。しかし，長時間労働が原因とみられる労働災害は，運送業や小売業，建設業における発生件数が圧倒的に多く(表6-2)，企業規模では，企業規模が大きいほど労働時間が長い傾向がみられます。年代と性別では，子育て世代の30代男性の長時間労働の比率が高くなっており，女性の家事育児の負担増につながる影響も考えられます。職場のストレスに起因する精神疾患による労働災害の件数も増えています(図6-3)。

こうした労働環境の課題の解決には，それぞれの職場の特性や，労働災害が発生するメカニズムに応じた取り組みが求められています。例えば長時間労働の対策としては，勤務日と勤務日の間に一定の休息時間を確保する「インターバル規制」を，運送業や卸売小売業に義務づけることが考えられます。

コラム 6-5 「職場におけるハラスメント」

セクシュアルハラスメントやパワーハラスメント，カスタマーハラスメントなど，職場で生じるハラスメントを表す言葉は年を追うごとに増えており，近年はこれらを総称して「職場におけるハラスメント」という言葉が使われるようになりました。労働法の研究者でハラスメント被害者を支援するNPO(Non-Profit/Not-for-Profit Organization：非営利団体)に参加する大和田敢太は，職場におけるハラスメントを以下のように定義しています。行為者の意図ではなく，行為の結果や影響に着目しているところが特徴です。

> 「労働者に対して，精神的肉体的な影響を与える行為によって，人格や尊厳を侵害し，労働条件を悪化させる目的，あるいは効果を持つ行為や事実」

（出典） 大和田敢太(2018)『職場のハラスメント』中央公論新社，40 頁。

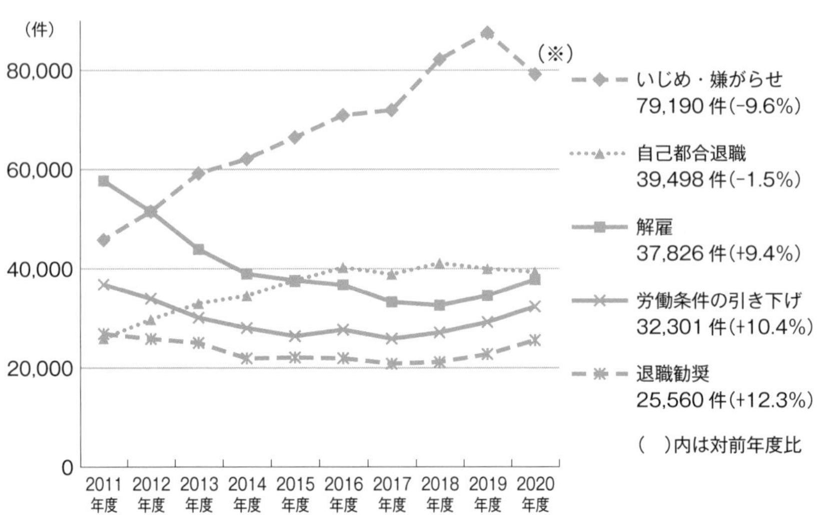

図 6-4 労働紛争の相談内容と件数の推移

(※) 令和 2 年 6 月，労働施策総合推進法が施行され，大企業の職場におけるパワーハラスメントに関する個別労働紛争は同法に基づき対応することとなったため，同法施行以降の大企業の当該紛争に関するものはいじめ・嫌がらせに計上していない。

(出典) 厚生労働省　労働紛争処理業務室，2021.6.30「令和 2 年度個別労働紛争解決制度の施行状況」https://www.mhlw.go.jp/content/11909000/000797476.pdf (2022.4.10)。

3　職場のストレスとハラスメント

この節で学ぶこと：セクハラ，パワハラ，マタハラ，カスハラと，社会的な関心が高まり続ける職場のハラスメントについて，その実態を把握し，各種のハラスメントが発生する構造的背景と対策について考えてみましょう。
キーワード：自律性，パワーハラスメント，カスタマーハラスメント

仕事満足度が低く，仕事のストレスが高い日本社会

職業生活に対する主観的評価を比較すると，日本人の仕事満足度は低く，仕事によるストレスは高めという傾向が長期的にみられます。ストレスの要因としては，「仕事の量と質」を最も多くの人が挙げています。日本の職場は，仕事の内容や進め方を個人が決められる自律性が他の先進国より低く，他国と比較すると「自分で決められない→仕事が面白くない→ストレスが溜まる」という影響関係が顕著にみられます(村田 2018)。職場の人間関係がストレスに影響する傾向も，日本では強くなっています。労働時間や職場のストレスの多寡といった職場環境と，仕事の自律性といった企業マネジメントのあり方，そして仕事の満足度は，相互に影響を与える関係にあることが分かります。

職場のハラスメントの認知件数の増加

職場の人間関係によるストレスが職業生活のウェルビーイングを破壊し，場合によっては働き手の命を奪うこともあります。「職場のハラスメント」です。2021年度，厚生労働省は精神障害による労働災害として608件を認定し，このうちパワーハラスメントによる労働災害は全体の16.3%に相当する99件と，最多となりました。各地の労働紛争の相談窓口では，「職場のいじめ・嫌がらせ」による相談が増加傾向にあり，全体の4分の1を占めました。セクシュアルハラスメントやマタニティハラスメントの相談件数も，年間約2万件で推移しており，減少傾向はみられません(厚生労働省調査)。

職場の地位や職権を利用した嫌がらせを指す「パワーハラスメント」という言葉は2001年，企業でセクシュアルハラスメントの予防研修を請け負っ

表 6-3　職場のさまざまなハラスメント

被害発生の類型	従来のハラスメントの分類	ハラスメント行為の内容
業務型ハラスメント	パワーハラスメント	・通常の業務を通じて行われるが，働き手に心身の障害が発生するような長時間労働や過重労働の命令。 ・指導教育を名目とした長時間や衆人環視の下での叱責，感情的で人格を否定する叱責。 ・不必要だったり，通常の業務と全く関係ない仕事を命じる「懲罰的労働」。
労務管理型ハラスメント		・労働者の人権を侵害するような，企業など使用者ぐるみでの不適切な労務管理。 ・労働者の同意のない労働条件の不利益変更。 ・特定の労働者の隔離等，懲罰的な人事異動。 ・退職を目的とした嫌がらせ。
プライバシー侵害型ハラスメント		・会社や上司が従業員の私生活に介入する行為。 ・職場の懇親会などでの飲酒の強要。 ・私物ロッカーの無断点検。
	セクシュアルハラスメント	・社内恋愛を禁止する命令，結婚退職の強要。
個人攻撃型ハラスメント	いじめ，嫌がらせ	・業務と関わりなく，行為そのものが反社会的なハラスメント。 ・個人に対する上司や同僚，部下によるいじめ。言葉による中傷や身体的暴力，職場の親睦行事からの排除など。
	セクシュアルハラスメント	・上司や同僚，部下によるつきまとい行為。
差別行為型ハラスメント	セクシュアルハラスメントなど	・性別，年齢，国籍などを理由とした，労働条件や昇進，異動に関わる不利益な取扱い。
	マタニティハラスメント	・妊娠・出産や育休取得を理由とした，本人が同意しない降格や異動。
外部型ハラスメント	カスタマーハラスメント	・顧客や利用客による従業員に対する暴言・暴力による攻撃。
	セクシュアルハラスメント	・顧客や利用者による従業員に対する性的な嫌がらせ。

（出典）　大和田敢太（2018）『職場のハラスメント』中央公論新社，123-172 頁から筆者作成。

ていたコンサルタント企業が創出しました。労働問題の現場から生まれた用語「パワハラ」は日本社会で急速に普及し，職場でのいじめや嫌がらせを構造的な社会問題として可視化することに貢献しました。2021年度には労働施策総合推進法が改定され，パワハラ防止と相談体制の整備が事業主（経営者）の法的な義務となりました。

職場のハラスメントにはパワハラの他にも，同僚から（水平），部下から（上向），サービス利用者から（職場外部）の行為も存在します。職場外部からのハラスメントは「カスタマーハラスメント（顧客等からの著しい迷惑行為）」として厚生労働省が2021年度から啓発活動に着手しています。これまでパワハラやセクハラと比べて社会的関心が集まりませんでしたが，福祉と医療を筆頭に，顧客と頻繁に接触する業種ではハラスメント被害の頻度が高い傾向があります。

こうした職場のハラスメントを生む構造的要因として，労働者の安全よりも経済的利益を重視したり，暴力的な人事管理を容認したりする，いわゆる「ブラック」な企業体質や，非民主的な企業マネジメントが挙げられます。政府の政策や関連法規が，パワハラ，セクハラ，それ以外の人間関係トラブルと細分化されていることも，被害者が声を上げにくい要因となっています。

職場のハラスメントを減らすためには，政府には，ハラスメントを包括的に予防する法規や制度の整備が引き続き求められます。事業者は，ハラスメントの予防を優先課題に位置付け，医療や法律，被害者救済の専門家や公的機関との連携を強化すべきでしょう。独断的な経営手法は改め，経営層に対する意見を自由に言える職場環境を作ることも，ハラスメント防止の前提となります（大和田2018）。これに対し働き手は，自分の所属する職場がハラスメント防止の法的義務を果たしているかを確認し，必要な場合は是正を求める声を自ら上げていくことが求められます。それでは，果たしてどうやって声を上げればよいのでしょうか。

コラム 6-6　企業内労働組合

労働組合には地域や時代によって複数の形態が存在します。

活動範囲が特定の企業内に限られた労働組合を「企業内労働組合」と呼び，労働条件の改善に向けた交渉や利害調整は主に特定企業の内部で完結します。このほかにも，特定の産業に従事する労働者が企業の枠を越えて組合を結成する「産業別労働組合」や，産業や企業に関わらず地域ごとに組合を結成する「地域労働組合」などの形態があります。

戦後日本では企業内労働組合が一般的になりましたが，例えばドイツでは産業別組合が，労働条件を扱う団体交渉を使用者（企業）団体と実施します。アメリカでは，職場または地域ごとに設置された支部（ローカルユニオン）が労働組合の活動の中心となっています。

（出典）　佐藤博樹・佐藤厚編（2012 年）『仕事の社会学 改訂版―変貌する働き方』有斐閣，181 頁。

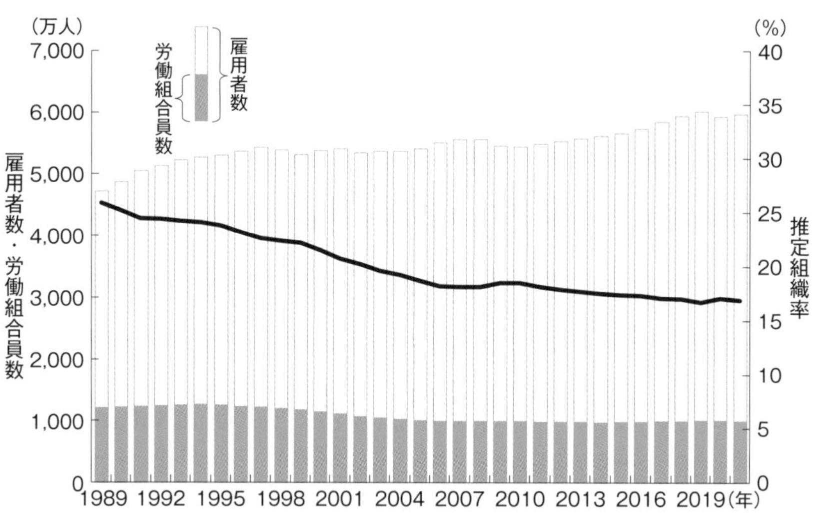

図 6-5　労働組合組織率と組合員数の推移

（出典）　厚生労働省（2021）「令和 3 年労働組合基礎調査の概況」https://www.mhlw.go.jp/toukei/itiran/roudou/roushi/kiso/21/index.html (2022.4.10)。

4　働く人の権利と労働組合

この節で学ぶこと：職場のストレスやハラスメントは，国の政策や企業の体質と密接な関係にあり，改善を求めるには労働者の組織的な取り組みが必要です。この節では，職業生活のウェルビーイングの基礎となる良好な労働環境の実現に向け，私たちがどのように行動できるのかを考えます。
キーワード：企業内労働組合，労働紛争，コミュニティユニオン

アルバイト先で感染症にかかったら？

皆さんはアルバイト先に向かう途中で怪我をしたり，アルバイト先で新型コロナウイルスに感染したらどうしますか？「労災保険」という言葉は聞いたことがあっても，全ての事業者に労災保険の加入義務があり，学生アルバイトであっても通勤途中や勤務中の疾病は労災保険から治療費が出ることを知っている人は，どれほどいるでしょうか？

日本の大学では，自己分析や業界研究など，就職活動に直結する内容が職業教育の中心となっています。労働者を保護する法制度の内容を知り，労働者としての権利を守るために労働法をどのように活用するかといった「生きた労働法の使い方」を学んでから就職活動を始める学生は，全体の 1 割以下という調査結果もあります(岩上・大槻・筒井ほか 2014)。

企業内労働組合による労働運動の停滞

労働者としての権利に関心が集まらない背景には，労働運動で中心的な役割を果たすはずの「労働組合」の活動が長期的に停滞しているという社会状況があります(図 6-5)。日本では，戦後から高度成長期を経て，企業ごとに正規労働者の雇用を守る「企業内労働組合」の形態が一般化しました。そして終身雇用の維持を最優先に活動を続けた結果，企業と一体化した労働組合は，労働者個人の問題解決を託せる組織とは言い難くなりました。このため，労働組合の組織率は 2 割以下に落ち込んでいます。

さらに政府が 1990 年代以降に進めた労働市場の規制緩和により，非正規雇用の労働者の比率が日本でも高まり，雇用形態は多様化しました。しかし

コラム 6-7　困ったときの労働相談窓口

● 厚生労働省　総合労働相談コーナー

一方的な労働条件の引下げやハラスメントなど，各種の労働問題をワンストップで受け付ける相談窓口で，全国 379 か所に設置されています（2022 年 4 月現在）。学生アルバイトや就職活動中の学生の相談も受け付けます。

全国の労働相談コーナー所在地一覧：https://www.mhlw.go.jp/general/seido/chihou/kaiketu/soudan.html (2022.4.10)

● 連合（日本労働組合総連合会）

企業内組合を中心に構成する労働団体ですが，特定の組合に加入していなくてもメールやチャット，電話で労働相談を受け付けています。

公式ホームページ：https://www.jtuc-rengo.or.jp/ (2022.4.10)

労働相談（電話）：0120 154 052

● コミュニティ・ユニオン全国ネットワーク（CUNN）

32 都道府県のコミュニティユニオンで結成したネットワーク組織です。公式ホームページで各地のコミュニティユニオンの相談窓口を紹介しています。

公式ホームページ：https://cunn.online/ (2022.4.10)

● 法テラス（日本司法支援センター）

法的トラブルの解決方法について弁護士や司法書士等が，電話やメールで相談を受けるワンストップの窓口を開設しています。労働問題についても，トラブルについて法的な情報を提供し，適切な相談窓口を紹介しています。収入と資産要件を満たした場合は無料の法律相談を受けられます。

公式ホームページ：https://www.houterasu.or.jp/index.html (2022.4.10)

電話：0570 078 374（ナビダイヤルの通話料がかかります）

多くの企業内労働組合において，非正規雇用の労働者の権利を代弁する改革は進まず，労働組合は雇用形態や労働環境の多様化に取り残されました。

個人または団体による行動

既存の労働組合の活動が低迷する一方，労働紛争の件数は増加しています(図 6-4)。私たちは，ハラスメントや労働災害などの問題が発生したり，労働条件を改善したい場合，どのように行動すべきでしょうか。まず，行政の相談窓口を利用し，個人で使用者(企業や事業者)と交渉することが可能です。ただ，個人では使用者に対する立場が弱く，時間的・経済的負担を一人で負うことになります。これに対し労働組合は，労働者を代表する団体として使用者と交渉することが法的に認められており，個人の負担は少なくなります。もし職場に労働組合があれば，まず相談することを勧めます。

そこで協力を得られない場合や，そもそも職場に加入できる組合がない場合はどうすればよいでしょうか。例えば，1980 年代から始まった労働運動に「コミュニティユニオン」があります。コミュニティユニオンは，企業や業種，雇用形態に関わらず加入できる労働組合の総称です。多くは特定の地域で働く労働者で構成されており，パート・アルバイトの労働者や派遣労働者の権利救済を積極的に行っています。自分の職場に労働組合が無い場合は，こうした職場以外の労働組合に加入したうえで，使用者と団体交渉を行うことができます。

さらに，2 人以上が集まれば，労働組合法の規定に沿って労働組合を設立することも可能です。組合設立となるとおおごとに聞こえるかもしれませんが，抱える問題の深刻さや影響範囲によっては検討する必要があります。

現代社会では，働き方も働く目的も多様化しています。職業生活を自分の人生にどう位置づけるかは，各自のライフステージや適性，社会状況に応じて模索と調整を続けるものでしょう。ただ，労働者としての権利が考慮されない職場では，仕事によるストレスやハラスメントが放置され，働きがいとは縁遠い職業生活が待っています。職業生活から得る満足感は，労働者としての権利の保護が前提であり，私たちが主体的に守っていくものであることを，心に留めてほしいと思います。

考えてみよう　調べてみよう

1. 今野晴貴(2013)『ヤバい会社の餌食にならないための労働法』幻冬舎。
2. 佐藤博樹・佐藤厚編(2012)『仕事の社会学―変貌する働き方』有斐閣。
3. 梅澤正(2008)『職業とは何か』講談社。
4. 橘木俊詔編著(2009)『働くことの意味』ミネルヴァ書房。
5. 山田陽子著(2019)『働く人のための感情資本論―パワハラ・メンタルヘルス・ライフハックの社会学』青土社。

1. テレワークの広がりは，労働条件や仕事に対する満足度にどのように影響するでしょうか？ 高校や大学でのオンライン授業の経験も踏まえ，性別や業種，雇用形態に分けて考えてみましょう。
2. 新型コロナウイルスの感染対策など政府の要請でアルバイト先が休業となった場合，学生アルバイトは休業補償を請求できるでしょうか？ 請求できる場合，補償額はどうやって算定すればよいでしょうか？ 厚生労働省や都道府県のホームページなどを利用して調べてみましょう。
3. 経済的報酬が支払われていない「専業主婦(夫)」は職業といえるでしょうか？ もし「職業である」と考える場合，どうやって働く人としての権利を保護すればよいでしょうか？

引用文献

岩上真珠・大槻奈巳・筒井美紀ほか(2014)『大学生のためのキャリアデザイン入門』有斐閣。
上村泰裕(2021)「働くことの意味と保護　持続可能なディーセントワークの構想」『日本労働研究雑誌』736，77-86頁。

第7章　社会のバロメーターとしての自殺現象
個人レベルと集団レベルから自殺を考える

この章で学ぶこと

なぜ人は自殺するのか，またどうしたら少しでも自殺を防ぐことができるのかを考えるには，個人レベルで対応する精神医学的アプローチと，自殺の発生頻度に影響する要因を集団レベルで探る社会学的アプローチの２種類があります。本章では，２つのアプローチの中心的理論を学びながら，自分や周りの人の自殺リスクを減らすには，両方のアプローチが必要であることへの理解を深めます。

キーワード：メンタルヘルス，自殺，自殺死亡率，社会の統合と規制，ソーシャルサポート

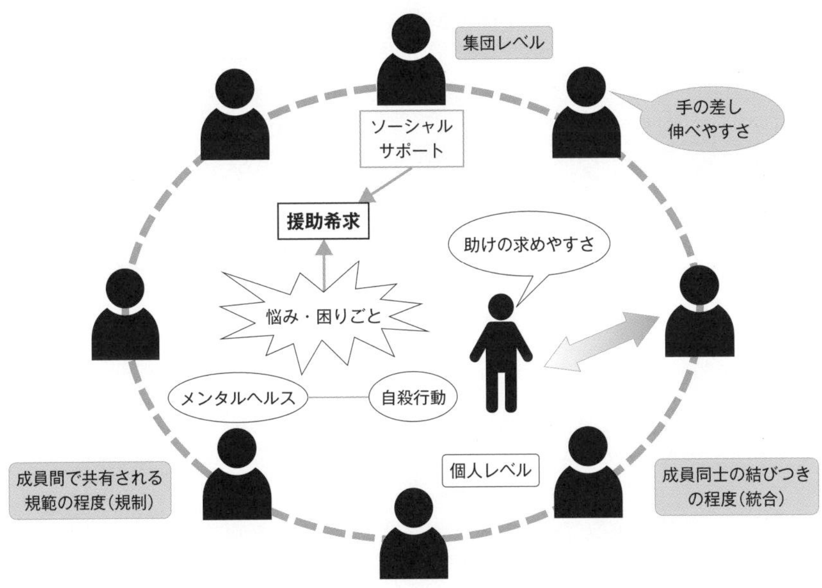

コラム 7-1　健康の定義

世界保健機関（WHO：World Health Organization）による健康の定義は，WHO 憲章の前文に記されています。1946 年にニューヨークで 61 か国が WHO 憲章に署名し，1948 年から効力が発揮されています。憲章において，健康の享受は人種や宗教，政治的信条，経済状況や社会的状況とは関係なく，全ての人の基本的権利であることが宣言されています（WHO, Constitution of the World Health Organization, https://www.who.int/about/governance/constitution, 2022.3.1）。1998 年にはこの定義に「spiritual（霊的）と dynamic（動的）」を加えるかどうかが協議されたことがありました。最終的にこの案の採択は見送られましたが，健康の定義は絶対的な基準のようなものではなく，時代あるいは社会によって変わる概念と言えます。

（出典）日本 WHO 協会，https://japan-who.or.jp/about/who-what/identification-health/ (2022.3.1)。

コラム 7-2　健康の格差

第二次世界大戦が終わって以降，日本を含むいわゆる先進諸国では，様々な医療サービスや社会保障制度が整備され，平均寿命も伸長しました。健康の保障は行き渡ったかのように見えていました。しかし，健康と社会経済的状況との関連を調べる社会疫学研究の知見が近年各国で蓄積されるに連れて，豊かな国においても，人種や社会経済的状況によって，健康が損なわれている人々がいること，すなわち健康の格差が生じていることが明らかになってきました。現代においても，健康の保障は難しい課題であり続けています。

1　メンタルヘルスと自殺

この節で学ぶこと：健康な生活を送るには，身体的な健康だけはなく，精神的な健康も欠かせません。本節では，精神的な健康を損なった場合の帰結の一つとして自殺を取り上げ，メンタルヘルスの観点から個人が自殺に至るプロセスを学びます。

キーワード：メンタルヘルス，精神疾患，自殺プロセス，自殺の対人関係理論

健康のウェルビーイングに不可欠なメンタルヘルス

ストレス社会，友人関係のストレス，ストレスフルな仕事等々，私たちは「ストレス」という言葉をしばしば使います。まったくストレスのない生活を送ることは不可能ですが，わたしたちは様々な行動をとることで，ストレスを解消しようとします。こうしたストレス対処行動には，仲間と旅行をしたり，スポーツをしたりといった身体機能を高めるようなものから，喫煙や飲酒といった身体に負荷を与えるような行動まで様々です。そうした対処行動を取れなかったり，あるいは対処行動を上回るストレスに直面したりすると，わたしたちは精神的な健康（メンタルヘルス）を損ないます。

WHO（世界保健機関）は健康を次のように定義しています。「健康とは，病気でないとか，弱っていないということではなく，肉体的にも，精神的にも，そして社会的にも，すべてが満たされた状態にあること」（日本 WHO 協会訳）。つまり，精神的にも満たされた良好な状態（ウェルビーイング）が，個人の健康には不可欠なのです。

本章では，メンタルヘルスが損なわれた場合の最も深刻な状態の一つである，自殺とその発生メカニズムを取り上げます。「自殺なんて極端な例だ」と思うかもしれません。しかし，自殺は決してめったに遭遇しない，対岸の火事のような現象ではありません。むしろ，自分または周囲の人に起こりえる現象です。自殺の発生メカニズムを学ぶことで，どのようにしたら良好なメンタルヘルスを保ち，自殺のリスクを抑制できるかを考えていきましょう。

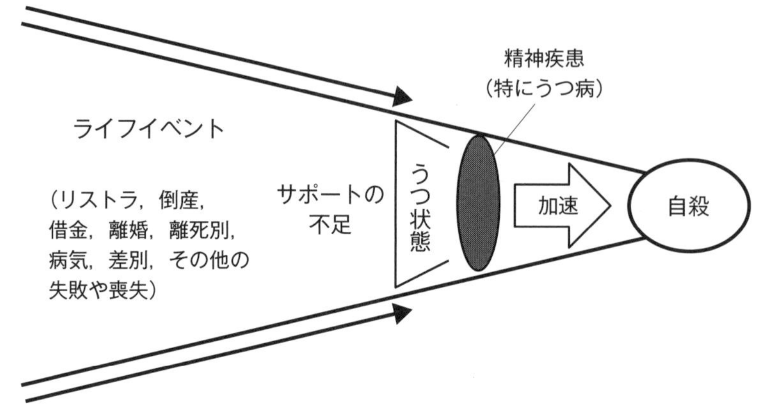

図 7-1　自殺プロセス

（出典）　張賢徳(2012)「精神医療と自殺対策」『精神神経学雑誌』114(5)：554 頁，図 1。

コラム 7-3　自殺の対人関係理論の補足

自殺の対人関係理論(Interpersonal theory of suicide)が提唱されて以降，3 つの要因と自殺行動との関連を検証する研究が，心理学の分野を中心に行われてきました。その結果，自殺の対人関係理論の各要因と自殺行動の関連は確認されたものの，従来想定されていたほど強固なものではないことが指摘されています(Chu, C. et al., 2017, “The Interpersonal Theory of Suicide: A Systematic Review and Meta-Analysis of a Decade of Cross-National Research,” *Psychological Bulletin*, 143(12): 1313-1345)。

このように，理論は実際のデータに当てはまるかどうか検証されることを通して，より現実の状況の説明に適した形へと再構成されていきます。

個人レベルから自殺を考える―自殺プロセス―

メンタルヘルスの観点から自殺を考える中心的な学術領域は，精神医学や精神保健福祉分野です。日本を含む各国のこれらの学術分野では，実際に自殺を試みたが生き残った方や，自死遺族の方を対象に，自殺を試みた人の自殺企図直前の精神状態を調べる研究が行われてきました。その結果，日本でも諸外国でも，自殺企図者のおよそ90％が自殺企図直前には何らかの精神医学的診断がつく状態であったことが報告されています(張 2012)。すなわち，ほとんどの人は自分の人生を吟味した上で，自由な意思に基づいて自殺を選択したのではなく，そうした冷静な思考や判断ができない状態で自殺を実行したと言えます。医療福祉従事者が，自殺を何とか防ごうとする背景には，多くの自殺が望んで選ばれた死ではないという状況があります。

張賢徳(2012)はさらにこれらの調査結果を踏まえて，個人が自殺に至るプロセスを次のように明らかにしています。まず，ある個人がリストラや借金，重大な病気，パートナーとの離死別といった大きな心理的ストレスを伴うライフイベント(「自殺のリスク要因」と言います)に遭遇します。その時，周囲から十分なサポートを得られなかった場合，その人はそのライフイベントにうまく対処できず，ストレスに晒され続けます。それによって，次第にメンタルヘルスを損ない，うつ状態になります。さらに悪化すると，うつ病などの精神疾患を発症し，最後には加速度的に自殺に向かいます(図7-1)。

ただし，うつ状態になったからといって，自殺プロセスへと突き進むわけではありません。自殺の対人関係理論によると，自殺行動をとるには3つの要因：①帰属意識の減弱，②他者に対する負い目，③身についた自殺の潜在能力，が重要と言われています(Van Orden et al., 2010)。居場所がないと感じている状況に加えて，失業や身体的な病気などにより，自分が誰かの負担になっていると感じる状況があるとします。そこから自殺行動へと進むには，それまでの自傷行為の経験によって獲得する，身体的苦痛や死の恐怖への慣れが必要です。「うつ状態＝自殺の可能性」とむやみに不安に思うのではなく，まずこれらの要因がどの程度揃っているのかを考えることが重要と言えます。

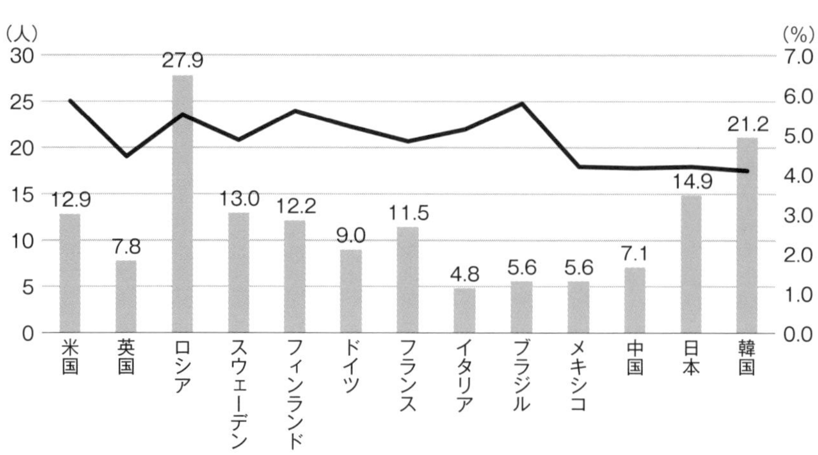

図 7-2 国別年齢調整済み自殺死亡率とうつ病有病率(2015 年)

(注) 有病率とは,調査時点における,調査対象者(人口)に対する疾病を有する人の割合。
(出典) 年齢調整済み自殺死亡率は WHO The Global Health Observatory の,うつ病有病率は WHO Global Health Observatory data repository のデータをそれぞれもとにして,筆者作成。

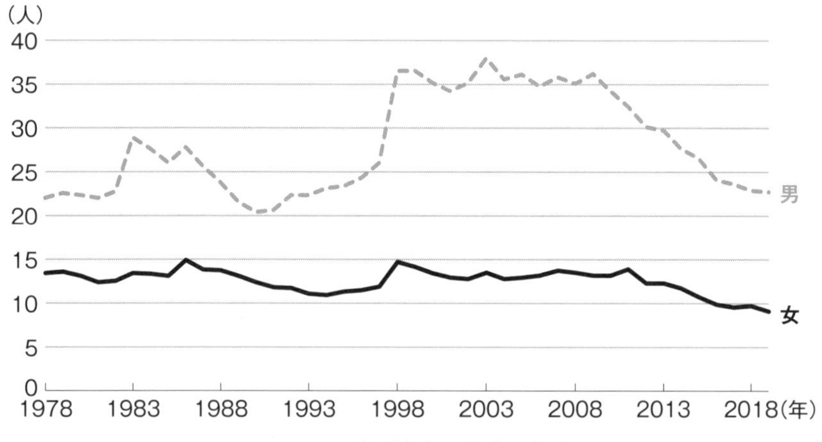

図 7-3 男女別自殺死亡率の推移

(注) 自殺死亡率:人口 10 万人当たりの自殺者数。
(出典) 厚生労働省「自殺死亡率の長期的推移(人口動態統計)」『令和 3 年度自殺対策白書』より,一部改変して筆者作成。

2　自殺の起こりやすさに影響する社会の力

この節で学ぶこと：自殺は一見，個人的な問題と思われがちです。しかし，人口当りの自殺者数(自殺死亡率)を見ると，地域や性別といった，社会集団による違いがあることが分かります。本節では，自殺死亡率が高いのはどのような集団なのか，社会の影響力という観点から考えます。
キーワード：自殺死亡率，社会の統合と規制，デュルケーム

自殺死亡率の属性による違い

これまで，自殺をメンタルヘルスの観点から考えてきました。一見すると，自殺はメンタルヘルスを著しく損なった人に起こりうることと思うかもしれません。本節では，自殺者個人のレベルから，わたしたちが生活する上で所属する社会集団レベルへと視点を移して，自殺を捉えてみたいと思います。そうすることで，個人のメンタルヘルスという観点では見ることが難しかった，自殺を引き起こす社会の影響力について考えることができます。

集団レベルの自殺は，人口当りの自殺者数(自殺死亡率)の数値を基に考えます。図7-2は，人口10万人当りの国別の年齢調整済み自殺死亡率を表しています。図7-2からは，自殺死亡率の高い国と低い国があることが分かります。ロシア，韓国そして日本には，他の国よりも自殺死亡率が高い傾向がある，すなわち自殺が他の国よりも起こりやすい国と言えます。

次に，日本の状況を見ていきましょう。図7-3は，日本の男女別の自殺死亡率の変化を表しています。図7-3からは，次の2点が分かります。1点目は，自殺死亡率は時期によって変動することです。1998年以降2010年頃まで，とくに男性の自殺死亡率は高くなっていました。2点目は，いつの時期でも一貫して，男性のほうが女性よりも圧倒的に自殺死亡率が高いことです。男女差については，日本に限らずどの国でも同様の傾向が見られます。

こうした集団レベルの自殺死亡率の変化や差は，どのようにして生じるのでしょうか。次の項では，この点について集団の特徴を研究する社会学の知見をもとに考えていきます。

コラム 7-4　日本国内の自殺に関する統計データ

現在利用できるのは，厚生労働省による人口動態統計と，警察庁による自殺統計の 2 種類があります。いずれも各省庁の web ページで公開されています。両者には次のような違いがあるため，自殺者数や自殺死亡率の両統計の値は一致しません。

【人口動態統計】自殺計上地点は住所地。後日自殺と判明した時は，遡及して計上。

【自殺統計】自殺計上地変は発見地。捜査等で自殺と判明した時に計上。

（出典）　厚生労働省「自殺統計と人口動態統計の違い」https://www.mhlw.go.jp/stf/seisakunitsuite/bunya/hukushi_kaigo/seikatsuhogo/jisatsu/toukeinosyurui.html (2022.3.10)。

表 7-1　デュルケームによる自殺死亡率の比較

変数	値 1		値 2
宗教（宗派）	カトリック		プロテスタント
	ユダヤ教		カトリック
性別	女性		男性
婚姻状況	有配偶者	<	無配偶者
家族の状況	子あり有配偶者		子なし有配偶者
都市度	地方		都市
政治的安定性	戦争・革命		平時

同じ変数で値を比較すると，値 2 の方が値 1 よりも自殺死亡率が高い。この結果からデュルケームは，値 2 の集団の共通点として，集団の成員同士の結びつき（社会集団の統合）の相対的な弱さを発見した。

（出典）　デュルケーム『自殺論』をもとに筆者作成。

自殺死亡率を左右する社会の統合と規制の程度

先述の自殺プロセスと照らし合わせると，日本に住むと外国に住むよりも，また女性よりも男性ほどメンタルヘルスを損ないやすいのでしょうか。実は，そう単純には言えません。自殺死亡率とうつ病の有病率を国別に比較すると，ブラジルなどうつ病患者の多い国の自殺死亡率は，うつ病患者の少ない日本や韓国より低くなっています(図7-2)。社会学者の大村英昭(2020)は，自殺を個人の問題ではなく，社会集団の問題として捉えたエミール・デュルケーム(Durkheim, É.)の『自殺論』を引用しながら，自殺のリスク要因を〈貧・病・争〉に分類される個人的な不幸の経験のみに求めることに注意を促しています。

それでは，社会集団のレベルで自殺を捉えると新たに何が見えるでしょうか。デュルケームは『自殺論』において，ヨーロッパにおける様々な社会集団を居住地域や宗教，性別，職業，婚姻状況等の属性ごとに分類して，それぞれの自殺死亡率を比較しました。表7-1はその結果の一部を表しています。

表7-1を見ると，「無配偶者が有配偶者よりも自殺死亡率が高いのは，相談相手がいなくて孤立しやすいからだ」といったように，各属性について解釈をしたくなります。デュルケームはそうした属性ごとの解釈に留まらず，これら属性集団の自殺死亡率の傾向は「個人の属している社会集団の統合の強さ」によって説明できると結論づけました。

さらにデュルケームは，同じくヨーロッパについて景気の変動時期と職業団体の自殺死亡率の統計から，自殺の2つ目の説明概念として「社会が個人を規制する様式」を挙げました。これは集団の欲望や規範に注目した概念です。景気に大きな変動が見られない時，人々の欲望や規範は規制されています。しかし急激に不景気になるとそれまでの生活水準を送れなくなることに，反対に好景気になると欲しいものが次から次に湧き出てしまうことに，人々はそれぞれ苦悩し，自殺が増えます。同様に，伝統的な規制力がある農業集団では自殺が抑えられますが，商工業集団では経済的利益の追究を止める規制が働かないため，欲望に歯止めがかからず苦悩に陥り，農業集団よりも自殺死亡率が高くなる，とデュルケームは説明しました。

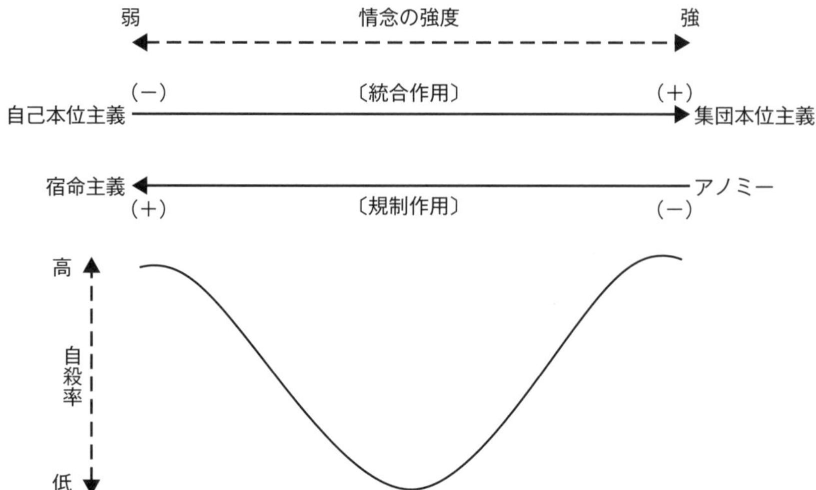

図 7-4　統合作用と規制作用の方向と自殺四類型の配置

（出典）　江頭大蔵(2005)「第九章　〈統合と規制〉から〈聖と俗〉へ—デュルケーム自殺類型論の再検討」濱口晴彦・夏刈康男編著『日仏社会学叢書 第一巻 デュルケーム社会学への挑戦』恒星社厚生閣，220 頁，図 3。

コラム 7-5　統合と規制の関係

江頭大蔵(2005)は，社会の統合と規制の概念の関係を示す図 7-4 の図式を提案しています。図 7-4 では，社会の統合作用と規制作用は，相互に反対方向に向かう力と捉えられています。

デュルケームは自殺の四類型において，統合と規制の程度に加えて，人の活動性を支える情念の強度についても言及しています。自己本位主義と宿命主義では情念が弱く，集団本位主義とアノミーでは情念が強いという共通点があります。例えば集団本位主義とアノミーでは，それぞれ集団への強すぎる愛着や，満たされない欲望から来る苛立ちがあります。統合と規制は互いに異なる概念でありつつも，共通点のない独立した概念というわけではありません。

（注）　アノミー：経済の危機や急成長などで社会の規範が弛緩・崩壊し，人々の欲望が無制限に高まった結果起こる，欲求と価値の攪乱状態や葛藤による無規範・無規制状態。

3　自殺が起こりやすい社会とは

この節で学ぶこと：メンタルヘルスを損なった結果，自殺行動をとるという個人レベルで自殺を捉える精神医学的な知見と，集団レベルの自殺の多寡を説明する社会学的な知見の接続について考えます。
キーワード：自殺の類型，媒介変数，社会規範

デュルケームによる自殺の四類型

自殺の集団レベルでの捉え方として，デュルケームの社会の統合と規制という2つの概念を紹介しました。この点をもう少し詳しくみていきます。

まず，社会集団の統合とは，集団成員間の結びつきの強弱の程度を表す概念です。デュルケームはこの結びつきが強すぎるか弱すぎる集団ほど，自殺が発生しやすく，適度に社会が統合されている場合に最も自殺が少なくなると指摘しました。統合の強すぎる集団の自殺例には，かつて日本で見られた武士階級での「イエのための切腹」が挙げられます。これらの階級では，家族成員間の結びつきが非常に強く，個人がイエ集団に完全に埋没していて，個人の人格や命は尊重されず，集合的要求から個人に死を求めます。デュルケームはこうした集団で見られる自殺を，「集団本位的自殺」と呼びました。反対に統合の弱すぎる集団の場合，個人は集団へ依存しません。それによって個人は集団への愛着を失い，集団的利益よりも自己利益を優先し，生きる目的を過剰に自己自身に求めるようになります。集団との結びつきが極端に弱い個人は，生きることの悲惨を我慢強く耐え忍ぶ意志が薄れ，少しの挫折で打ちひしがれます。こうした自殺を「自己本位的自殺」と呼びます。

次に，社会集団の規制についてみていきましょう。デュルケームは統合と同様に，集団が個人の欲望や規範を規制する力が中位で，程よい時に最も自殺死亡率が低くなり，強すぎたり弱すぎたりすると，自殺死亡率は高まると述べています。集団の規制が弱すぎる場合，人々の欲望は留まるところを知らず無規制状態(アノミー，コラム7-5注)に陥ります。

こうした欲望は目標を達成したと思った時点から，次の目標を目指すため，

コラム 7-6　集団における規範と体面（フェイス）の喪失

媒介変数の仮説は，アーヴィング・ゴフマン（Goffman, E.）のフェイス（体面）概念を基に考案されています。ゴフマンによると，人と人とが円滑に相互行為をするには，互いにその場の暗黙の社会規範に沿ったフェイス（体面）を演じることが必要です。

現代の自殺死亡率を説明するために，このフェイス概念を用いることを提唱した大村の議論を，阪本俊生は継承しつつ発展させています（阪本俊生（2020）「第 8 章　スティグマと自殺」大村英昭・阪本俊生編著『新自殺論―自己イメージから自殺を読み解く社会学』青弓社，176-204 頁）。何が深刻なうつ状態あるいは自殺行動を引き起こすライフイベントになるかは，その人が周囲の人との関係においてフェイスを維持できるかによるというのです。リストラの例で言うと，勤労規範の強い社会では，リストラに遭った既婚男性は「勤労な夫／父」というフェイスを失うため（フェイス・ロス），妻子や友人，親類など周囲の人に顔向けできなくなり，致命的なストレスを抱え，自殺へ至るということになります。

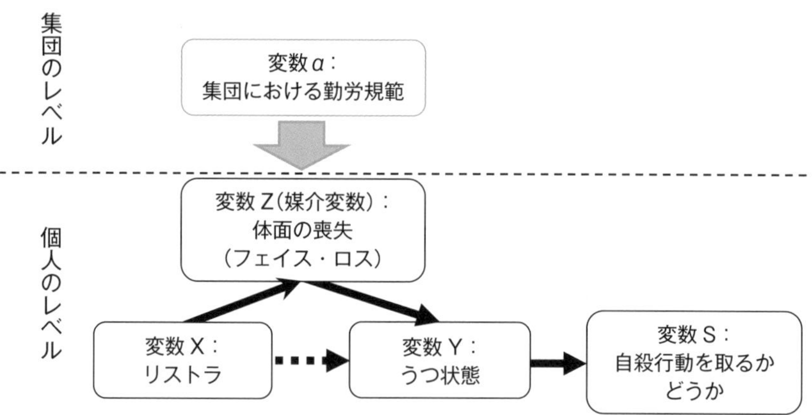

図 7-5　自殺行動に対する媒介変数の影響を考慮した個人と集団を接続するモデル

（注）　変数 X と変数 Y の間の点線矢印は，変数 Z の影響を考慮すると消失する，見せかけの関係を表す。また，フェイス・ロスが起こるかどうか（変数 Z）は，集団で共有されている規範の変数 α の影響を受けている。

（出典）　大村・阪本（2020）をもとに，筆者作成。

いつまでたっても満足を感じることなく心は激しく苛立ち，その熱狂が醒めると焦燥感に襲われ，「アノミー的自殺」へと至ります。進学高校の受験勉強に邁進したものの，合格後はさらに難易度の高い大学受験を目指さなくてはならず，結局いつまでも安心できずに疲れて自殺するといった例が考えられます。反対に規制が強すぎる場合に起きる自殺は，「無常にも未来を閉ざされた人々のはかる自殺」です。人々は抑圧的な規律に圧迫されているため，未来にいかなる目標も置けません。デュルケームはこうした自殺を「宿命的自殺」と呼び，例として奴隷の自殺を挙げています。

自殺プロセスと集団レベルの自殺の関係

それでは，個人レベルの自殺プロセスと集団レベルでの自殺死亡率との関連は，どのように考えたらよいのでしょうか。大村・阪本(2020)は，その編著書の中で一貫して次の仮説を展開しています。〈貧・病・争〉に当たる精神医学領域が明らかにした自殺のリスク要因は「見せかけの原因」であり，これらの要因と自殺行動の間には，実は両者を媒介する変数(媒介変数)が潜んでいるという仮説です(阪本 2020)。そしてこの媒介変数は，社会で共有されている規範の影響を受けます。

例えば，「リストラ(解雇)」にあった既婚の子持ち男性がいるとします。その人が日本で暮らす場合，リストラはその人に大きな心理的ストレスをもたらし，自殺の可能性を高めます。しかし，もし失業率が高く，親類間でも近隣住民間でも失業中の男性が珍しくない社会であればどうでしょうか。おそらくこの男性にとってリストラは，「よくある出来事」と受け止められると予想されます。「男性は経済的報酬を伴う仕事をするものだ」という規範が浸透している日本社会では，リストラはこの男性にとって，うつ状態を引き起こす致命的なストレス発生イベントとなります(コラム 7-6，図 7-5)。このように媒介変数があると考えることで，自殺死亡率の集団ごとの傾向と，個人レベルにおけるメンタルヘルス悪化の帰結として起こる自殺行動を結びつけられるかもしれません。

コラム 7-7　自殺希少地域の海部町における隣人とのつきあい方

海部町は徳島県にあり，2006 年に両隣の自治体と合併して，現在は海陽町となっています。海部町に滞在してフィールド調査を行った岡(2013)によると，海部町は商業地区と漁業地区の住宅が密集しているため，住人同士の接触頻度が高い特徴があります。しかし，海部町での住民同士のつきあいには粘質な印象はなく，淡泊です。海部町と自殺多発地域である A 町の住民を対象に，岡が実施した調査からも，そうした海部町の特徴を読み取ることができます(表 7-2)。

表 7-2　自殺死亡率の低い海部町と高い A 町における隣人とのつきあい方の違い

	日常的に生活面で協力	立ち話程度のつきあい	あいさつ程度の最小限のつきあい	つきあいはまったくしていない
海部町	16.5%	49.9%	31.3%	2.4%
A 町	44.0%	37.4%	15.9%	2.6%

（出典）岡(2013：84)の表 6「隣人とのつきあい方」を一部改変して筆者作成。

4　自殺リスクへの対応

この節で学ぶこと：これまでの節では，自殺の発生メカニズムについて個人レベルと集団のレベル，そして両方のレベルの関連について学習しました。最後に，これらの知見を日常生活にどのように取り入れたら，自分や周りの人の自殺のリスクを少しでも減らせるのかを考えます。
キーワード：自殺予防，援助希求，ソーシャルサポート

自殺リスクを抑制するソーシャルサポート

自殺の頻度は社会集団によって異なりました。自殺が発生しにくいのは，集団の統合と規制が強くも弱くもなく，ほどほどで，人と人とのつながりがあるけれども，互いに縛り合っているわけでも，無関心でもない集団でした。それでは，こうした集団で暮らす人々の行動や態度には，具体的にどのような特徴があるのでしょうか。本節では，集団の統合と規制の影響を受ける，他者への援助行動(ソーシャルサポート)に焦点を当てて考えます。

岡檀(2013)は，日本で自殺死亡率の最も低い地域(海部町)と高い地域(A町)を探し出し，実際にその地域に行って人々の暮らし方を調べて，両地域を比較しました。そして，両地域住民のソーシャルサポートにおける違いを明らかにしています。両地域とも，地域住民同士での助け合いが日常生活に浸透しています。海部町の住民にとって，助け合いには個別私的な問題に対する援助も含まれます。他方，A町の住民は海部町よりもむしろ頻繁に助け合いをするものの，個別私的な問題への援助を求めることに強い抵抗感をもっていました。例えば，海部町では元気のない隣人に「うつではないか」と，面と向かって気軽に指摘する行動が見られます。うつ病に対してオープンに話し合う海部町の住民の態度は，うつ病の早期受診・治療を促していました。それに対してA町の住民は，うつ病という個人的な問題を隣人に相談したり，隣人に指摘したりすることに抵抗を示しました。他者に援助を求める行動を援助希求と言いますが，A町の住民は周囲に迷惑をかけてはいけないという意識が高く，個人的な問題での援助希求が抑制されていたのです。

表 7-3　自殺死亡率の低い海部町と高いＡ町における援助希求への抵抗感の違い

	肯定	⇒	否定
海部町	20.2%	17.0%	62.8%
Ａ町	27.0%	25.7%	47.3%

（注）「あなたは悩みやストレスを抱えたときに，誰かに相談したり助けを求めたりすることを恥ずかしいと思いますか？」という質問紙調査の回答結果。
（出典）岡(2013：79)の表 5「援助希求への抵抗感」を，一部改変して筆者作成。

コラム 7-8　どのような孤立が問題なのか

岡(2013)による表 7-2 と表 7-3 の調査結果は，「困った時に助けを求められる」人間関係を持っているかどうかが，自殺を抑制することを示唆しています。社会学では，孤立を「人づきあいが無く，一人ぼっちの状態」ではなく，「頼りにする相手がいない状態」(石田 2011：73)という意味で扱うことが多く，この意味における孤立の解消が重要と考えられています。

誰かに悩みや「死にたい気持ち」を打ち明けられたら

家族との同居，友達付き合い，町内会活動への参加，同僚と仕事をすることは，いずれも社会関係という概念で表されます。社会関係は集団の成員間のつながりを維持したり，強めたりします。しかし，社会関係があれば，それがどのようなものであっても，一様に自殺を抑制するとは言えません。

自殺念慮と社会関係の関連を調べた研究では，社会関係の多寡は自殺念慮とは関連がなく，困った時に頼りにできる人がいることが，自殺念慮をもつ確率を押し下げていました(平野 2018)。この結果は，前頁で紹介した岡(2013)の知見と同様の傾向を示しています。単に他者と交流があるかどうかではなく，個人的な困りごとや悩みの相談に乗ってもらえたり，それに対する援助をしてもらえたりする関係性を持っているかどうかが，良好なメンタルヘルスの獲得，そして自殺の抑制につながりそうです。

では，そうした個人的な困りごとの援助を求められた場合，どのような態度を取ったらよいのでしょうか。まず，友人等の困りごとがある素振りに気づいたり，友人等から困りごとを打ち明けられたりしたら，相手に対して「自分のできる範囲で」サポートをするという態度を示すことが重要と考えられます。自殺死亡率の高い A 町では，他者に迷惑をかけることを心配するあまり，援助希求が控えられていました(岡 2013)。援助者が無理をせず，相談者と一定の距離を保つことは，援助者の負担だけではなく，相談者の援助者に対する負い目も減らすと予想されます。さらに，そうした援助態度を取る人がたくさんいる集団では，成員間の結びつきが強くなり過ぎることなく，ほどよい状態に保たれるでしょう。他には，相談者が訴える出来事に対して，別の見方もあるかもしれないと声をかけることが考えられます。ある出来事が致命的なものと認識されるかは，集団によって異なります。相談者が出来事を相対化して捉えられるような声掛けも一案でしょう。

このような対応は日常生活の中で取り入れられる，いわば生活の知恵と言えます。社会学的視点から自殺を考えることは，ひいては自分や周囲の人のメンタルヘルスを良好に保ち，日常生活を豊かにすると期待できます。

考えてみよう　調べてみよう

1. エスタブレ著(2006)，山下雅之・都村聞人・石井素子訳(2012)『豊かさのなかの自殺』藤原書店。
2. ベナール著(1973-1984)，杉山光信・三浦耕吉郎訳(1988)『デュルケムと女性、あるいは未完の「自殺論」』新曜社。
3. ヤロシュ著(1997)，石川晃弘・石垣尚志・小熊信訳(2008)『自殺の社会学―ポーランド社会の変動と病理』学文社。
4. 森川すいめい(2016)『その島のひとたちは、ひとの話をきかない―精神科医、「自殺希少地域」を行く』青土社。
5. 筒井淳也・グワンヨン・シン・柴田悠編著(2016)『ポスト工業社会における東アジアの課題―労働・ジェンダー・移民』ミネルヴァ書房。

1. 年齢層別の自殺死亡率の推移には，どのような特徴が見られるでしょうか。任意の地域または国について調べてみましょう。
2. 任意の地域または国を２つ以上選び，その地域・国の自殺死亡率の推移を調べて比較し，それぞれの地域・国の傾向とその特徴を考えましょう。
3. 日本では，自殺対策基本法に基づき，都道府県や市町村ごとで相談サービスなど自殺対策の取り組みが行われています。あなたの住んでいる地域には，どのような取り組みやサービスがあるか調べてみましょう。

引用文献

石田光規(2011)『孤立の社会学―無縁社会の処方箋』勁草書房。

大村英昭・阪本俊生編著(2020)『新自殺論―自己イメージから自殺を読み解く社会学』青弓社。

岡檀(2013)『生き心地の良い町―この自殺率の低さには理由がある』講談社。

デュルケーム著(1960［1897］)，宮島喬訳(1985)『自殺論』中央公論新社。

平野孝典(2018)「孤立と自殺―自殺念慮の計量分析から」『社会と倫理』33，71-84頁。

Van Orden, K. A. et al., 2010, "The Interpersonal Theory of Suicide," *Psychological Review* 117(2): 575-600.

第８章　結　　　婚
多様化するライフコース・家族と幸せのかたち

この章で学ぶこと

結婚は，家族形成に関わる社会制度であるとともに，個人のライフコース形成に関わるライフイベントの１つでもあります。近年日本では，「未婚」や「非婚」，「離婚」，「再婚」，「事実婚」，「同性婚」…など，結婚にまつわる様々な言葉や話題を広く耳にするようになりました。それは結婚のかたちや現象に変化がみられるようになってきていることを表しています。本章では，これらのキーワードを取り上げながら，結婚が，社会の変化や家族の変化，そして個人の生き方や「幸せ」とどのように関わっているのかを考えていきます。

キーワード：家族形成，結婚の個人化，家族の多様化，ライフコース

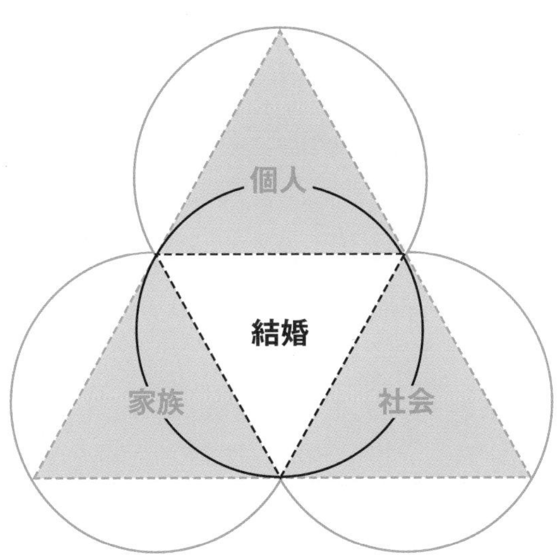

コラム 8-1　国語辞典における定義例

けっこん【結婚】

男女が夫婦となること。→婚姻。

こんいん【婚姻】

結婚すること。夫婦となること。一対の男女の継続的な性的結合を基礎とした社会的経済的結合で，その間に生まれた子供が嫡出子として認められる関係。民法上は，戸籍法に従って届け出た場合に成立する。

（出典）　新村出編（2018）『広辞苑　第七版』岩波書店。

コラム 8-2　社会学辞典における定義例

結婚　marriage

結婚は，夫婦関係を成立させるとともに新しい家族の形成を意味する社会制度である。結婚は，社会的・文化的に多様であり，一義的に定義することは困難であるが，少なくとも次の四つの条件を満たす男女の結合関係である。①社会的に承認された性関係があること。②継続性の観念に支えられた関係であること。③一定の権利・義務を伴う関係であること。④全人格的な関係であること。（略）

婚姻　marriage

結婚の法律用語。法律婚主義をとるわが国では，婚姻届の提出によって婚姻が成立する。婚姻届は，民法に定められた一定の要件を必要とする。（略）

（出典）　森岡清美・塩原勉・本間康平編（1993）『新社会学辞典』有斐閣。

コラム 8-3　婚姻に関わる民法の規定（一部省略して抜粋）

第 731 条　婚姻は，十八歳にならなければ，することができない。

第 732 条　配偶者のある者は，重ねて婚姻をすることができない。

第 734 条　直系血族又は三親等内の傍系血族の間では，婚姻をすることができない。

第 739 条　婚姻は，戸籍法の定めるところにより届け出ることによって，その効力を生ずる。

第 750 条　夫婦は，婚姻の際に定めるところに従い，夫又は妻の氏を称する。

第 752 条　夫婦は同居し，互いに協力し扶助しなければならない。

第 760 条　夫婦は，その資産，収入その他一切の事情を考慮して，婚姻から生ずる費用を分担する。

第 761 条　夫婦の一方が日常の家事に関して第三者と法律行為をしたときは，他の一方は，これによって生じた債務について，連帯してその責任を負う。

1　結婚とは

この節で学ぶこと：結婚は社会生活における身近な話題の1つですが，そもそも結婚とは何でしょうか。結婚をする場合としない場合の違いは何でしょうか。結婚のあり方は，時代や地域によってどのように異なるのでしょうか。
キーワード：婚姻，親族，夫婦同氏・別氏，事実婚，嫡出規定

制度としての結婚

コラム8-1・8-2では，結婚の辞書的定義例を紹介しています。法律用語では結婚を婚姻といいますが，日本では役所に婚姻届を提出し，それが受理されることで婚姻が成立します。コラム8-3に抜粋した民法739条(婚姻の届出)などの規定に従って，一定の法的手続きをとることで婚姻が成立することを「届出婚」や「法律婚(主義)」といいます。このような結婚の制度・慣習は，日本では近代国家樹立期の明治31(1898)年に施行された明治民法から始まりました。明治以前の徳川社会では，地域により結婚の慣習や実態も多様であったとされ，嫁(婿)が「家」の完全な成員として認められ婚姻が成立するまでには時間がかかり，離婚や再婚も頻繁であったとされます(落合2004)。

今般，成人年齢が約140年ぶりに見直され，18歳に引き下げられました。これに伴い，これまで女性のみ16歳とされていた婚姻開始年齢が，男女とも18歳に統一されました。一方，民法750条(夫婦の氏)で定められている「夫婦同氏」(法律用語では「姓」を「氏」と呼びます)は，明治民法以来続いている制度です(コラム8-4)。法務省(2022)の調査によれば，結婚後に夫婦のいずれかの氏を選択しなければならないとする夫婦同氏制を法律で定めている国は，世界的にみても日本だけです。

また，現行の民法732条(重婚の禁止)にも示される通り，明治民法以来，日本では法律上「重婚」が禁止され「一夫一婦」制がとられてきました。とはいえ，戦前までは華族や政治家，豪農，豪商などの上流階級の男性には婚姻関係にある妻以外に第二夫人以下がいることもあり，事実上の一夫多妻制の慣習があったとされます(山田2019：100-101)。現在でも，ムスリム社会

コラム 8-4　夫婦別氏・夫婦同氏

日本における夫婦別氏の歴史は古代まで遡るとされます(池田 2020)。江戸時代の武家社会では，婚姻後も女性は生家の氏を称していました。明治維新後，平民にも氏の使用が許され，その後義務化されましたが，しばらくは夫婦別氏制がとられていました。明治 31(1898) 年施行の民法で「家」制度が導入されたことにより，妻は婚姻により夫の「家」に入ること，そして戸主(夫)とその家族は「家」の氏を称することとして夫婦同氏が定められました。戦後，昭和 22(1947)年成立の改正民法により，夫または妻の氏を称するという現行の夫婦同氏制となりましたが，2019 年時点でも女性が氏を改める場合が 95.5%と圧倒的多数を占めています(法務省 2022)。女性の就業化が進む中で，改氏による職業生活上や日常生活上の不便・不利益，アイデンティティの喪失など多くの問題が指摘されていることなどを背景に，近年は選択的夫婦別氏制度の導入を求める意見や訴訟も起こっています。

コラム 8-5　OECD 各国における婚外出生割合の推移(1970-1995-2018 年)

同棲や事実婚の普及，ひとり親世帯の増加に伴い，欧米諸国では婚姻関係にないカップルから生まれた婚外出生(婚外子)が増加しています。フランスの PACS やスウェーデンの Sambo など，同棲カップルとその子どもの権利を法律婚と同様に保護する制度がある国などでは，今や婚外出生が多数派を占めています(下図)。

これに対し，法制度上でも明治以来の嫡出規定が残る日本では，2013 年の民法改正により，遺産相続における婚外子差別は是正されましたが，婚外子率は長年 1～2%台で推移しています。他方，「できちゃった婚」や「授かり婚」などと呼ばれる「妊娠先行型結婚」は近年一般化しています。厚生労働省(2021)によれば「結婚期間が妊娠期間より短い出生の嫡出第 1 子に占める割合」は，2002 年には 27.9%に上り，2019 年でも 18.4%となっています。これらのことからも，日本社会では子どもを持つ前提として結婚が強く条件づけられていることがうかがわれます。

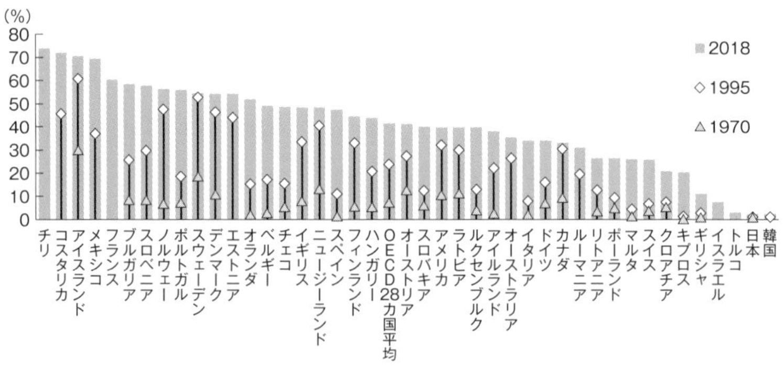

(出典)　OECD Family Database「SF2.4: Share of birth outside of marriage」を一部改変して筆者作成。

では一夫多妻制が正式に認められている国もあります。ただし，イスラームの教えでは妻や子どもへの義務や扱いにおける不平等や差別は厳しく禁じられているため，複数の家族を養う経済力がある階層でも一夫多妻を実践しているのは少数であるとされます。また，希少な例ですが，インドやチベットの一部の少数民族などでは一妻多夫制もみられます。このように，結婚の制度やあり方は時代や地域によって異なります。

結婚と家族

結婚とは何かという話に戻りましょう。コラム 8-2 には，「結婚は，夫婦関係を成立させるとともに新しい家族の形成を意味する社会制度である」とあります。婚姻や血縁で結ばれた人々を親族といい，特に夫婦関係や親子・きょうだいなどの血縁関係を基礎として成立する小集団を家族といいますが，結婚は第一に，もともと他人同士である個人間に夫婦関係を成立させ，家族を形成する制度です。また第二に，新郎と新婦の親族同士を新たに親族関係として結合させ，親族集団を拡大させる制度であるともいえます。

結婚(婚姻)は「社会的・文化的に多様であり，一義的に定義することは困難」(コラム 8-2)ですが，基本的には，「継続的な性的結合を基礎とした社会的経済的結合」(コラム 8-1)であるといえます。上述のように婚姻関係は，法的な手続きや帰属集団からの承認といった形で社会的に正当と認められたカップル関係であり，単なる性関係や性愛関係とは区別されます。また，民法にも示されるように，相互扶養義務や相続権などの社会生活上の権利・義務が伴うものでもあり，持続的で全人格的な関係であるとされます。これらの条件は，婚姻で形成される家族が子どもの産育機能を担う社会的基礎単位とされていることにも関わっています。

コラム 8-1 にある「嫡出子」とは，結婚した夫婦から生まれた子どもを指しますが，文化人類学者のブロニスワフ・マリノフスキー(Marinowski, B.)によれば，婚姻に基づく嫡出性の付与は，親子(特に父子)関係を同定し，生まれた子どもを親族網に位置づけることでその養育を保障する仕組みであるとされます。他方で，婚外子が嫡出子よりも不平等な立場に置かれてきた歴史もあります(コラム 8-5)。

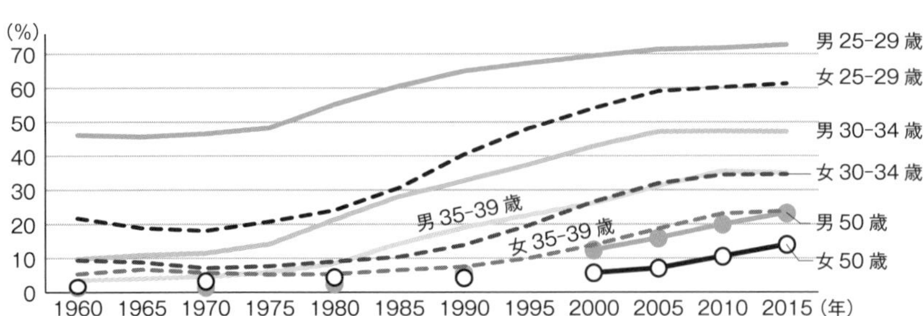

図 8-1　未婚率の推移

（出典）　内閣府「令和 3 年版少子化社会対策白書」(第 1-1-9 図データ）および国立社会保障・人口問題研究所「人口統計資料集(2021)」(表 6-23）より筆者作成。

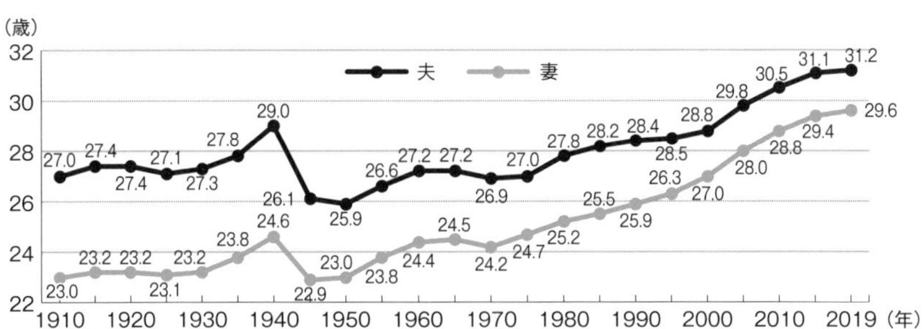

図 8-2　平均初婚年齢の推移

（出典）　国立社会保障・人口問題研究所「人口統計資料集(2021)」(表 6-12）より筆者作成。

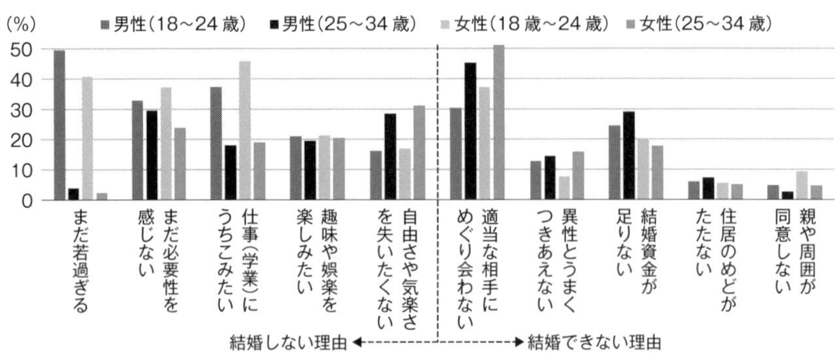

図 8-3　独身でいる理由（2015 年）

（出典）　国立社会保障・人口問題研究所「第 15 回出生動向基本調査（独身者調査）」より筆者作成。

2　結婚の個人化

この節で学ぶこと：日本では少子化問題の議論などにおいて，未婚化や晩婚化という言葉がよく聞かれます。なぜ結婚しない人が増えているのでしょうか。結婚が，現代社会を生きる個人にとってもつ意味は何でしょうか。
キーワード：**未婚化，晩婚化，恋愛結婚，結婚の個人化，男性稼ぎ手意識**

未婚化・晩婚化と少子化

日本における未婚率の長期推移（図8-1）をみると，1970年頃までは男女とも20代のうちにほとんどの人が結婚する「皆婚社会」でした。しかし未婚化が進展した現在では，20代では未婚者が多数派を占め，50歳時点で未婚の人も男性で約4人に1人，女性でも約7人に1人となっています。平均初婚年齢（図8-2）も，1960～70年代には男性は27歳前後，女性は24歳前後で推移していましたが，この「結婚適齢期」規範も完全に崩れ，2019年には男性31.2歳，女性29.6歳に達しています。日本では結婚が子育ての前提となっているため（コラム8-5），未婚化や晩婚化は晩産化（出産の遅れ）や少産化（子ども数の減少）につながり，少子化の要因となっています。

未婚化が進んでいるのは，結婚したくない若者が増えているからでしょうか。国立社会保障・人口問題研究所の「出生動向調査」（2015年）によれば，18～34歳の未婚の回答者のうち，男性の85.7%，女性の89.3%は，「いずれ結婚するつもり」と回答しており，平均結婚希望年齢も，男性30.4歳，女性28.6歳と，平均初婚年齢より若干低くなっています。つまり，最近の若者もある程度若いうちに結婚したいという考えは持っているようです。また，「結婚に利点がある」いう回答も男性で64.3%，女性では77.8%にのぼっており，結婚の利点として「子どもや家族をもてる」をあげた人が男女とも最も多いことからも，結婚して子どもや家族をもつことに対する意識が大きく薄れているというわけではないようです。

では，なぜ未婚にとどまっているのでしょうか。図8-3は，結婚意思のある未婚者の「独身でいる理由」の回答結果です。20代前半までの年齢層で

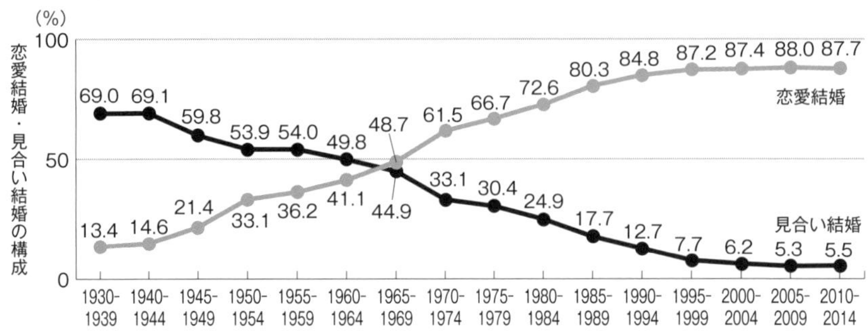

図 8-4　結婚年次別にみた，恋愛結婚・見合い結婚構成の推移

（出典）　国立社会保障・人口問題研究所「第 15 回出生動向基本調査（夫婦調査）」より筆者作成。

コラム 8-6　家族社会学者　山田昌弘

家族社会学者の山田昌弘は，1990 年代から日本の未婚化現象に注目し（『結婚の社会学―未婚化・晩婚化はつづくのか』丸善，1996），学卒後も生活全般を親に依存する未婚者を「パラサイト・シングル」と名付け（『パラサイト・シングルの時代』筑摩書房，1999），こうした日本社会特有の現象や経済格差などの観点から，少子化の背景要因を論じてきました（『少子社会日本―もうひとつの格差のゆくえ』岩波書店，2007）。また，ジャーナリストの白河桃子との共著において，結婚という目標のために意識的に活動することを言い表した「婚活」という造語は，流行語にもなりました（『「婚活」時代』ディスカヴァー・トゥエンティワン，2008）。

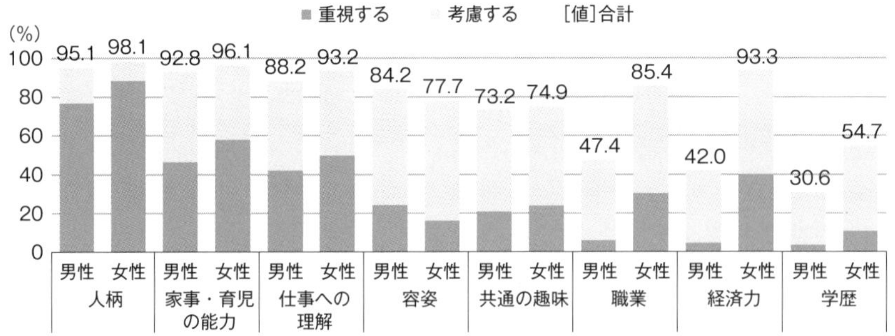

図 8-5　結婚相手の条件として考慮・重視するもの（2015 年）

（出典）　国立社会保障・人口問題研究所「第 15 回出生動向基本調査（独身者調査）」より筆者作成。

は男女ともに「まだ若過ぎる」や「仕事(学業)にうちこみたい」など，結婚“しない”理由が目立ちます。一方，20代後半から30代前半では，「適当な相手にめぐり会わない」という結婚“できない”理由が最も多く，男性では「結婚資金が足りない」という経済的な理由も3割にのぼっています。

近代化と結婚

日本では1960年代後半に「見合い結婚」と「恋愛結婚」の割合が逆転しました(図8-4)。伝統的な規範が緩み，社会生活における個人の選択可能性が広がることを「個人化」といいますが，結婚相手を自由に選ぶ「恋愛結婚」は「結婚の個人化」が進んだ近代社会の結婚のあり方です(山田2019)。家族社会学者の山田(コラム8-6)によれば，前近代社会における結婚は，家業共同体である「家」の継承を第一目的としたものであり，上流～中流階級の，特に家業の跡取りである長子の場合，親あるいは「家」同士が取り決めた結婚をするのが常でした。長子以外や庶民同士の結婚は比較的自由だったとはいえ，社会的・経済的条件の考慮や帰属集団による介入がありました。

産業革命によって，男性が「家」の外で雇用されて働き，独力で稼ぐことが可能になった近代社会では，結婚は個人が共同生活と親密性の単位である核家族を形成するための重要なイベントとなりました(山田2019)。前近代社会では，結婚しなくとも「家」や宗教，コミュニティなどから，経済的な安定と心理的な保証を得られましたが，近代社会では，結婚して子どもを産み育てることが個人の生きがいや存在論的安心，情緒的満足に直結するようになりました。それゆえ，上述のように結婚生活に必要な「お金」と心理的充足の2条件を満たす相手との「出会い」が結婚のハードルとなるのです。

図8-5は結婚相手の条件に関する未婚者の回答です。男女とも「人柄」や「家事・育児の能力」が高くなっていますが，特に男女差が目立つのが「職業」，「経済力」，「学歴」です。女性の就業化は進展しているものの，賃金やキャリアにおける男女格差が解消されない中で，日本では若い世代でも男女ともに男性稼ぎ手意識が根強くみられます。その一方で，近年は雇用の不安定化や所得水準の低下により，結婚に「必要」「適当」とされる経済条件を満たせない(特に男性)若年層が増加し，結婚難と未婚化を招いています。

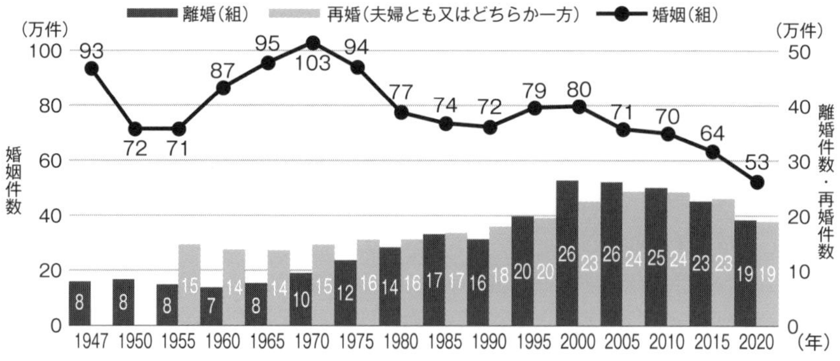

図 8-6　結婚・離婚・再婚件数

（出典）　厚生労働省「令和 2 年人口動態統計」より筆者作成。

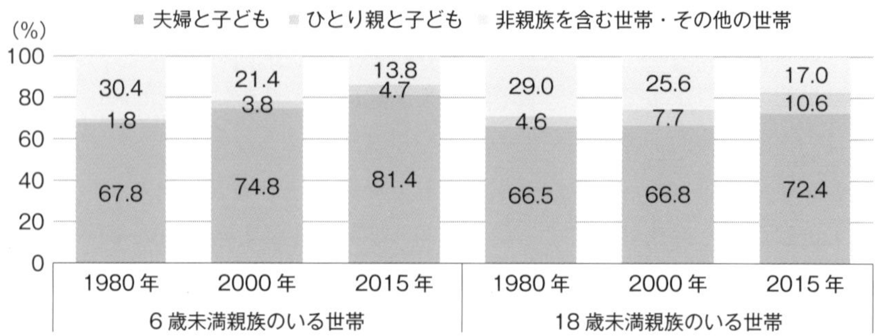

図 8-7　子どものいる世帯の構成

（出典）　厚生労働省「令和 2 年人口動態統計」より筆者作成。

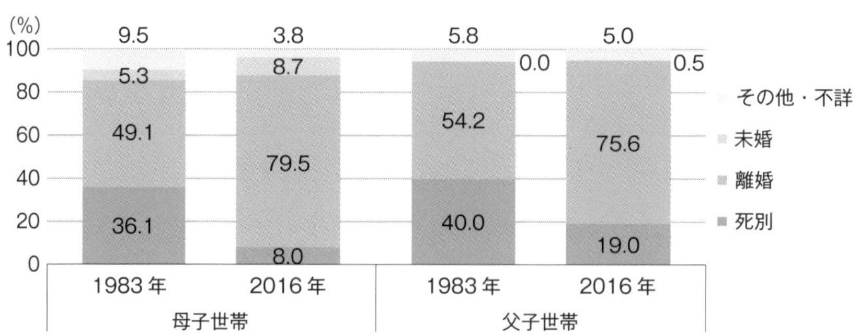

図 8-8　ひとり親世帯になった理由

（出典）　厚生労働省「平成 28 年度全国ひとり親世帯等調査結果」より筆者作成。

3　家族の多様化

この節で学ぶこと：昨今は，離婚や再婚も珍しいものではなくなりました。結婚に関わる人々の意識や行動の変化は，家族のあり方やかたちと相互に影響し合いながら，家族の多様化をもたらしています。
キーワード：近代社会，離婚・再婚，ひとり親，同性婚，家族の多様化

離婚とひとり親世帯

図 8-6 は，戦後の日本における婚姻・離婚・再婚件数の推移です。婚姻件数は，まず 1947 年頃に高くなっていますが，これは終戦により起こった結婚ブームであり，それに伴う第一次ベビーブームで生まれたいわゆる団塊世代が結婚した 1970 年頃に婚姻件数はピークとなっています。前節でみた通り，この時期の日本は未婚率が極めて低い「皆婚社会」であり，また，恋愛結婚が広がった時期でした。人口の多い団塊世代が一斉に結婚し，それと“セット”で子どもをもって近代家族を形成したことで，1970 年代前半に第二次ベビーブームが起こりました。しかし，それ以降は結婚年齢にある若年人口自体の減少とともに未婚化も進展し，婚姻率は低下していきました。

他方で，離婚と再婚も 1970 年頃から増加しています。結婚が個人の選択に委ねられ(結婚の個人化)，恋愛結婚が主流化すると，逆に結婚の重要な要件である親密性や愛情が充足されないことが，結婚の解消理由となりました。日本では，1980 年代末の司法判決を契機に，一方の配偶者の有責行為を事由とした離婚(有責主義)から，結婚生活の破綻が離婚事由になる破綻主義への移行が進んだとされます。形骸化した夫婦関係なら離婚してもよいという考え方が広がるにつれ離婚をタブー視する風潮も弱まり，最近では離婚を「失敗」ではなく人生の「再出発」などと積極的に捉える価値観もみられます。

離婚の増加に伴い，ひとり親世帯の割合も増加しています。図 8-7 をみると，子どものいる世帯における三世代世帯の割合が大幅に減少している一方，核家族率は増加しており，18 歳未満の子どもがいる世帯では，ひとり親世帯が 1 割を超えるようになっています。図 8-8 のひとり親世帯になった理由

コラム 8-7　同性婚や同性パートナーシップ制度がある国・地域

NPO 法人 EMA 日本によれば，2021 年 9 月時点で，同性婚および登録パートナーシップなど同性カップルの権利を保障する制度を持つ国・地域は世界中の約 20%の国・地域に及んでいるとされます。

同性婚が認められる国・地域　　**※【　】は法律施行年**

【2001 年】オランダ
【2003 年】ベルギー
【2005 年】スペイン，カナダ
【2006 年】南アフリカ
【2009 年】ノルウェー，スウェーデン
【2010 年】ポルトガル，アイスランド，アルゼンチン
【2012 年】デンマーク
【2013 年】ブラジル，フランス，ウルグアイ，ニュージーランド
【2014 年】英国(イングランド，ウェールズ，スコットランド)
【2015 年】ルクセンブルク，メキシコ，米国，アイルランド
【2016 年】コロンビア
【2017 年】フィンランド，マルタ，ドイツ，オーストラリア
【2019 年】オーストリア，台湾，エクアドル
【2020 年】コスタリカ，英国(北アイルランド)
【2022 年】チリ，スイス

同性カップルの登録パートナーシップ制度などを持つ国・地域

アンドラ，イスラエル，イタリア，エクアドル，オーストリア，キプロス，ギリシャ，英国，クロアチア，コロンビア，スイス，スロベニア，チェコ，チリ，ハンガリー，フランス，ベネズエラ，メキシコ(一部の州)，リヒテンシュタイン，ルクセンブルク，ニュージーランド，オランダ，ベルギー

(出典)　NPO 法人 EMA 日本(2022)「世界の同性婚」 http://emajapan.org/promssm/world?msclkid=b1147eb4b47911eca2dab31bf0400b97(2022.4.5)

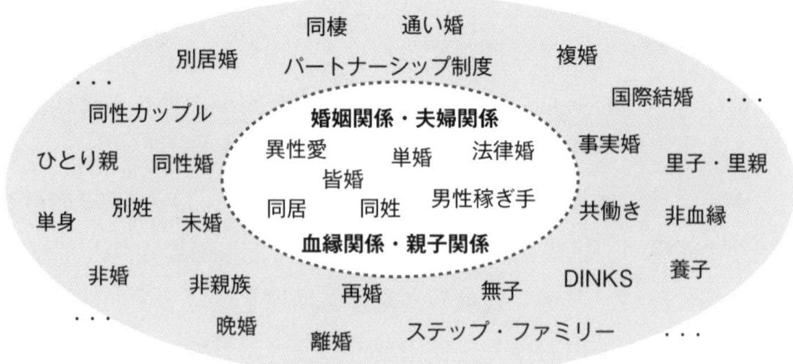

図 8-9　結婚や家族をめぐる多様性のキーワード

(出典)　筆者作成。

をみると，1980年代と比べて死別が減少し，最近は8割近くが離婚(離別)となっています。離婚の増加の背景には，女性の雇用機会の増加や，離婚後の年金，児童扶養手当などの社会保障制度の整備により，離婚後の女性の経済的な自立可能性が高まったこともあげられます。ただし，共働き世帯や正社員でも仕事と子育ての両立や養育費の工面が容易ではない日本社会では，非正規雇用率が高いひとり親が直面する生活困難は多く，ひとり親世帯の子どもの貧困率は48%(厚生労働省 2019)と極めて高いのが実情です。

家族関係の多様化

アメリカの社会人類学者ジョージ・マードック(Murdock, G.)は1947年に著書『社会構造』において，一組の夫婦とその未婚の子どもからなる社会集団を「核家族」(nuclear family)と定義しました。その上で，居住を共にし，夫婦・親子・きょうだいという3対の関係を含み，社会の存続に不可欠な性機能・経済機能・生殖機能・教育機能の4つの機能を遂行する核家族が，人間社会に普遍的に存在する最小の親族集団であると論じました。この定義にも示されるように，従来，家族は性的結合と経済的結合である異性愛の夫婦関係を基礎として，新たな親子関係を形成し，子どもの産育と社会化を担うものと考えられてきました。一方で，昨今は日本でも晩婚化などを背景とした非自発的無子も含め，DINKS(ディンクス)(Double Income No Kids)と呼ばれる共働きで子どものいない夫婦世帯も増えています。

再婚の増加に伴い，ひとり親が子連れで再婚(結婚)をすることで形成されるステップ・ファミリーと呼ばれる家族形態も珍しくなくなってきました。また，海外では異性愛カップルと同じように同性愛カップルの婚姻やパートナーシップ登録，養子縁組などが認められる国も増えてきています(コラム8-7)。コラム8-5にもある通り，欧米などではそもそも法律婚をせず，同棲や事実婚のかたちで家族をもつ慣習も広がっており，婚姻制度と同程度に家族関係の義務や権利を保障するパートナーシップ制度が採用されている国もあります。こうした結婚や家族関係のあり方の多様な現実に目を向けると，既存の結婚・家族イメージが相対化されてみえてきます(図8-9)。

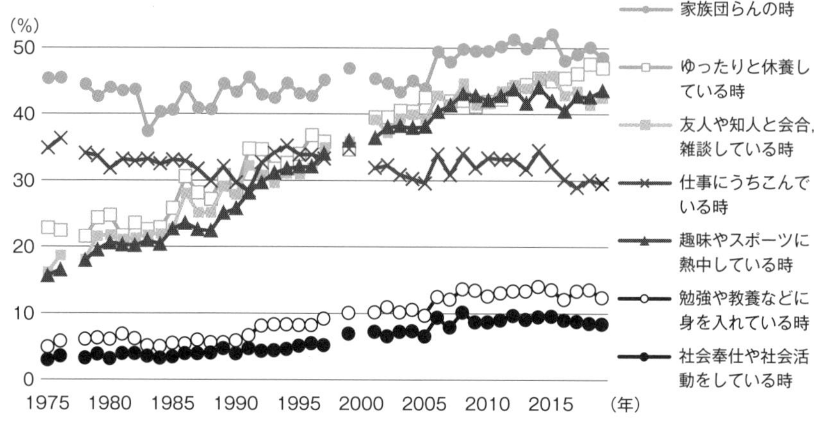

図 8-10　「充実感を感じる時」(世論調査)

(出典)　内閣府(2019)「令和元年度　国民生活に関する世論調査」より筆者作成。

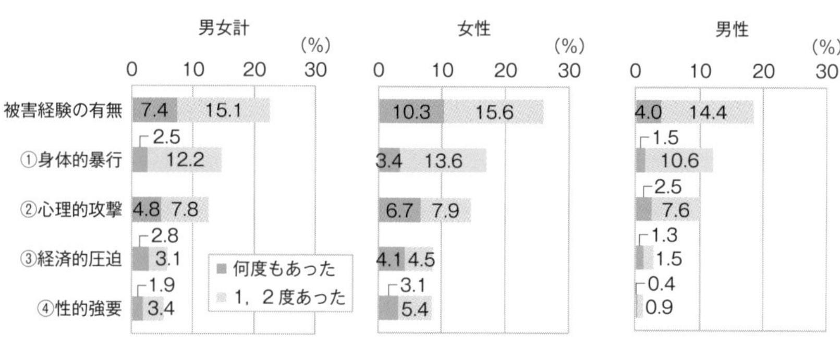

①身体的暴行：例えば，なぐったり，けったり，物を投げつけたり，突き飛ばしたりするなどの身体に対する暴行。
②心理的攻撃：例えば，人格を否定するような暴言，交友関係や行き先，電話・メールなどを細かく監視したり，長時間無視するなどの精神的な嫌がらせ，あるいは，自分や自分の家族に危害が加えられるのではないかと恐怖を感じるような脅迫。
③経済的圧迫：例えば，生活費を渡さない，給料や貯金を勝手に使われる，外で働くことを妨害されるなど。
④性的強要　：例えば，嫌がっているのに性的な行為を強要される，見たくないポルノ映像等を見せられる，避妊に協力しないなど。

図 8-11　配偶者からの暴力被害経験―DV(ドメスティック・バイオレンス)―

(出典)　内閣府(2020)「男女間における暴力に関する調査(令和２年度調査)」より筆者作成。

4　結婚と個人の生き方

この節で学ぶこと：結婚することや家族をもつことは，個人の「幸せ」とどう関わっているのでしょうか。平均寿命が延び，ライフコースが多様化している現代社会で，結婚が個人の人生に与える意味はどのように変化しているでしょうか。
キーワード：親密性，幸福，DV，非婚，ライフコースの多様化

結婚と個人の「幸せ」

世界価値観調査(2017-2020年)によれば，「家族」が生活において「重要」であるという回答は，世界86の国や地域で93%を超えており，日本も98%にのぼっています。また，内閣府の世論調査(図8-10)でも，「充実感を感じる時」として「家族団らんの時」という回答は一貫して最も高くなっています。近代社会において家族は，個人に親密性を提供する関係であり，精神・情緒的な意義や重要性を持つようになったということは，こうした調査結果からも読み取れます。家族社会学者の森岡清美は，家族を「成員相互の深い感情的関わりあいで結ばれた，幸福(Well-being)追求の集団」(森岡・望月1997)であると論じましたが，結婚することや家族をもつことは，個人の「幸せ」，あるいは「不幸せ」にどのように影響するのでしょうか。

日本を含む先進国における既存研究を整理した筒井(2019)によれば，①結婚している人はしていない人より幸福度が高い，②一般に個人の幸福感にはセットポイントがあり，結婚によって幸福度は上昇するが，次第に低下して元の水準に戻っていく傾向がある，③性格や社会経済的な属性が似た者が結婚する傾向(同類婚と呼ばれます)があり，似たもの夫婦ほどより幸福である，といった知見が明らかにされているようです。ただし，なぜ結婚によって幸福度があがるのかについては，まだ十分には解明されていないようです。

一方で，近年は日本でもDV(ドメスティック・バイオレンス)や子ども虐待といった家族間における暴力が社会的な問題として認知されるようになり，結婚や家族が必ずしも，あたたかな愛情に満ちた「幸せ」をもたらすとは限

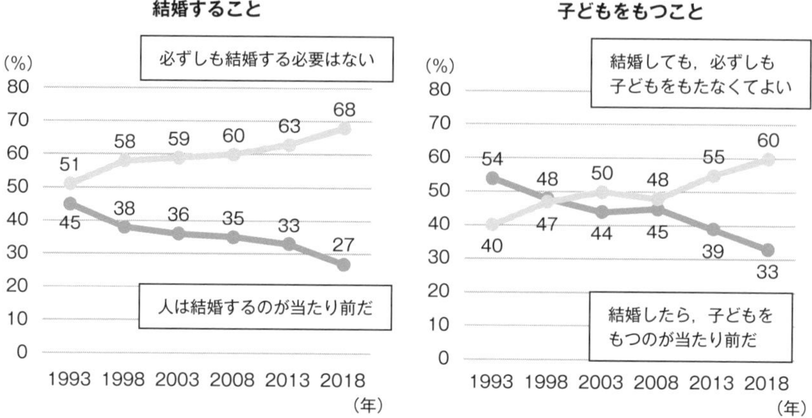

図 8-12　結婚と子どもをもつことに関する意識（世論調査）

（出典）　NHK 放送文化研究所（2019）「第 10 回『日本人の意識』調査　結果の概要」より筆者作成。

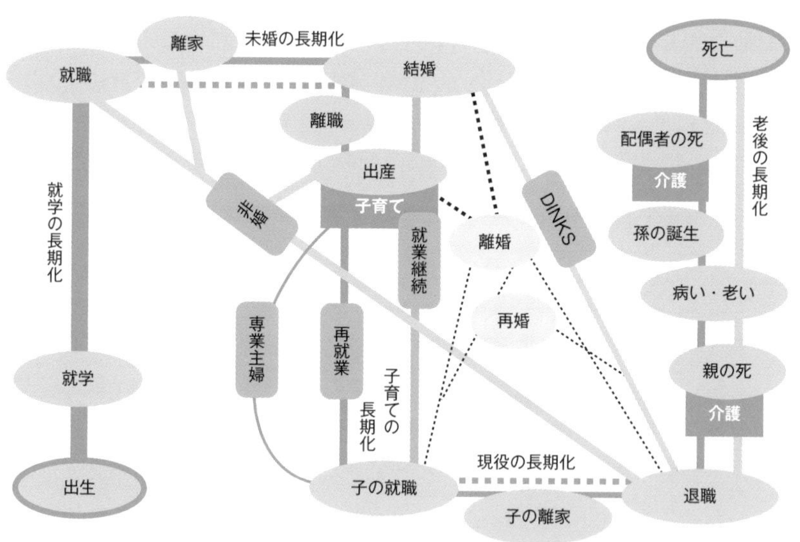

図 8-13　ライフコースの多様な分岐イメージ（女性の場合）

（出典）　筆者作成。

らないことが明るみになりました。親密な関係におけるDVには，身体的なものだけではなく，心理的，経済的，性的な暴力もあり（図8-11），子ども虐待と一体で起こることも少なくありません。恋愛結婚の主流化に加え，男性優位的な社会構造やジェンダー意識がある社会では，愛情で深く結ばれていると“信じられている”パートナー（夫婦・恋人）間や家族間，家庭内で起こることは“私的なこと”としてみなされやすいため，第三者からは分かりにくく，また当事者自身がDVの被害を訴えたり抜け出したりすることが難しいとされます（大庭 2009）。

人生100年時代のライフコースと幸せ

かつてのように，女性が夫や親族から扶養されずに自力で稼いで生活をしていくことが難しく，子どもを産み育てることが「女性の務め」とみなされていた時代には，女性にとって結婚は何よりの「幸せ」であると考えられてきました。しかし，女性の就業化が進み，未婚や離婚も珍しくなくなった現在では，結婚することや子どもを産むことを当然視する社会意識にも変化がみられています（図8-12）。他方で，国立社会保障・人口問題研究所（2015）の調査では，既婚者よりも未婚者の方が「生涯独身は望ましい生き方ではない」という考えへの賛成割合が高く，近年増加傾向にあります。未婚という現実に対する当事者の切実さがうかがわれる結果ではありますが，独身に対する世間的な許容度が高まっていることは，自発的に未婚や非婚を望む人にとっては，より幸せに生きやすい社会への変化といえるかもしれません。

結婚や出産といったライフイベントや子育て期といったライフステージを経験しない人は今後ますます増えていくでしょう（図8-13）。また，平均寿命が男女とも過去最長を更新し続けている一方で三世代同居が減り続けている日本社会では，有子・既婚者であっても，人生後半の老年期に配偶者との熟年離婚や死別，子どもとの別居などによって「おひとりさま」になる人が多数派となります（上野 2011）。長い人生を生き抜くには，様々な生活課題を乗り越えねばなりませんが，人生100年時代には，若い時に恋愛結婚した“運命の人”と一生添い遂げる“happily ever after”の結末以外にも，多様な幸せのかたち，人生の物語が増えていくのではないでしょうか。

考えてみよう　調べてみよう

1. 落合恵美子(2004)『21世紀家族へ　第3版』有斐閣。
2. 筒井淳也(2016)『結婚と家族のこれから―共働き社会の限界』光文社。
3. 阪井裕一郎(2021)『事実婚と夫婦別姓の社会学』白澤社。
4. 牟田和恵・岡野八代・丸山里美(2021)『女性たちで子を産み育てるということ―精子提供による家族づくり』白澤社。
5. 久保田裕之(2011)「家族社会学における家族機能論の再定位―〈親密圏〉・〈ケア圏〉・〈生活圏〉の構想」『大阪大学大学院人間科学研究科紀要』37：77-96頁。

1. 個人が結婚をしたい，あるいはしたくないと考えるのには，どのような理由があるでしょうか？ 結婚のメリットとデメリットとして考えられるものをそれぞれ挙げてみましょう。
2. 今の日本社会で，結婚をしないで(単身で)生きていくことは簡単なことだと思いますか？ そう思う/思わない理由について，他の人と意見交換してみましょう。
3. 結婚する・しないを問わず，個人が「幸せ」に暮らすためにはどのような社会制度や社会環境が必要でしょうか？

引用文献

池田晴奈(2020)「民法750条の夫婦同氏制と憲法上の諸問題」『同志社法学』72(4)：829-852頁。
上野千鶴子(2011)『おひとりさまの老後』文藝春秋。
大庭絵里(2009)「ドメスティック・バイオレンスの問題化と潜在化」『神奈川大学国際経営論集』38：115-122頁。
落合恵美子(2004)「歴史的に見た日本の結婚―原型か異文化か」『家族社会学研究』15(2)：39-51頁。
厚生労働省(2019)「2019年　国民生活基礎調査の概況」。
厚生労働省(2021)「令和3年度　出生に関する統計の概況」。
筒井義郎(2019)「結婚と幸福：サーベイ」『行動経済学』12：1-14頁。
法務省(2022)「選択的夫婦別氏制度(いわゆる選択的夫婦別姓制度)について」https://www.moj.go.jp/MINJI/minji36.html(2022.4.5)。
森岡清美・望月嵩(1997)『新しい家族社会学』培風館。
山田昌弘(2019)『結婚不要社会』朝日新聞出版。

第9章　キャリアとワーク・ライフ・バランス
家事・育児とジェンダー

この章で学ぶこと

本章では，キャリアとワーク・ライフ・バランスを中心に，職業キャリアとそれ以外の側面を含めたライフキャリアについて考えていきます(家事・育児に関する事例の紹介が多くなります)。私たちは置かれている状況や条件による様々な制限・影響を受けた上で，自分自身の人生を生きています。社会学を学ぶことは，そのような制限や影響には何があるかを知り，必要があれば，それらを乗り越え変化をおこす方法を考えることにつながります。本章で学ぶことをヒントに，自身と周りの人のウェルビーイングと人生について，複数の観点から考えてみましょう。

キーワード：キャリア，職業キャリア，ライフキャリア，ワーク・ライフ・バランス，家事，育児，性別役割分業

1節　キャリアとは
- キャリア
- 職業キャリアとライフキャリア
- 女性のライフコースと男性のライフコース

2節　ワーク・ライフ・バランス
- ワーク・ライフ・バランスとは
- 長時間労働
- 産前産後の就業経歴の変化と育児休業
- ワーク・ライフ・ファシリテーション

3節　性別役割分業
- 家事・育児は労働か
- 性別役割分業
- 性別役割分業に対する２つの考え方
  —機能主義とフェミニズム—

4節　子育てとライフキャリア
- セカンド・シフト，役割葛藤
- 男性の育児への関わり
- 育児の社会化
- 社会学を学び，人生について考える

コラム 9-1　キャリア（狭義のキャリア）

キャリア career：個人が一生の間にたどる職業上の経歴。もともとは一生続く専門職的な職業，あるいは官吏のように徐々に昇進していく職業上のコースを意味する。→キャリア形成

キャリア移動 career mobility：個人が職業上たどっていく経歴上の移動のこと。キャリアには，一つの職業分野のなかで昇進していく場合もあれば，社会的地位はそのままで他の職業に移ったり，社会的地位が上がったり，あるいは下がったりするような他の職業に移る場合もある。→職業移動；水平的社会移動；垂直的社会移動；地位達成

（出典）　濵嶋朗・竹内郁郎・石川晃弘編（2005）『社会学小辞典　新版増補版』有斐閣，113 頁。

コラム 9-2　職業キャリアとライフキャリア

キャリアという言葉は，日常的にもさまざまな場面で使われているが，同時に，多様な学問領域において出会う学際的な言葉でもある。

（中略）

筆者自身は，キャリアを「職業キャリア」と言い換えることが多い。それは「個人の過去から未来につながる職業の連鎖」といった意味合いである。教育社会学でも，キャリア教育に関連する研究領域では，職業に限定せず，より広く生き方の履歴といった意味をキャリアに持たせることが多く，これはライフキャリアとか，広義のキャリアと言い換えうる。これに対比するなら，筆者が意識してきたキャリアは狭義のキャリアということになる。

（出典）　小杉礼子（2017）「キャリアとは―社会学の観点から」『日本労働研究雑誌』681，75 頁。

1　キャリアとは

この節で学ぶこと：キャリアは職業面での経歴をさす職業キャリアだけでなく，より広く職業以外の人生のさまざまな側面を含めたライフキャリアを含めることができます。皆さんはどのようなキャリアを選び，どのような人生を過ごしたいでしょうか。本節では，キャリアについて考える複数の観点について学びます。
キーワード：キャリア，職業キャリア，ライフキャリア，ライフコース

キャリア

コラム9-1で引用した社会学の辞典によれば，キャリアとは個人が一生の間にたどる職業上の経歴のことを指すようです。これによれば，もともとは専門的な職業や官僚のように徐々に昇進していく職業上のコースを意味します。今でも報道などで国家公務員の一部を「キャリア官僚」などということがあるかもしれません。もうあまり使われないかもしれませんが，一つの仕事を続け，成功している女性を「キャリア・ウーマン」ということもあります。キャリアのこれらの用法は，一つの職業や職場の中で経験を積み，役職や地位を上昇させていくことをイメージさせます。

ただし，このように一つの職業や職場の中だけで，役職や地位が上昇するのみという人生を過ごす人だけではないでしょう。例えば，転職，離職，再就職，休職や復職など，キャリアには様々な移動もつきものです。また，一つの職業や職場の中でも，上昇だけではなく，停滞(あるいは安定)や下降などの移動もあります(上昇や下降はどの観点から評価するかにもよります)。

職業キャリアとライフキャリア

また，コラム9-2や9-3で指摘されているように，人生を通して考えると，キャリアを職業に限定する定義は狭い気がします。コラム9-2で小杉礼子は，職業面でのキャリアを「職業キャリア」(狭義のキャリア)，人生のそれ以外の側面を含めたより広いキャリアを「ライフキャリア」(広義のキャリア)と呼んでいます(小杉 2017：75)。本章では両者を考えていきましょう。

アメリカのドナルド・スーパー(Super, D., 1980)によれば，ライフキャリ

コラム 9-3　多義的な意味で使われるキャリアという用語

「職業活動を含めた人の一生」を連想させるキャリアという用語は，英語(career，発音はカリアに近い)に由来する。ラテン語における車輪のついた乗物(carrus)向けの車道(carraria)が語源で，比喩的に職業や人生の経路，経歴なども意味するようになった。イタリア語(carriera)，フランス語(carriere)などを経て英語に入るが，この語の社会や学術での用例は，人びとの多種多様な役割や状況に応じ，柔軟かつ弾力的に使われており，きわめて多義的である。

(中略)

労働力の逼迫やキャリア形成への関心の高まりという追い風もあり，企業に人事権がある一方，労働者にはキャリア権があり，両者間での調整こそがもっと必要なのではないかとのバランス論が受け容れやすくなってきているのかもしれない。

(出典)　諏訪康雄(2017)「キャリアとは―法学の観点から」『日本労働研究雑誌』681：67-68 頁。

コラム 9-4　『82 年生まれ、キム・ジヨン』

「私も先生になりたかったんだよねえ」

お母さんというものはただもうお母さんなだけだと思っていたキム・ジヨン氏は，お母さんが変なこと言ってると思って笑ってしまった。

「ほんとだよ。国民学校のときは，五人きょうだいの中で私がいちばん勉強ができたんだから。上の伯父さんよりできたんだよ」

「それなのに，どうして先生にならなかったの？」

「お金を稼いで兄さんたちを学校に行かせなくちゃいけなかったから。みんなそうだったんだよ。あのころの女の子は，みんなそうやってたの」

「じゃあ，今，先生になれば？」

「今は，お金を稼いであんたたちを学校に行かせなくちゃいけないでしょ。みんなそうだよ。このごろのお母さんは，みんなそうやってるの」

(出典)　チョ ナムジュ著(2016)，斎藤真理子訳(2018)『82 年生まれ、キム・ジヨン』筑摩書房，31-32 頁。

アは一人の人の人生を通じた役割の組み合わせと連続として定義できます。役割には子ども，生徒(学生)，余暇人，市民，労働者，配偶者，主婦(主夫)，親，退職者という主に9つが考えられます。私たちはこれらのいくつかを，また時には複数の役割を同時に果たしているかもしれません。

女性のライフコースと男性のライフコース

ライフコースは，目黒依子によれば，「年齢別の役割や人生の出来事を経て個人が歩む道(軌跡)」のことです(目黒 2002：243)。さらに目黒によれば，女性のライフコースは，人々の意識や社会制度，政策などに潜むジェンダー観によって影響され，女性の生き方が娘・妻・母という地位とそれに付随する役割の連続である場合，父・夫・息子のライフコース・パターンに適合するかたちで展開されるといいます(目黒 2002)。

例えば，妻が夫の転勤に伴って離職する，出産・育児のために休職するなどのケースがあるでしょう。また，日本でも話題になった韓国の小説『82年生まれ、キム・ジヨン』では，主人公である娘にお母さんが，自分は先生になりたかったのだけど，兄や子ども，家族のために進学できなかったと話すシーンがあります(コラム 9-4)。これらの例からは，女性のライフコースが自分以外の家族の影響を受けやすく，そこにはジェンダー観が関係しているという指摘があてはまりそうです(具体的な例が思い浮かぶ人は考えてみてください)。一方，男性のライフコースも他人や社会からの影響と無縁ではありません。例えば，働き盛りと言われる世代の男性の長時間労働や過労死の背景には，男性が家族を養うべき(男性稼ぎ手モデル)というジェンダー観が指摘できます。すぐに辞めた方が良いと客観的には思える職場でも，このようなジェンダー観とそれにもとづく生活があれば簡単に辞められるものではありません。ジェンダー観は人々の意識の中だけでなく，職場の制度や慣習，国の政策などとも相互に関連し，相互に強化しあっています。

キャリアをどのようなものにするかの選択は，私たち個人がその時に与えられている環境のもとで自身の選択によって行います。ただ，上記の例を見るだけでも，この選択が全く自由に行われるのではなく，私たちが置かれている状況や条件によって，様々な制限や影響を受けていることがわかります。

コラム 9-5　仕事と生活の調和が実現した社会の姿

1　仕事と生活の調和が実現した社会とは，「国民一人ひとりがやりがいや充実感を感じながら働き，仕事上の責任を果たすとともに，家庭や地域生活などにおいても子育て期，中高年期といった人生の各段階に応じて多様な生き方が選択・実現できる社会」である。

具体的には，以下のような社会を目指すべきである。

①　就労による経済的自立が可能な社会

経済的自立を必要とする者とりわけ若者がいきいきと働くことができ，かつ，経済的に自立可能な働き方ができ，結婚や子育てに関する希望の実現などに向けて，暮らしの経済的基盤が確保できる。

②　健康で豊かな生活のための時間が確保できる社会

働く人々の健康が保持され，家族・友人などとの充実した時間，自己啓発や地域活動への参加のための時間などを持てる豊かな生活ができる。

③　多様な働き方・生き方が選択できる社会

性や年齢などにかかわらず，誰もが自らの意欲と能力を持って様々な働き方や生き方に挑戦できる機会が提供されており，子育てや親の介護が必要な時期など個人の置かれた状況に応じて多様で柔軟な働き方が選択でき，しかも公正な処遇が確保されている。

（出典）　内閣府男女共同参画局仕事と生活の調和推進室（2022）「仕事と生活の調和（ワーク・ライフ・バランス）憲章」『「仕事と生活の調和」推進サイト―ワーク・ライフ・バランスの実現に向けて』，3-4 頁，http://wwwa.cao.go.jp/wlb/government/pdf/charter.pdf（2022.2.17）。

2　ワーク・ライフ・バランス

この節で学ぶこと：ワーク・ライフ・バランスとは仕事と生活の調和のことです。ワーク・ライフ・バランスがとれないと，その人，また社会全体にどのような問題があるでしょうか。ワークとライフを両立すること，さらにワークとライフ双方が好影響を与え合うような状況はどのように可能になるでしょうか。

キーワード：**ワーク・ライフ・バランス，長時間労働，育児休業，ワーク・ライフ・ファシリテーション**

ワーク・ライフ・バランスとは

ワーク・ライフ・バランス(Work Life Balance：WLB)とは，仕事(ワーク)と生活(ライフ)の調和(バランス)のことを指します。日本でも2007年に経済界，労働界，地方公共団体の代表者，有識者，関係閣僚による「仕事と生活の調和推進官民トップ会議」により，「仕事と生活の調和(ワーク・ライフ・バランス)憲章」(コラム9-5)と「仕事と生活の調和推進のための行動指針」が策定されています(仕事と生活の調和連携推進・評価部会・仕事と生活の調和関係省庁連携推進会議2021：6)。このようにWLBの実現が取り組まれている背景には何があるでしょうか。

皆さん自身や身近な周りの方の状況を思い浮かべてみてください。バランスは取れていると思いますか。また，そもそもどのような状況であればバランスが取れている(取れていない)と言えるでしょうか。

長時間労働

イギリスの2019年の映画で，ケン・ローチ監督の『家族を想うとき』という映画があります。主人公は16歳と12歳の子の父で妻と4人暮らしです。冒頭で彼は宅配トラックを購入し，個人事業主(フランチャイズ)の宅配ドライバーとして仕事を始めます。一日中，指定時間に追われながら宅配先に配達を行いますが，宅配先が不在なこともあります。この映画のタイトルは英語で“Sorry We Missed You”ですが，私が訳せば「残念ですがご不在でお会いできませんでした。再配達は…」といったところでしょうか。そして，朝から晩まで働く彼は家族との時間を全くとれず，家族間のコミュニケー

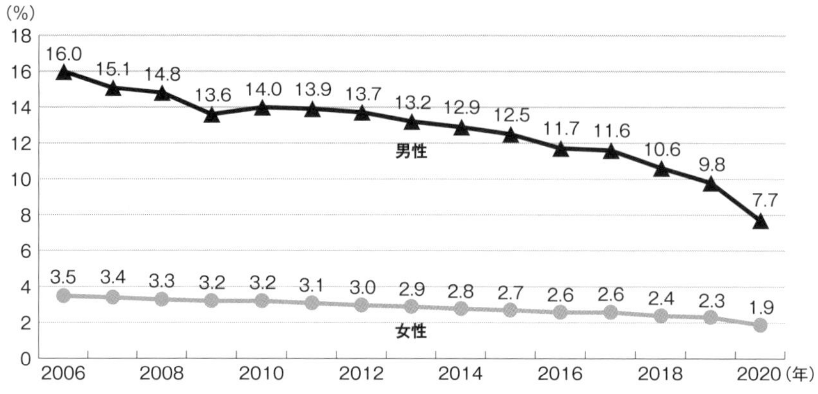

図 9-1　週労働時間 60 時間以上の雇用者の割合

（注）　元データは総務省「労働力調査（基本集計）」。非農林業雇用者（休業者を除く）総数に占める割合。2011 年の割合は岩手県，宮城県及び福島県を除く全国の結果。

（出典）　仕事と生活の調和連携推進･評価部会・仕事と生活の調和関係省庁連携推進会議（2021）『仕事と生活の調和（ワーク・ライフ・バランス）総括文書 2007-2020』内閣府仕事と生活の調和推進室，20 頁から筆者作成。

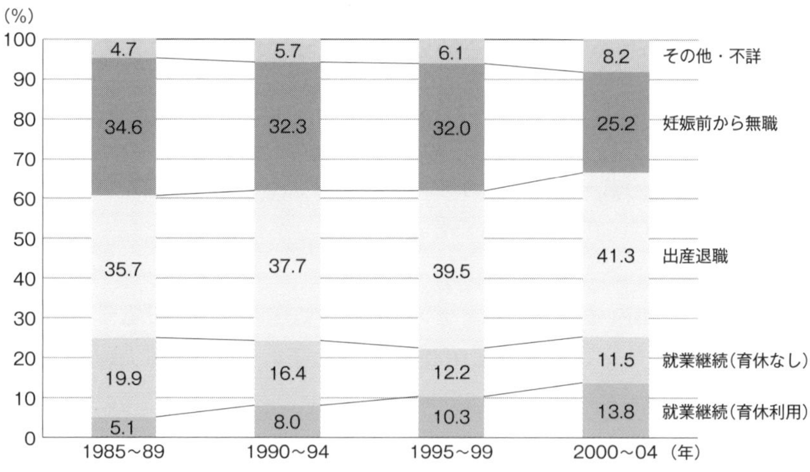

図 9-2　子どもの出生年別，第 1 子出産前後の母親の就業経歴の構成

（注）　元データは国立社会保障・人口問題研究所「出生動向基本調査」2005 年。第 1 子妊娠前の就業状況と第 1 子 1 歳児の就業状況。

（出典）　仕事と生活の調和連携推進･評価部会・仕事と生活の調和関係省庁連携推進会議（2021）『仕事と生活の調和（ワーク・ライフ・バランス）総括文書 2007-2020』内閣府仕事と生活の調和推進室，6 頁から筆者作成。

ションや関係も悪くなっていきます。原題のタイトルには「不在届」という意味と，家族から彼への気持ち(また作り手，観客，社会から彼への気持ち)をくみ取ることができるかもしれないと私は思いました。興味のある方は見てみてください。

日本のデータを見てみましょう。左の図9-1は週労働時間60時間以上の雇用者の割合です。60時間を7日で割ると8.6時間，5日で割ると12時間です。年々その割合は減っていますが，一定数以上の人が長時間労働をしていることと，男女差が大きく男性の長時間労働が多いことがわかります。

産前産後の就業経歴の変化と育児休業

図9-2は一人目の子が生まれた前後で，どのようにその女性の働き方が変化したか，就業経歴の変化をまとめたものです。2000〜2004年でも出産退職が41.3%と多いことがわかります。就業継続(育休利用)も増えてはいますが，まだ少数派のようです。育休とは育児・介護休業法に定められている育児休業のことで，産前・産後の休暇(休業)とは別にとることができるものです。もちろん男性も取ることができます。育休は休業なので，その間の給与がどうなるかが心配かもしれません。職場からの給与ではないですが，国の雇用保険から育児休業給付が休業前の67〜50%給付されます(2022年現在)。これらの制度は，基本的には拡充する方向で整備されています。介護休業など関連する制度とあわせて，ぜひ最新の情報を調べてみてください。

ワーク・ライフ・ファシリテーション

加藤容子によれば，仕事と家庭の葛藤であるワーク・ファミリー・コンフリクトにも仕事から家庭へ，逆に家庭から仕事へという2方向を考えることができ，葛藤とは逆に仕事から家庭へ，家庭から仕事へという2方向での好影響であるワーク・ライフ・ファシリテーションを考えることができます(加藤 2014)。

仕事が家庭生活を含む生活に好影響を与え，生活が仕事に良い影響を与えあうワーク・ライフ・ファシリテーションの考え方は重要かもしれません。これにはどのような状況が考えられ，またどうすればそれが可能でしょうか。

コラム 9-6　無償労働(無賃労働)の貨幣評価

◆ 無償労働の貨幣評価額＝1 人当たりの無償労働時間×時間当たり賃金×人口

◆ 機会費用法(Opportunity Cost method：OC 法)：無償労働を行うことにより，市場に労働を提供することを見合わせたことによって失った賃金(逸失利益)で評価する方法。

◆ 代替費用法スペシャリスト・アプローチ(Replacement Cost method, Specialist approach：RC-S 法)：家計が行う無償労働を，市場で類似サービスの生産に従事している専門職種の賃金で評価する方法。

◆ 代替費用法ジェネラリスト・アプローチ(Replacement Cost method, Generalist approach：RC-G 法)：家計が行う無償労働を，家事使用人の賃金で評価する方法。

(出典)　経済社会総合研究所国民経済計算部(2009)『無償労働の貨幣評価の調査研究　概要版』，2 頁から筆者作成。

表 9-1　一人当たりの無償労働の貨幣評価額(性別・就業形態別・配偶関係別・2006 年)

(単位：千円)

		機会費用法	代替費用法スペシャリスト・アプローチ	代替費用法ジェネラリスト・アプローチ
女性	女性全体	1,864	1,581	1,349
	有業有配偶	2,128	1,731	1,481
	無業有配偶	3,002	2,555	2,183
	有配偶以外	851	771	654
男性	男性全体	482	327	259
	有業有配偶	467	293	226
	無業有配偶	872	658	529
	有配偶以外	347	246	199

(出典)　経済社会総合研究所国民経済計算部(2009)『無償労働の貨幣評価の調査研究　概要版』，11 頁から筆者作成。

3　性別役割分業

この節で学ぶこと：近代以降の社会では，生産労働は男性に，再生産労働は女性によって担われるという家族内でのジェンダーによる分業(性別役割分業)が広まりました。労働は生産労働と再生産労働に分けて考えることができ，家事・育児は再生産労働に該当します。性別役割分業について，機能主義とフェミニズムという2つの対立する考え方を紹介します。

キーワード：性別役割分業，生産労働，再生産労働，機能主義，フェミニズム

家事・育児は労働か

ここで，家事や育児をしている専業主婦(主夫)は働いているのか考えてみましょう。自身が家事の大変さを感じているので，働いているという人，一方で給与はもらわないので，働いていないという人もいるでしょう。

計算上の話ですが，家事・育児などの無償労働を金銭的価値に換算する試みもあります。いくつかの換算方法がありますが，表9-1では2006年の女性の無業有配偶，つまり専業主婦の無償労働は，3つの方法それぞれで年間300万円2千円，255万5千円，218万3千円程度となりました。多いでしょうか，少ないでしょうか。もしかすると，このような計算自体に違和感のある人もいるかもしれません。家事や育児は愛する家族のためのもので労働ではないし，ましてやお金に換算できるものではないと。

ただし，上野千鶴子がいうように，家事は有用で不可欠でありながら，対価の支払われない不払い労働だと捉えることができます(上野2009，コラム9-7)。家事や育児と愛についても，章末にあげた大日向(2015)，ダラ=コスタ(1978＝1991)などを参考に考えてみてください。

性別役割分業

家事や育児，また介護などのケア労働は，生産労働に対する再生産労働だということができます。そして，近代以降の社会では男性が生産労働・賃労働，女性が再生産労働・無賃労働を担うことが多くなりました。このようなジェンダーによる分業を，性別役割分業，性(別)役割分担といいます。落合

コラム 9-7　家事労働

だが「家事労働」の概念は，女性に，理論的な武器を与える。家事労働は，金になろうとなるまいと，労働にはちがいなく，主婦がやらないとなれば誰かに代行してもらわなければならない。その意味で「有用で不可欠」な労働でありながら，女性に対してどんな法的・経済的な補償も与えられず，無権利状態におかれているとなれば，これは不当に報酬の支払われない「不払い労働 unpaid labor」だということになる。

（中略）

「愛」とは夫の目的を自分の目的として女性が自分のエネルギーを動員するための，「母性」とは子供の成長を自分の幸福と見なして献身と自己犠牲を女性に慫慂（しょうよう）することを通じて女性が自分自身に対してはより控えめな要求しかしないようにするための，イデオロギー装置であった。女性が「愛」に高い価値を置く限り，女性の労働は「家族の理解」や「夫のねぎらい」によって容易に報われる。

（出典）　上野千鶴子（2009）『家父長制と資本制―マルクス主義フェミニズムの地平』岩波書店，48-49 頁。

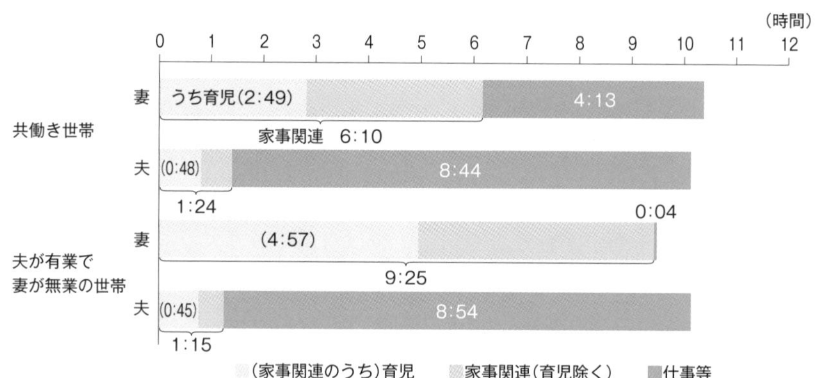

図 9-3　6 歳未満の子を持つ妻と夫の育児・家事・仕事等の時間（2016 年）

（注）　元データは総務省「社会生活基本調査」2016 年。数値は夫婦と子供の世帯における 6 歳未満の子どもを持つ妻・夫の 1 日当たりの家事関連（うち育児）時間と仕事等時間（週全体平均）。家事関連時間：家事，介護・看護，育児，買い物の合計時間。仕事等時間：仕事，学業，通勤・通学時間の合計時間。

（出典）　仕事と生活の調和連携推進･評価部会・仕事と生活の調和関係省庁連携推進会議（2021）『仕事と生活の調和（ワーク・ライフ・バランス）総括文書 2007-2020』内閣府仕事と生活の調和推進室，58 頁。

(1989)によれば，この性別役割分業は近代家族の特徴の1つです。

図9-3は小さな子を持つ「共働き世帯」と「妻が専業主婦の世帯」の育児，家事，仕事等の時間の配分をみたものです。夫は仕事等の時間が長いこと，専業主婦が多くの時間を育児と家事に使うこと，また共働き世帯でも妻が育児と家事の大部分を担っていることがわかります。

性別役割分業に対する2つの考え方―機能主義とフェミニズム―

社会学者アンソニー・ギデンズ(Giddens, A., 2006＝2009)によれば，性別役割分業には社会学の中でも機能主義とフェミニズムという2つの考え方があります。ギデンズを参考に2つを対比させてまとめましょう。機能主義では，社会には個人が占める地位と，地位に付随して期待される役割があると考えます。野球でいえば，地位はピッチャーなどのポジション，役割はポジションに期待されるプレーです。9人がそれぞれのポジションでプレーし，チームとして勝利を目指します。タルコット・パーソンズ(Parsons, T.)らは家族内にも地位と役割があり，夫が主に手段的(道具的)役割，妻が主に表出的(情愛的)役割を担うと考えます。機能主義では，性別役割分業には相補性があり，社会秩序の永続性にも役立つと考えます。

一方で，フェミニズムはこの考えを批判します。まず，家族内でも家族間で対立や不平等があると考えます。例えば，夫のみが働き給与を得る家族の場合，給与は夫の口座に入り，夫婦間で経済的に不平等な力関係が生まれる可能性があります。妻がお金を握る家族もありますが，関係が悪くなった場合や離婚も含めて考えてみてください。経済的に不平等な力関係は，不本意な結婚の継続や暴力(DV)など他の問題とも無関係ではありません。さらに，フェミニズムではこの家族内の男女の不平等が社会全体の男女の不平等とつながっていると考えます。

2つの考え方には視点・立場の違いがあると私は考えます。機能主義は社会全体から，フェミニズムは個々の家族と家族内の個人の視点から家族を見ています。ある一つの同じ家族についても夫と妻と立場が変われば異なる評価がされるかもしれません。さらに時代の観点も重要です。ある時代に適合的であると評価できる家族モデルが，常に適合的だとは限りません。

コラム 9-8　とうめい人間

このごろお父さんは
とうめい人間
ぜんぜん見えない
会社で
とうめい人間目グスリをさす
そうすると体がきえて見えなくなる
だいたい
十時間ぐらいもつ
はやく
目ぐすりのききめが
きれてほしい
お父さんのすがたが見たい
（福島県いわき市汐見が丘小学校六年　福原武彦）

（出典）　青い窓の会(1987)『お父さんはとうめい人間―お父さんこっちむいて』光雲社，231 頁。

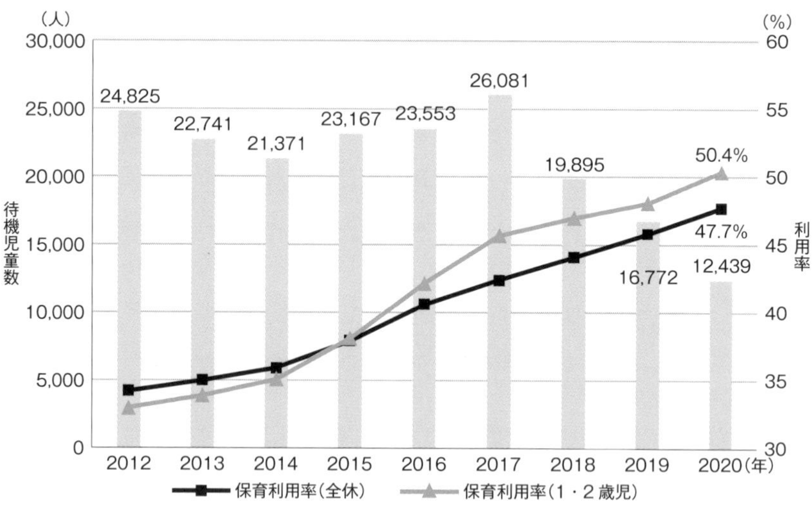

図 9-4　待機児童数と保育利用率

（出典）　厚生労働省(2020)「保育所等関連状況とりまとめ（令和 2 年 4 月 1 日）」https://www.mhlw.go.jp/content/11922000/000678692.pdf（2022.2.17），3 頁から筆者作成。

4　子育てとライフキャリア

この節で学ぶこと：日本でも共働き夫婦が増えているものの，子育ての負担は女性に偏っていることが指摘されています。男性もその負担を担うこと，負担を家族内で抱えるのではなく，社会全体で担うことも重要です。一方，待機児童問題など社会の課題は山積みです。ライフキャリアを充実させるため，個人・社会として必要なことは何か考えます。

キーワード：セカンド・シフト，役割葛藤，男性の育児への関わり，育児の社会化

セカンド・シフト，役割葛藤

アメリカの社会学者アーリー・ホックシールド(Hochschild, A., 1989＝1990)は，アメリカの共働き夫婦への調査から，働く妻が職場で仕事という第一の勤務をした後に，家に帰って家事や育児という第二の勤務(セカンド・シフト)を行っている状況を詳細に描きました。アルバイトに入ることをシフトとも言いますね。毎日，2つのシフトに入り続けるのは肉体的に精神的にも大変です。例えば小さな子を持ち働いている親は労働者と親という2つの役割を果たしていると考えられ，時には2つの役割への期待がぶつかることがあります(役割葛藤)。子どもが病気の時に休めない仕事がある。どちらかの役割が重要でないのなら良いですが，これは2つの役割がどちらも重要であればこその葛藤状況です。

男性の育児への関わり

日本でも共働きの家族が増えてきました。この場合，家事や育児は誰によってどのように担われていくのでしょうか。育児については，まず，父親である男性がもっと育児に関わり，負担を分かち合う方向が考えられます。コラム9-8では1987年と少し古いのですが，父親について子どもたちが書いた詩を集めた詩集から，小学生の書いた「とうめい人間」という詩を引用しました。お父さんが働く約10時間，その子にはお父さんの存在感が掴みきれないこと，そしてもっとお父さんと一緒に過ごしたい気持ちが描かれていると私は感じました。この詩集が発行されて30年以上経ちますが，現在

コラム 9-9　方法 1　自分自身を大切にする

最もしてはならないことは，すべてをやろうとして，最後に燃え尽きてしまうことである。世界をより良く変えていこうとする人は，最も大切なことを無視する傾向がある。それは自分自身の健康と幸福である。友人のアモルは，たとえ話の名手で，人生をガスレンジにたとえている。

10 代～20 代前半は，「友人」コンロを最大火力にし，「仕事」コンロはレベル 5 程度にする。20 代後半になると，キャリア形成を目指して「仕事」コンロの火力を 6，7，8 と上げていき，また「関係性」コンロもレベル 4，5，6 と上げていく。「友人」コンロは最高のままにしておきたいものの，突然親が病気になったり，自分の子どもができたりして，「家族」コンロの火が消えそうなくらいのレベル 1 まで落ちていたことに気づき，急いで「家族」コンロをレベル 6 か 7 まで上昇させ，その代わり「友人」コンロをレベル 3 に下げる。30～40 代になると，これら 4 つのコンロ(「仕事」「関係性」「友人」「家族」)すべてを可能な限り高く維持し続けようとする。しかし，そのうち突然 4 台とも，ガタガタ危険な兆候を示し始める。その時になってあなたは，これまで最も大切なものを当然のように使ってきたことに気づくのである。ガスレンジ。それはあなた自身である。あなた自身の健康である。すべてはその上に成り立っている。決して燃え尽きてはいけない。

(出典)　ボルトン著(2018)，藤井敦史・大川恵子・坂無淳・走井洋一・松井真理子訳(2020)『社会はこうやって変える！―コミュニティ・オーガナイジング入門』法律文化社，114-115 頁。脚注 1)～3)は省略。

の日本の家族の中で，父親はどのような存在になっているでしょうか。

育児の社会化

さらに，育児を家族内部だけに抱え込むのではなく，社会全体として行っていく方向が考えられます(育児の社会化)。保育所，幼稚園などのほか，地域の人が子育てを助けること，さらにお金を払って各種の育児サービスを利用することも該当します。育児は本当に大変ですから，自分や家族で担うだけでなく，家族の外部との連携を考える方が現実的かもしれません。

ただし，保育所だけをみても，図 9-4 で見るように保育所に預けたくても預けられない待機児童が深刻な問題として続いています。保育所の定員が追いついていないのです。2016 年には「保育園落ちた」が話題になりましたが，待機児童問題は何十年も前から現在まで大きな問題であり続けています。同じ日本でも，待機児童問題には地域差があり，近隣自治体でもかなりの差があります。図の出典である厚生労働省(2020)の資料には，待機児童数の多い自治体や定員を増やしている自治体の名前も出ています。また重要なこととして，ただ定員が増えれば良いわけでは当然ありません。子どもたちが安全に安心して，毎日を楽しく過ごせる場所である必要があります。

社会学を学び，人生について考える

本章では，キャリアとワーク・ライフ・バランスを中心に学んできました。家事と育児に関するテーマが多くなりましたが，ワーク・ライフ・バランスは，例えば結婚しない人生や子どもを持たない人生に無関係というわけではありません。ライフには子だけでなく親やきょうだいなどを含めた家族とのつながり，個人の趣味や勉強，地域や社会での活動なども含まれます。冒頭 1 節では，私たちが様々な制限や影響を受けた上で自分の人生を生きていると述べました。少し息苦しい感じがしたかもしれません。ただ，社会学を学び，その制限や影響の原因を知ることは，変化への可能性にもつながります。コラム 9-9 のガスレンジの例えは，著者が翻訳に加わったイギリスの社会運動についての本から引用したものです。無理せず自分自身を大切にしながら，自分自身と周りの人の人生を少しずつでもより良いものにしていく。本章や本書で学んでいることが，そのヒントになれば大変うれしく思います。

考えてみよう　調べてみよう

1. 大日向雅美(2015)『増補　母性愛神話の罠』日本評論社。
2. ダラ=コスタ著(1978)，伊田久美子訳(1991)『愛の労働』インパクト出版会。
3. 落合恵美子(1989)『近代家族とフェミニズム』勁草書房。
4. 加藤秀一(2017)『はじめてのジェンダー論』有斐閣。
5. 筒井淳也(2015)『仕事と家族』中央公論新社。

1. 身近な人のこれまでのキャリアを職業キャリアとライフキャリアに分け具体的に考えてください。また，あなたが希望するキャリアを考えてください。そのキャリアには自身と社会にどのような条件が必要でしょうか。具体的に考え，他の受講生と話してください。
2. あなたが好きな・嫌いな家事，得意・不得意な家事は何でしょうか。料理，後片づけ，洗濯，掃除，ゴミ捨て，買い物，お金の管理，そのほかにも家事には色々あるかもしれません。それぞれについて考えてください。
3. 子ども(0～6歳)の頃，幼稚園，保育所などに通っていたでしょうか。小学校の時は学童保育(放課後児童クラブ)に通っていたでしょうか。その時のあなたの家族構成や家族の働き方はどのようなものでしたか。忘れていれば家族に聞いてみてください。また，近所に幼稚園，保育所，保育園，子ども園，学童保育，児童館，それ以外の子育てに関する施設はありますか。これらの施設の違いや通っている子どもたちの違いを調べてみてください。

引用文献

加藤容子(2014)「ワーク・ライフ・バランス(Work-Life Balance)」日本キャリアデザイン学会監修『キャリアデザイン支援ハンドブック』ナカニシヤ出版，90頁。

ギデンズ著(2006)，松尾精文他訳(2009)『社会学第五版』而立書房。

小杉礼子(2017)「キャリアとは―社会学の観点から」『日本労働研究雑誌』681，75-77頁。

ホックシールド著(1989)，田中和子訳(1990)『セカンド・シフト第二の勤務―アメリカ 共働き革命のいま』朝日新聞社。

目黒依子(2002)「女性のライフ・コース」井上輝子・上野千鶴子・江原由美子・大沢真理・加納実紀代編『岩波 女性学事典』岩波書店，243頁。

Super, D. E., 1980, “A Life-Span, Life-Space Approach to Career Development,” *Journal of Vocational Behavior* 16: 282-298.

第 10 章　障がいとウェルビーイング
障害者の暮らし・学び・就労

この章で学ぶこと

障害がない人の中には，自分は障害と無縁，自分には関係がないと思っている人が多いのではないでしょうか。しかし，これまで一度も障害をもった人に出会ったことがない，見たことがないという人はおそらくいないでしょうし，気づかないだけで何かの障害を持った人が身近にいるかもしれません。また発達障害のように近年に障害ととらえられるようになったものもあります。

この章では日本における障害者数や障害がある人をとりまく状況をおさえ，障害者の就学，特別支援学校卒業後の進路や利用する福祉サービスなどについて学び，障害への理解を深めます。

キーワード：障害，相模原障害者殺傷事件，法定雇用率，障害者自立支援法

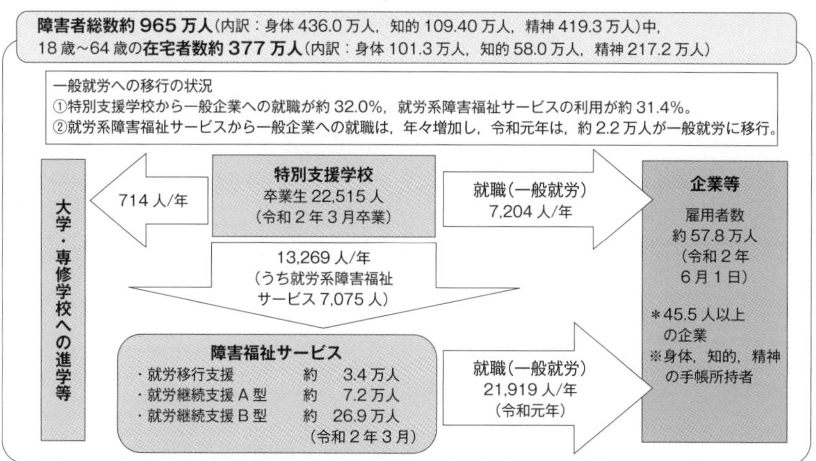

（出典）　厚生労働省社会・援護局障害保健福祉部障害福祉課「障害者の就労支援について」(令和 3 年)https://www.mhlw.go.jp/content/12601000/000797543.pdf (2022.5.31)より筆者作成。

コラム 10-1　障害者の定義

1.　障害者基本法

（定義）

第二条　この法律において，次の各号に掲げる用語の意義は，それぞれ当該各号に定めるところによる。

一　障害者　身体障害，知的障害，精神障害（発達障害を含む。）その他の心身の機能の障害（以下「障害」と総称する。）がある者であって，障害及び社会的障壁により継続的に日常生活又は社会生活に相当な制限を受ける状態にあるものをいう。

二　社会的障壁　障害がある者にとつて日常生活又は社会生活を営む上で障壁となるような社会における事物，制度，慣行，観念その他一切のものをいう。

2.　障害者基本法（旧法）

（定義）

第二条　この法律において「障害者」とは，身体障害，知的障害又は精神障害（以下「障害」と総称する。）があるため，継続的に日常生活又は社会生活に相当な制限を受ける者をいう。

表 10-1　身体障害の種類

視覚障害	—
聴覚・言語障害	聴覚障害 平衡機能障害 音声・言語・そしゃく機能障害
肢体不自由	肢体不自由（上肢） 肢体不自由（下肢） 肢体不自由（体幹） 肢体不自由（脳原性運動機能障害・上肢機能） 肢体不自由（脳原性運動機能障害・下肢機能）
内部障害	心臓機能障害 呼吸器機能障害 じん臓機能障害 ぼうこう・直腸機能障害 小腸機能障害 ヒト免疫不全ウイルスによる免疫機能障害 肝臓機能障害

（出典）厚生労働省社会・援護局障害保健福祉部『平成 28 年生活のしづらさなどに関する調査（全国在宅障害児・者等実態調査）結果』平成 30 年より筆者作成。

1　日本における障害者

この節で学ぶこと：障害者基本法の改正により「障害者」ととらえられる範囲が広がったこと，障害者数，在宅と施設入所者数など基本的事項をおさえ，日本にはどれくらいの障害者がいるのかをみていきます。
キーワード：障害者，障害者基本法，発達障害，社会的障壁

障害とは

2021 年から 2022 年にかけて，東京オリンピック・パラリンピック(夏季)および北京オリンピック・パラリンピック(冬季)が開催され，私たちは障害をもった選手の活躍を目にしました。表 10-1 に身体障害の種類をあげました。身体，目，耳などが不自由だと障害のあることがすぐにわかりますが，知的障害や精神障害，身体内部の障害は一見したところではわかりにくい障害です。例えば，心臓ペースメーカーを装着している人も障害者になります。

2011 年に改正された「障害者基本法」で「障害者」が定義されています。現行の条文と旧法をあげました(コラム 10-1)。比較するとわかるように精神障害に「発達障害」が含まれ，さらに「その他の心身の機能の障害」が加わり，障害だけでなく「社会的障壁」が日常生活や社会生活に制限を生み出すという視点が加わりました。発達障害は自閉症，アスペルガー症候群，注意欠如・多動性障害，学習障害などであり，「その他の心身の機能の障害」は難病や慢性疾患にともなう障害です(佐藤ほか 2020：33)。

現在，日本には障害があることを証明する手帳(障害者手帳)として「身体障害者手帳」，「療育手帳」，「精神障害者保健福祉手帳」がありますが，所持していなくても「障害者」とみなされるようになりました。

障害の原因は先天的なものもありますが，病気・事故や災害による怪我・ストレス・加齢など後天的な原因もあり，誰もがいつ障害者になるか，決して他人事ではありません。たとえば「高次脳機能障害」は事故で頭部を強打したり，脳出血などにより脳が損傷を受けることによる後天的な障害といえます。

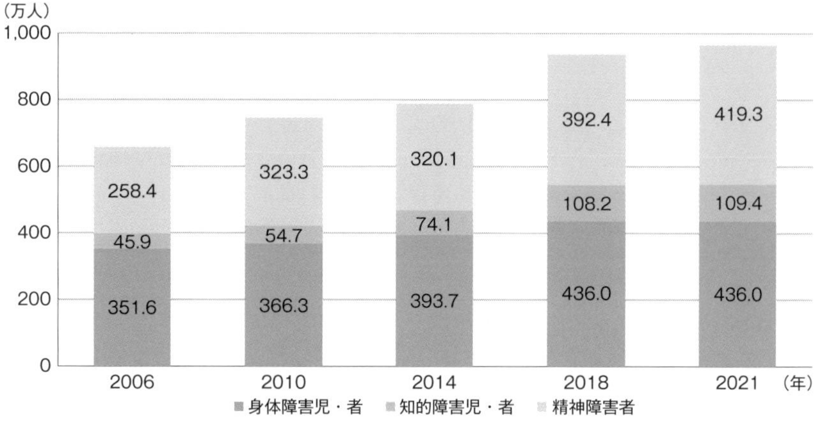

図 10-1　障害者数の推移

(注)「障害者」は 18 歳以上,「障害児」は 18 歳未満。
(出典)　内閣府『障害者白書』(平成 18 年版, 平成 22 年版, 平成 26 年版, 平成 30 年版, 令和 3 年版)より筆者作成。

表 10-2　年齢別・在宅／入所別の障害者・障害児別人数(2021 年)

(単位：万人)

		在宅者数		施設入所者数		総合計数
		人数	%	人数	%	
身体障害	総数	428.6	98.3	7.4	1.7	436.0
	18 歳未満	6.8	94.4	0.4	5.6	7.2
	18 歳以上	412.5	98.3	7.0	1.7	419.5
	不詳	9.3	100.0	—	—	9.3
知的障害	総数	96.1	87.8	13.3	12.2	109.4
	18 歳未満	21.4	95.1	1.1	4.9	22.5
	18 歳以上	72.9	85.7	12.2	14.3	85.1
	不詳	1.8	100.0	—	—	1.8
精神障害	総数	389.8	92.8	30.1	7.2	419.9
	20 歳未満	27.3	98.9	0.3	1.1	27.6
	20 歳以上	361.8	92.4	29.8	7.6	391.6
	不詳	0.7	100.0	0.0	0.0	0.7

(注)　精神障害の「在宅者数」は外来患者,「施設入所者数」は入院患者。
(出典)　内閣府「障害者白書」(令和 3 年度版)より筆者作成。

障害者の人数(推計)

現在，日本にはどれくらいの数の障害者がいるのでしょうか(図 10-1)。2021 年のデータで見ると，身体障害者・児 436 万人，知的障害者・児 109 万 4 千人，精神障害者 419 万 3 千人，合計 964 万 7000 人になります。これを人口千人当たりの人数にすると身体障害者は 34 人，知的障害者は 9 人，精神障害者は 33 人になります。重複障害の人もいるため厳密な数ではありませんが，国民のおよそ 7.6%が何らかの障害を持っていることになります(令和 3 年度版『障害者白書』)。

障害者数が年々増加傾向にある原因には，一つには高齢化があげられます。また前述のように，「障害者基本法」の改正によって，「障害者」と定義される範囲が拡大したことも影響しています。

表 10-2 は年齢別・在宅／入所別の障害者・障害児別人数です。身体障害者・知的障害者・精神障害者のいずれもその多くが，18 歳以上の成人であることがわかります。

在宅・施設入所別で見ると，いずれの障害者も在宅で暮らしている者がほとんどです(ただし，高齢者施設に入所している障害者は含まれず，グループホーム入居者は在宅に含まれる)。施設入所(入院)の割合を高い順から見ると，知的障害者 12.2%・精神障害者 7.2%・身体障害者 1.7%となり，年々減少しています。これは国の方針がノーマライゼーション(「障害のある人もない人も，互いに支え合い，地域で生き生きと明るく豊かに暮らしていける社会を目指す理念」厚生労働省 2021)や地域移行など脱施設化の方向にあるからです。しかし，脱施設化の方針とは裏腹に受け皿(グループホームなど)は十分でなく，障害者の多くは親やきょうだいと同居し，介助(介護)を受けています。障害者がまだ若いうちは親も若く体力があり，問題は顕在化しにくいですが，親は年老いていきます。第 2 節で述べるように「老障介護」(高齢の親が障害のある子どもを介護すること)をしている多くの親は，「親亡きあと」を心配しながら，介助(介護)を続けています。

コラム 10-2　相模原市の津久井やまゆり園における障害者殺傷事件

2016 年 7 月 26 日午前 2 時 10 分頃，神奈川県相模原市の知的障害者施設「津久井やまゆり園」に元職員の植松聖(さとし)死刑囚（当時 26 歳）が刃物をもって侵入し，就寝中だった入所者を襲い，入所者 19 人を殺害，宿直職員 2 人を含む 26 人に重軽傷を負わせた。直後に「自分がやりました」と一人で津久井署に出頭。2020 年 3 月に死刑が確定した（横浜地裁に再審請求。朝日新聞 2022.4.29）。

植松死刑囚は施設で働き始めた当初は友人に「今の仕事は自分にとって天職」と話していたが，やがて「意思疎通できない障害者はいても意味がない」，「税金を障害者に使うのは無駄」などと友人に話し，同僚にも「障害者はまわりの人を不幸にする。いない方がいい」と言うようになった。そして事件が起こる。犯行時，宿直職員を結束バンドで拘束し，別の職員を刃物で脅して居室を連れ回し，「話せるのか，話せないのか」と確認しながら意思疎通が難しい重度障害の入所者を選んで刺した。障害の重い入所者が狙われていることに気づいた職員は，機転を利かせて「話せます。（障害の程度は）軽いです」と答えたという。それでも 50 分ほどのあいだで 45 人の利用者・職員が襲われ，41-67 歳の男性 9 人，19-70 歳の女性 10 人の利用者が殺害された。

犯行の 5 か月ほど前の 2 月 15 日には，東京千代田区の衆院議長公邸に衆院議長宛の A4 用紙 3 枚の手紙を持参。手紙は事件を予告するとともに障害者の安楽死を進める法案を可決するよう求める内容だった。警視庁は神奈川県警に対応を依頼。18 日に「重度障害者の大量殺人を実行する」と話し退職，施設は県警に通報，19 日に医師の診断により精神保健福祉法に基づき緊急措置入院させたが，3 月 2 日に症状が緩和されたとして退院していた。

事件を受けて障害者団体などが声明を発する一方でインターネットの掲示板には犯人に賛同する意見や犯行を称賛する投稿が相次いで見られた。

表 10-3　近年の法定雇用率の変化

事業主区分	法定雇用率		
	2013 年 4 月～	2018 年 4 月～	2021 年 3 月～
対象事業主の範囲（従業員数）	50 人以上	45.5 人以上	43.5 人以上
民間企業	2.0%	2.2%	2.3%
国・地方公共団体	2.3%	2.5%	2.6%
都道府県等の教育委員会	2.2%	2.4%	2.5%

（出典）　厚生労働省・都道府県労働局・ハローワーク HP より筆者作成。

2　障害者にとって生きやすい社会か？

この節で学ぶこと：障害者を排除しようとする事件，できごとを取り上げ，日本において障害者がおかれた現状についてみていきます。
キーワード：相模原障害者殺傷事件，障害者雇用促進法，新型出生前診断，ダウン症

相模原障害者殺傷事件

現在の日本は障害者にとって生きやすい社会といえるでしょうか。残念ながらそうではなさそうです。障害者を排除しようとする事件，できごとは後を絶ちません。

近年もっとも社会に大きな衝撃を与えた事件は 19 人もの知的障害者が刺殺された「相模原事件」でしょう（コラム 10–2）。また残念ながら，親やきょうだいによる殺害・監禁も後を絶ちません（表 10–4）。これらは障害者に対する社会の偏見，十分とはいえない福祉制度，家族内に障害者がいる家族支援の未確立などにより引き起こされた悲劇といえます。介護者が病気で倒れたりしたら直ちに立ち行かなくようなぎりぎりの状態で，障害者介助（介護）を続ける家族は少なくありません（児玉 2020）。

障害者雇用の不正統計問題

障害者雇用促進法の障害者雇用率制度により，企業や国・地方公共団体は従業員に一定割合以上の障害者を雇用する義務が課せられています（表 10–3）。2021 年 3 月からは，従業員が 43.5 人以上の民間企業で，43.5 人あたり 1 人の障害者を雇用することが義務づけられました。企業が法定雇用率を満たしていなければ，原則として不足人数 1 人当たり月 5 万円を国に納付しなければなりません。また，国や地方公共団体はより積極的に障害者を雇用するように民間企業よりも高い法定雇用率が課せられています。ところが 2018 年に発覚した中央省庁における障害者雇用の水増し事件では，約 8 割の省庁において，障害が軽度で障害者手帳を所持しない職員を障害者とみなすなど，不適切な方法で法定雇用率を満たしていたことが明らかになりました。

表 10-4　親やきょうだいによる障害者殺害や監禁事件

1	2017 年 12 月 大阪 （寝屋川市）	自宅内に設置した広さ 1 畳ほどのプレハブ小屋に長女（14 歳頃に統合失調症を発症）を約 10 年間にわたり監禁，2017 年 1 月頃からは 1 日 1 食しか与えなかった。長女は衰弱により凍死（当時 33 歳）。体重は 19 キロだった。次女に促され，両親が自首。 （朝日新聞 2017.12～2018.1）
2	2018 年 1 月 愛知 （名古屋市）	父親が知的障害のある息子を殺害。父親は 10 年以上前に勤務していた会社での人間関係に悩み，うつ病を発症。病気を抱えながら派遣社員として働き，息子の面倒をみていた。 （朝日新聞デジタル 2019.9.14）
3	2018 年 4 月 兵庫 （三田市）	自宅敷地のプレハブ小屋内の檻に精神疾患がある長男（42 歳）を両親（母親は 2018 年 1 月に死去）が 20 年以上にわたり監禁。2 日に 1 度程度は自宅で食事させ，入浴させていたが，長男は腰が曲がり体をまっすぐに伸ばせず，片目は失明，もう片方もほとんど見えない状態だった。保護され，施設に入所。 （朝日新聞 2018.4～6）
4	2018 年 9 月 栃木 （日光市）	知的障害がある姉（66 歳）を 90 歳の母親が 1 人で介護してきたが，母親が認知症になり，将来を悲観した弟（61 歳）が姉と母親を殺害。当初は父親が姉と母親の介護をしていたが，2017 年末に死去。弟は仕事を辞めて妻とともに姉と母の介護にあたっていた。 （朝日新聞デジタル 2019.3.5）
5	2019 年 10 月 埼玉 （朝霞市）	軽度の知的障害とアスペルガー症候群の発達障害がある娘（当時 48 歳）を母親が殺害。娘は家事や身の回りのことをある程度自分ででき，障害者雇用枠で 10 年以上勤続。職場でのトラブルもなかった。母親は娘を殺害後，自らも手首を切ったが，死ねなかった。母親は事件の 6 年ほど前にうつ病の診断を受け，約 7 か月前にはがんの手術，5 日前に腰の圧迫骨折の診断を受けていた。 （毎日新聞・地方版 2021.3.23～24）
6	2020 年 7 月 京都 （京都市）	2 歳のときの病気により重度の知的障害を負った息子（当時 17 歳，支援学校高等部 2 年）を母親（54 歳）が殺害。母親自身もうつ病と極度の潔癖症などの強迫性障害を患っており，他人を家に入れることが難しく，支援につながらなかった。 （読売新聞 2021.12.14）
7	2021 年 4 月 大阪 （大阪市）	兄（当時 57 歳）が重度の知的障害のある弟（同 56 歳）を殺害し，自らも自殺。事件の 7 年ほど前に母親が死去し，兄は介護のため就労が困難として生活保護を受給しながら 1 人で弟の介護にあたっていた。弟は夜遅くまでテレビを見るなど昼夜逆転の生活だった。母親は生前，周囲に弟は「他人を受け入れられない」と話し，亡くなる前には兄に「（弟を）施設に入れないで」と話していた。 （読売新聞オンライン 2022.1.25）

新型出生前診断

2013年4月から新型の出生前診断(NIPT：Non-Invasive Prenatal Genetic Testing)が始まりました。胎児がダウン症かどうかを調べるには，これまで羊水検査・母体血清マーカー検査・超音波検査などがありましたが，流産の危険があったり，精度が低かったりと問題がありました。それに対して新型の出生前診断は血液採取だけで診断ができるうえ，精度が99.1%と高く，ダウン症候群のほか，13トリソミー(パトウ症候群)，18トリソミー(エドワーズ症候群)もわかります。妊婦の年齢が上がるほど胎児の染色体異常の確率が高くなるとされており，晩婚化が進むなかで新型出生前診断を受ける人が増えています。

2013年4月～2021年9月までに検査を受けた10万1218人のうち，陽性が確定した1397人の9割にあたる1261人が中絶をしました(朝日新聞2022.2.19)。新型出生前診断検査の広がりはダウン症などの障害に対する差別や偏見を助長する恐れがあり，また「命の選別」という問題もはらみます。

生産性・効率重視の社会

相模原での事件を受けて障害の当事者団体が相次いで声明を発表する一方で，インターネットの掲示板には事件を肯定したり，犯人を称賛したりする書き込みが相次ぎました。

現代社会は生産性や効率を重視します。だからといって生産性が低く，効率的にものごとを行えない人々を邪魔者として排除することが許されるのでしょうか。福島智(全盲ろう者，東京大学教授)は「障害者の生存を軽視・否定する思想とは，すなわち障害の有無にかかわらず，すべての人の生存を軽視・否定する思想」と述べています(毎日新聞 2016.7.28)。前節でも述べましたが，障害がない人はたまたま今のところ障害がないだけであり，障害がある人はその逆です。障害者が安心して暮らせる社会は，障害がない人も安心して暮らせる社会なのではないでしょうか。

各教科						道徳科	特別活動	自立活動
生活	国語	算数	音楽	図画工作	体育			

図 10-2　特別支援学校小学部(知的障害)の教育課程

（出典）文部科学省「知的障害のある児童生徒のための各教科に関連する資料」(平成28年)https://www.mext.go.jp/b_menu/shingi/chukyo/chukyo3/063/siryo/__icsFiles/afieldfile/2016/02/29/1367588_03.pdf(2022.6.30)，3頁。

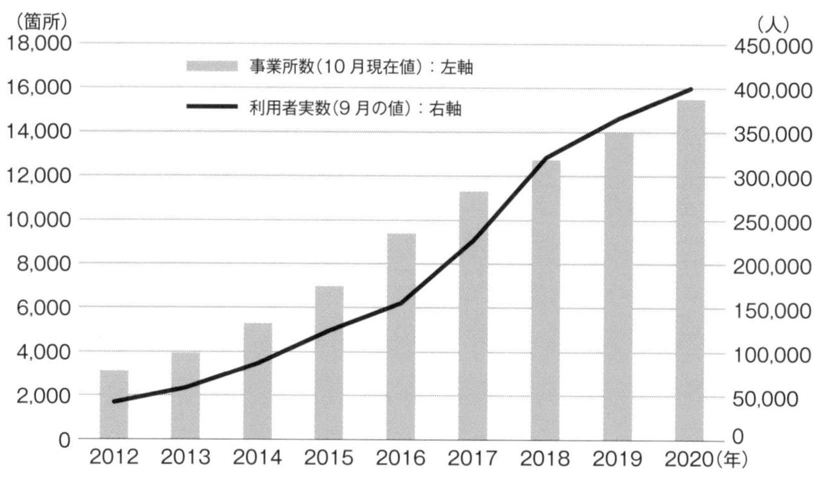

図 10-3　放課後等デイサービス事業所数と利用者数の増加

（出典）厚生労働省「社会福祉施設等調査：結果の概要」https://www.mhlw.go.jp/toukei/list/23-22c.html(2022.6.28)より筆者作成。

3　障害者の学び・仕事

この節で学ぶこと：障害のある児童・生徒の就学，特別支援学校卒業後の進路，卒業後に利用する福祉サービス，障害者の就労についておさえます。障害者の学童期・青年期についてみていきます。
キーワード：特別支援学校，放課後等デイサービス，重度訪問介護

就学

1947 年に教育基本法，学校教育法が公布されました。それまで障害児の教育(就学)は努力義務とされ，免除あるいは猶予されていましたが，これにより義務化され，普通学校あるいは障害の種類や程度によっては盲学校，聾学校，養護学校(知的障害，肢体不自由，病弱・身体虚弱の児童・生徒が対象)に通うようになりました。2007 年に学校教育法が一部改正され，盲学校，聾学校，養護学校は名称が「特別支援学校」に統一されました。これら特別教育諸学校には幼稚部，小学部，中学部，高等部が設置されています。令和 2 年度の特別支援学校在学者は 14 万 6 千人で，前年度より 1500 人増加し過去最多になっています。特別支援学校の小・中学部は 1 学級が 6 人以下とされており，教室不足が問題になっています。知的障害のある児童を対象にした特別支援学校では理科，社会などの教科より基本的な生活習慣，教科や道徳などの内容をあわせた学習に重点がおかれます(図 10-2)。

授業を終えると放課後等デイサービスを利用する人もいます。放課後等デイサービスは，2012 年に児童福祉法が改正され設置されるようになった，障害児の通所型福祉サービス施設(事業所)であり，障害児の学童保育のようなものです。障害のある児童・生徒が過ごす場所はどうしても学校もしくは家庭という限られた範囲になりがちです。放課後等デイサービスは，障害のある児童・生徒が社会の中で他者と交流し，生活能力を向上させることを目的としています。原則として 6 歳～18 歳が対象年齢であり，放課後や春・夏・冬休みの長期休暇にも利用できます。放課後等デイサービスの全国の事業所数と利用者実数は，どちらも年々増加しています(図 10-3)。

表 10-5 特別支援学校高等部(本科)卒業後の状況(令和2年3月卒業，国・公・私立計)

区分	卒業者		進学者		職業訓練機関等入学者		就職者等		社会福祉施設等入所・通所者		その他	
	人数	%	人数	%	人数	%	人数	%	人数	%	人数	%
視覚障害	217	(100.0)	76	(35.0)	13	(6.0)	16	(7.4)	96	(44.2)	16	(7.4)
聴覚障害	470	(100.0)	160	(34.0)	24	(5.1)	183	(38.9)	85	(18.1)	18	(3.8)
知的障害	19,654	(100.0)	83	(0.4)	252	(1.3)	6,818	(34.7)	11,744	(59.8)	757	(3.9)
肢体不自由	1,799	(100.0)	38	(2.1)	23	(1.3)	112	(6.2)	1,530	(85.0)	96	(5.3)
病弱・身体虚弱	375	(100.0)	18	(4.8)	27	(7.2)	75	(20.0)	207	(55.2)	48	(12.8)
計	22,515	(100.0)	375	(1.7)	339	(1.5)	7,204	(32.0)	13,662	(60.7)	935	(4.2)

(出典) 文部科学省「特別支援教育資料(令和2年度)」https://www.mext.go.jp/a_menu/shotou/tokubetu/material/1406456_00009.htm，第1部データ編 https://www.mext.go.jp/content/20211014-mxt_tokubetu01-000018452_2.pdf (2022.6.28)より筆者作成。

表 10-6 入所・通所の福祉サービス

介護サービス	入所	生活介護・施設入所支援	常時介護の必要な障害者が対象。居住の場および食事(朝昼夕)の提供，排泄や入浴の介助，創作や生産活動の機会を提供する。
	通所	生活介護	常時介護の必要な障害者が対象。日中の食事の提供，排泄や入浴の介助，創作や生産活動の機会を提供する。年限なし。
就労・訓練サービス	通所	就労継続支援A型	一般企業での就労が困難な障害者に雇用契約をむすび就労の機会を提供。原則18歳以上65歳未満。年限なし。
		就労継続支援B型	一般企業での就労および雇用契約に基づく就労が困難な障害者に就労の機会を提供。年齢制限なし。年限なし。
		就労移行支援	一般企業での就労を希望し，一般企業に雇用されることが可能と見込まれる障害者に一定期間，就労に必要な知識・能力向上のために必要な訓練を行う。18歳以上65歳未満。年限2年。

(出典) 筆者作成。

卒業後の進路

特別支援学校高等部卒業後の進路には，進学や就職(一般就労)のほか，職業訓練機関に通う，あるいは社会福祉施設への入所もしくは通所があります(表10-5および10章扉の概念図)。「進学者」は大学・短大，専修学校，特別支援学校の専攻科などへの進学です。「職業訓練機関等」は兵庫県を例にすると「国立県営兵庫障害者職業能力開発校」があります。OA事務科・インテリアCAD科(身体障害者対象)，総合実務科(知的障害者対象)，ビジネス実務科(精神障害者対象)，キャリア実務科(発達障害者対象)があります。「就職者」は一般企業への就職です。第2節で述べたように，国の方針として障害者を積極的に雇用することが求められており，特別支援学校卒業者の一般企業への就職は増加しています。「社会福祉施設等入所・通所者」は社会福祉施設への入所者もしくは家から通って福祉サービスを利用する人です。社会福祉施設等入所・通所の割合が高いのは知的障害や肢体不自由の身体障害のある生徒であることがわかります。介護サービスあるいは就労・訓練サービスのどちらに重点を置くかによって，利用する福祉サービスはわかれます(表10-6)。

映画「道草」(2018年，95分)

この映画は重度の知的障害と自閉症がある3人の青年が，介助者とともに一人暮らしをする日常を追ったドキュメンタリーです(監督・撮影：宍戸大裕)。2006年，障害者自立支援法の施行により，重い身体障害がある人の自宅での生活を支える「重度訪問介護」の制度が始まり，2014年にはこの制度の対象は精神障害者，知的障害者に拡大されました。これにより，重度の障害がある人でも親元を離れ，アパートやマンションで介助を受けながら，一人暮らしをすることが可能になりました。

平日昼間は，利用者(障害者)は生活介護事業所などに通い，帰宅後は介助者がシフトを組んで常時付き添い，夜も泊まります。土日は24時間付き添います。「道草」の公式サイト(https://michikusa-movie.com/)で予告編(1分46秒)が見られるので，視聴してみてはどうでしょうか。

表 10-7　身体障害の種類別にみた職種別従事状況

（単位：%）

職種	視覚障害	聴覚・言語障害	肢体不自由	内部障害
農業，林業，漁業	8.6	6.9	10.9	10.0
事務	7.4	14.9	17.4	17.0
管理的職業	2.5	2.3	5.8	6.6
販売	2.5	3.4	6.8	7.3
あんま，マッサージ，はり，きゅう	29.6	—	0.5	0.3
専門的，技術的職業	11.1	16.1	13.3	15.9
サービス職業	6.2	5.8	12.8	13.5
生産工程・労務	7.4	21.8	9.4	7.6
その他	14.8	17.2	10.9	9.7
回答なし	9.9	11.5	12.3	12.1

（注）　作業所における従事を含む。
（出典）　厚生労働省「平成 18 年身体障害児・者実態調査」https://www.mhlw.go.jp/toukei/saikin/hw/shintai/06/index.html（2022.6.28）より筆者作成。

表 10-8　知的障害者の職種別従事状況

（単位：%）

職種	職種別従事状況
農林漁業	3.9
工事業	1.4
製造加工業	15.7
出版印刷業	0.9
運送業	0.3
卸売小売業	3.3
飲食店	1.4
旅館	0.3
クリーニング	1.5
清掃業	2.3
その他	9.9
不詳	2.7

（注）　作業所における従事（56.5%）は含まない。
（出典）　厚生労働省「平成 17 年度知的障害児（者）基礎調査結果の概要」https://www.mhlw.go.jp/toukei/saikin/hw/titeki/index.html（2022.6.30）より筆者作成。

4　障害があっても暮らしやすい社会に

この節で学ぶこと：障害者がどのように働いているのか，一般にはあまり知られていません。ここでは障害者の就労についてみていきます。障害者にとって暮らしやすい社会とはどのような社会でしょうか。
キーワード：特例子会社，感動ポルノ，バリアフリー，ヤングケアラー

障害者の就労

障害者の就労は大別して「一般就労」と「福祉的就労」に分かれます。一般就労は障害者雇用枠で雇用され一般企業などで就労することであり，福祉的就労は前出の表 10-6 の「就労継続支援 A 型」あるいは「就労継続支援 B 型」「就労移行支援」の事業所を利用することです。昨今は，一般就労で民間企業において働く障害者が増えています。

少し古いデータですが，表 10-7 は就労している身体障害者の障害別職種です。視覚障害者は「あんま，マッサージ，はり，きゅう」，聴覚・言語障害では「生産工程・労務」従事者の割合が高くなっています。肢体不自由と内部障害には従事する職種にとく目立った特徴はみられませんが，「事務」の割合がやや高めです。視覚障害者に「あんま，マッサージはり，きゅう」従事者が多いのは，視覚特別支援学校高等部の専攻科に，職業教育として按摩マッサージ指圧師，鍼師，きゅう師の養成課程を設置しているところがあり，視覚障害者の職として確立されているからです。

知的障害の場合は「製造加工業」の割合が高くなっています（表 10-8）。知的障害は知的発達の遅れがあり「事務」には不向きですが，製造加工業は作業工程を分業化できるため，知的障害者が従事しやすい職種といえるでしょう。その一例が次ページコラム 10-3 で紹介する日本理化学工業（株）です。知的障害者雇用の先駆的企業として知られ，社員の 7 割が知的障害者です。チョーク製造販売の会社であり，チョークの国内シェア 70％を占めます。皆さんもこの会社のチョークの箱を目にしたことがあるのではないでしょうか。

コラム 10-3　日本理化学工業株式会社

【企業情報】神奈川県川崎市，1937 年設立。社員数 90 名(このうち知的障害者 63 名，うち 26 人が重度知的障害者(2022 年 2 月現在)。

1959 年に近くの養護学校(現 特別支援学校)から新卒者の就職を依頼されて断ったが，「せめて一度だけでも働く経験を」と先生から懇願され 1 週間の職業体験を引き受けた。職業体験にきた 2 人の女子生徒には箱へのシール貼りを任せた。2 人は毎朝，誰よりも早く出社し，昼休みになっても手を止めないという働きぶりをみせた。

その姿に心を動かされた社員たちが会長(当時専務)に「正社員として雇ってください」と求め，1960 年に 2 人を採用した。これをきっかけに知的障害者の採用を続け，現在では社員の 7 割が知的障害者で占められる。1967 年には北海道美唄市に美唄工場が開設された。

(出典)　独立行政法人高齢・障害・求職者雇用支援機構「障害者雇用事例リファレンスサービス」https://www.ref.jeed.go.jp/20/20024.html(2022.6.28)，「日本理化学工業株式会社」https://www.rikagaku.co.jp/(2022.6.28)。

表 10-9　特例子会社の例

特例子会社名	親会社名	事業内容	従業員数 (うち障害者数)	障害
(株)クレール	参天製薬(株)	無塵服・無菌服などのクリーンクリーニング	18 名 (12 名)	知的障害
ブリヂストンチャレンジド(株)	(株)ブリヂストン	親会社のビル内清掃，メール集配，名刺印刷，タイヤ積込み，PC 入力等	87 名 (65 名)	知的障害
花椿ファクトリー(株)	(株)資生堂	化粧品の加工・セット作業ほか	25 名 (19 名)	肢体不自由，知的障害
(株)JAL サンライト	(株)日本航空	総務事務代行サービス，航空輸送事業関連業務など	369 名 (218 名)	視覚障害，聴覚・言語障害，肢体不自由，内部障害，知的障害，精神障害，発達障害
伊藤忠ユニダス(株)	伊藤忠商事(株)	クリーニング，印刷，写真業	64 名 (40 名)	視覚障害，聴覚・言語障害，肢体不自由，内部障害，知的障害
東京海上ビジネスサポート(株)	東京海上ホールディングス(株)	一般事務，軽作業，物流，印刷，カフェ，清掃	334 名 (193 名)	視覚障害，聴覚・言語障害，肢体不自由，知的障害，精神障害
コクヨＫハート(株)	コクヨ(株)	印刷・製本(企画・デザインから印刷・加工，発送まで)	54 名 (28 名)	聴覚・言語障害，肢体不自由，内部障害，知的障害

(出典)　独立行政法人高齢・障害・求職者雇用支援機構「障害者雇用事例リファレンスサービス」https://www.ref.jeed.go.jp/index.html(2022.6.28)より筆者作成。

大企業では「特例子会社」を設立し，障害者を雇用しているところがあります。特例子会社は障害者雇用を目的に設立される子会社であり，雇用する障害者は親会社で雇用されているとみなされ，親会社の法定雇用率を引き上げることになります。厚生労働省「特例子会社一覧」(令和 3 年)によると 2021 年 6 月現在で日本全国に 562 社ありますが，よく知られた企業が親会社の会社が少なくないことがわかります(表 10-9)。

障害者のウェルビーイング

テレビなどマスコミで取り上げられる障害者というと，頑張って障害を克服しようと努力する人たちが多いのではないでしょうか。視聴者(多くは障害のない健常者)はそれを見て「すごい」「感動した」となりがちです。このような感動を呼び起こすことを意図した障害者の取り上げられ方をステラ・ヤング(Young, S.)は「感動ポルノ」と呼びました。頑張って障害を克服しようと努力する障害者が「すばらしい」とすれば，克服が困難な障害を持つ人たちはどうでしょうか。健常者に感動を与えられない障害者は「努力が足りない」のでしょうか。実際のところ，人々に「生きる勇気」や「感動」を与える障害者はごく一部であり，ほとんどの障害者は人に感動を与えるなどとは無縁の暮らしをしています。それは障害がない人と同じです。

近年「バリアフリー」の意識が高まり，まだ十分ではなくとも目に見えるハード面でのバリアフリーは進みました。しかし目に見えない障壁(バリア)はまだ根強く残ります。障害者やその家族を支える社会のしくみ，制度も十分といえません。「ヤングケアラー」についても最近になってやっと注目されるようになりました。そうした障害者をとりまく障壁＝困難の表れが，第 2 節でみたような事件やできごとではないでしょうか(コラム 10-2，表 10-4)。

障害がなく，生活に困窮していなくても，不平不満を言いながら暮らしている人が世の中にはいます。その一方で，障害があってもそれを受け容れ，福祉サービスを利用しながら在宅あるいは施設で日々淡々と，楽しみながら暮らす障害者がいます。どちらの暮らしが平穏といえるでしょうか。人の幸不幸は障害の有無に関係があるのでしょうか。みなさんも自分自身の暮らしを振り返りながら，考えてみましょう。

考えてみよう　調べてみよう

1. 渡辺一史(2018)『なぜ人と人は支え合うのか―「障害」から考える』ちくま書房。
2. 小澤温編(2021)『よくわかる障害者福祉』(第7版)ミネルヴァ書房。
3. 好井浩明(2022)『「感動ポルノ」と向き合う―障害者像にひそむ差別と排除』岩波書店。
4. 姫路まさのり(2020)『障がい者だからって、稼ぎがないと思うなよ。―ソーシャルファームという希望』新潮社。
5. ホーキング青山(2017)『考える障害者』新潮社。

1. 自分が住んでいる地域にどのような障害者福祉施設や事業所，特別支援学校があるか知っていますか。調べてみましょう。
2. 厚生労働省「特例子会社一覧」や独立行政法人高齢・障害・求職者雇用支援機構のホームページにある「障害者雇用事例リファレンスサービス」(https://www.ref.jeed.go.jp/index.html)を参照し，企業の障害者雇用について考えてみましょう。
3. テレビ番組やマスコミの報道などで「感動ポルノ」にあてはまる障害者の取り上げられ方，また「感動ポルノ」にあてはまらない取り上げ方はあるでしょうか。思いつくものをあげて話し合ってみましょう。

引用文献

映画「道草」上映委員会(2019)『映画「道草」公式パンフレット』。

厚生労働省「令和3年度学校基本調査(確定値)の公表について」https://www.mext.go.jp/content/20211222-mxt_chousa01-000019664-1.pdf(2022.6.28)。

児玉真美(2020)『私たちはふつうに老いることができない―高齢化する障害者家族』大月書店。

佐藤久夫・小澤温(2020)『障害者福祉の世界〔第5版〕』有斐閣。

第11章　病いと向き合う人々のウェルビーイングと支援のあり方

この章で学ぶこと

人間の身体に生じる異変である「病い」の社会的なあらわれを検討することを通して，病いと社会とのかかわりを探究します。子どもの病気にかかわる学問を概観します。病気の子どもの医療的ケアとピア・サポートなど，子どもと家族の健康とウェルビーイングを高める手立てについて学びます。小児がんを例に，重い病いを抱えて生きる子どもの社会的支援について，システムとナラティブという２つの視点から理論的に考えていきます。

キーワード：病い，障がい，子ども，小児がん，家族の支援

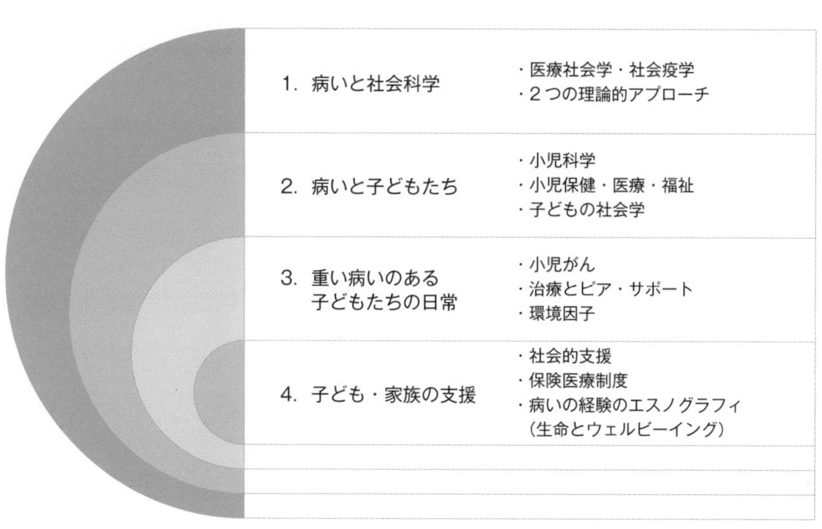

コラム 11-1　社会システムの探究

人間社会には，家族や近しい人々から成り立つミクロなシステムと国家であらわされるマクロなシステムがあります。その中間には，社会制度としての法律や慣習があり，この2つのシステムをつないでいます。世界単位で見れば，国家と国家の間にもつながりがあります。また，国際機関や多国籍企業は国家を超えて活動しています。いま，マクロなシステムはグローバルなシステムとも言い換えられるような現象が生じています。社会システムの理論では，このミクロとマクロの社会システムから，人間の病い，健康，ウェルビーイングを論じます。

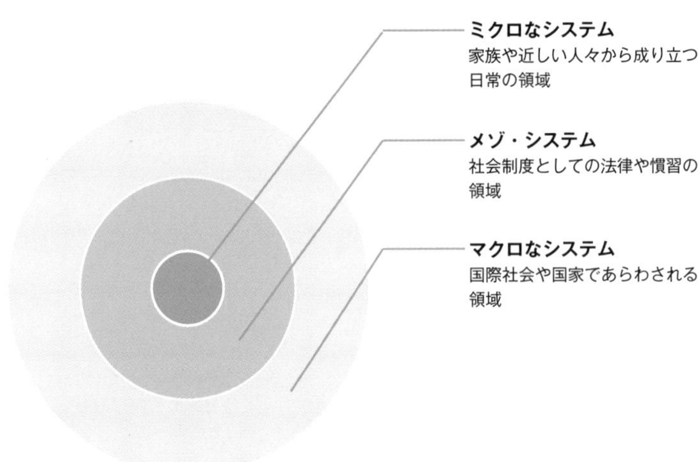

図 11-1　人間社会のシステム

（出典）筆者作成。

1　病いと社会科学

この節で学ぶこと：病いは，人間の身体に生じる異変です。それは，人と人とのかかわりから成り立っている社会のなかに発現する事象でもあります。病いと社会とのかかわりを探究する学問を概観します。本章の理論的アプローチを提示します。
キーワード：感染症，医療体制，医療社会学，社会疫学

病いと社会

病いは，個人や社会の大きな関心事です。私たちは親しい人が病気になると心配するし，外見の変化によって動揺することもあります。その人の家族やその人が属している組織にも大きな影響を及ぼします。

新型コロナウイルス感染症

2020 年初頭に発現し，2022 年現在まで拡大しながら，世界中で多数の死者や重症患者を出している新型コロナウイルス感染症は，病いと社会との深いかかわりを浮き彫りにしています。日本国内においては，感染者の急増によりひっ迫した医療体制のなかで，患者のケアにあたる医師や看護師に社会の注目が集まりました。それは「応援」と「差別」という相異なる反応でした。

2021 年の第 5 波で起きた「医療崩壊」に至っては，国内におけるワクチン開発と普及の遅れ，国民の行動規範に過度に頼っていた日本の感染症対策の甘さや，感染症の専門家の不足なども指摘されました。

医療社会学

社会学には，病気・健康・医療の現象をあつかう領域があります。感染症を含むさまざまな疾患と社会との関連を研究する領域です。近年では，病気の予防の観点から，あるいは，よりよい人生の送り方という観点から，健康とウェルビーイングも研究テーマに含めています。

公衆衛生学

現代の医療現場では，医師は一人ひとりのライフスタイル，そこにおける幸せや満足に着目して感染の予防や病気の治療を行っています。日本におけ

コラム 11-2　ナラティブの探究

重い病気や障がいとともに生きる人びとの生活に密着すると，その人たちの「ナラティブ」が立ち現れてきます。それは，語り，行為，出来事など，人びとの経験を成り立たせているもののすべてです。人類学や社会では「病いの経験」ということばに凝縮されます。それをテキスト（読みもの）にまとめたものを「病いの語り」と呼びます。

もっとも，研究者はいつもナラティブを集めているわけではありません。時に資料を集める手をとめて，その人の日常を一緒に過ごします。子どもたちと遊ぶなど，自然な交流から得られるナラティブには，豊潤な生命の世界に光をあてる力があります。

図 11-2 「島の子どものウェルビーイング」の調査の中で，子どもたちと遊ぶ

（出典）©奈良美弥子 2020，道信良子「ヘルス・エスノグラフィの可能性」医学界新聞，2020.10.26，https://www.igaku-shoin.co.jp/paper/archive/y2020/PA03393_03（2022.2.2）。

る新型コロナウイルス感染症の対策を統括した医師が，SNSを使って，若者との対話を試みていました。これは，感染症に対する若者の思いや視点を引き出し，市民に主体的な参加を促そうとする公衆衛生学の方法です。

社会疫学

医療と社会の接点となる領域に，他にも社会疫学という学問があります。健康や病気が，社会の成員にどのように分布しているのかを統計学的に理解します。例えば，年齢，ジェンダー，社会階層による分布のパターン，多民族国家であれば，民族毎の分布も見ます。少子高齢化が進む日本社会では，認知症やフレイル(加齢に伴う体力や気力の低下，弱さ)にある人の増加は，社会保障の制度にも影響を及ぼすため，社会問題となりやすくあります。

医療人類学

医療人類学は，病いの認識や経験の背後にある文化の体系や事象を探究する学問です。文化の体系は，当該社会の集団に共有されており，その集団の外にあらわれるものではありません。その集団に属する人びとの認識や経験としてあらわれます。病気をどのように認識し，経験するかも，文化の事象と言えます。

本章の理論的アプローチ

これらの学問に共通しているのは，病気の予防や治療だけではなく，QOLの全体に目を向けていることです。そして，そこから，個人と社会の健康とウェルビーイングを考えていることです。

このように広く，病い，健康，ウェルビーイングを統合する視点には，複数の理論的アプローチがあり，それに沿って各々の事象が説明されます。本章では，筆者の専門分野である医療人類学と公衆衛生学(とくにグローバル・ヘルス)の視点に立脚し，次の2つの理論的アプローチから，この広いテーマを論じていきます。

それは，①人間社会を秩序づける社会システム，②日常を表現し，創造するナラティブです。この2つの理論は，人文科学と社会科学の古典的な理論の系譜を踏まえており，現代の病い，健康，ウェルビーイングの社会学的探究にも応用できる堅実なアプローチです。

図 11-3　お腹の中で赤ちゃんを育む

（出典）　© 樋室伸顕 2022。

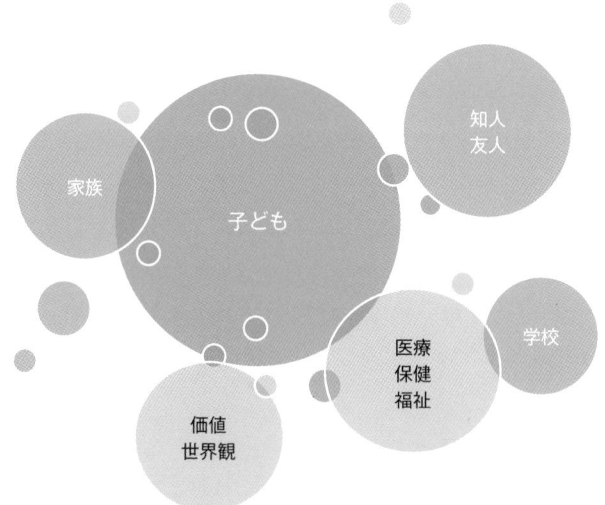

図 11-4　子どもにかかわる社会・文化・保健医療の制度

（出典）　筆者作成。

2　病いと子ども

この節で学ぶこと：子どもの病気にかかわる学問を概観します。それぞれの学問が果たしてきた役割と，これから社会学が果たすべき役割について論じます。子どもを中心にすえて，子どもにかかわる学問や実践の関係図を示します。
キーワード：小児科学，子どもの社会学，保健医療と福祉

小児科学

子どもの病気は，小児科学の専門家による研究の歴史があります。たとえば感染症です。小さな子どもの免疫は未発達です。そのため，さまざまな感染症にかかります。そして，感染することによって，免疫をつけて，成長していきます。その一方で，感染すると深刻な症状を起こし，治療法がなければいのちを落としてしまう病気もあります。人間の長い歴史を見ると，乳幼児の死因の多くを感染症が占めてきました。現在では，ワクチンの開発が進み，多くの小児感染症の予防ができるようになりました。

また，生まれながらに免疫力が弱く，感染症にかかると重症化する子どもがいます。今では，そのような子どもたちも，早期の診断と適切な治療を受けることによって，普通に生活できるようになりました。それは，病気をもって生まれた子どもたちのウェルビーイングにつながっています。

子どもの病いの社会学

医学・医療の領域における目覚しい発展に比べて，子どもの病気や，病気の子どもの社会学的な理解については，研究が不足しています。それは一般社会の意識や関心を反映しています。親は，健康な赤ちゃんを望みますし，実際に，多くの子どもは健康に生まれてきます。そして，社会の関心は，健康に生まれた子どもを，さらに健康に育てることに向けられます。学校や地域のサービスも健康な子どもをイメージしています。もちろん，生まれながらに病気や障がいのある子どもにも，子どもの医療や福祉のサポートがあります。しかし，決して十分ではありません。そして，そのような子どものおかれた状況には，大きな社会問題になるほどの関心を向けられていません。

コラム 11-3　医療的ケア児

女性の妊娠・出産が高齢化するとともに，周産期医療を含む医療が進歩する中で，生まれたときから，新生児集中治療室での治療を必要とする子どもが増えています。健康に生まれても，新生児期以降になって，外傷や脳炎などの病気で小児集中治療室での治療を受ける子どもも増えています。治療後に，在宅で人工呼吸器や胃ろうなどの医療的デバイスを引き続き必要とする子どもたち(医療的ケア児)は全国におよそ 2 万人いるといわれています厚生労働省 2018)。

日本では，医療的ケア児を地域で包括的に支援する体制はまだ十分に整っていません。子どもの保護者である親や親代わりをしている人たちが献身的に努力しているのが現状です(中村 2019)。家族全員の健康とウェルビーイングを高めるためにも医療的ケア児の支援のしくみを早急につくる必要があります。

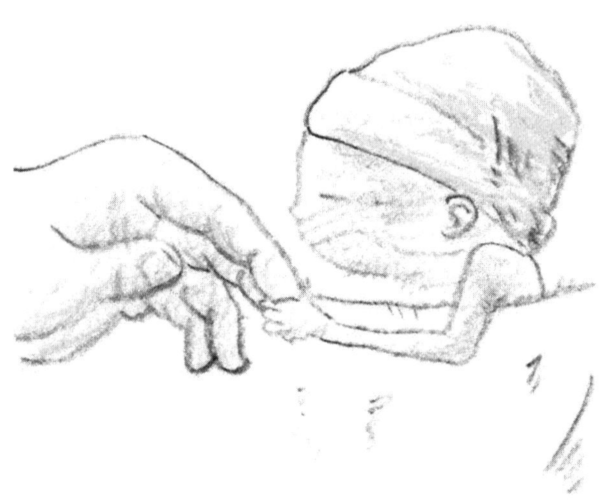

図 11-5　手のひらの大きさの赤ちゃん

小さく生まれた赤ちゃんは，出生後にも医療的ケアを必要とする場合が多くあります。
(出典)　© 樋室伸顕 2022。

社会の側から見ると，子どもは社会で活躍する前の期間にいます。社会学や文化人類学などで子どもをテーマにする場合でも，子どもの日常そのものよりも，子どものしつけや教育など，子どもの社会化に関する現象により高い関心が払われています。その結果，子どもの目線で，子ども自身がどのように日常を生きているのかということの研究が不足しています。赤ちゃんから青年期までを見る発達心理学では，子どもの成長を実際の生育の場で見て，調査しているものもあります。しかし，その多くは，健康な子どもが「普通」に育っていくプロセスを見ています。

保健医療や福祉の分野

重い病気や障がいのある子どもたちの成長や発達に関しては，保健医療や福祉の分野において，研究が積み重ねられています。医師や看護師による手記もあります。たとえば，小児科医の細谷亮太氏は，小児がん専門医の視点から，小児がんの子どもたちとのかかわりを，本やエッセイや絵本にして，丁寧に描いています。医師の高谷清氏は，重度心身障害児施設に長く勤務し，不自由な身体で生きる子どもたちの日常を本にして，その一挙手一投足を克明に記しています。

実践の領域に目を向けると，近年の理学療法や，作業療法では，重い病気を患って，施設や病院にいる子どもたち一人ひとりの埋もれた能力を引き出そうとするリハビリテーションが行われています。このような医療的介入は，これからさらに増えるでしょう。小児在宅医療の発展も期待されています(中村 2019)。

その一方で，過去から現在まで，病気や障がいのある子どもたちの日常に光をあてた社会学の研究は限られています。すべての子どもたちの未来を育むためにも，社会学を学ぶ人たちには，病気や障がいのある子どもを対象とした研究論文や手記を掘り起こし，その共通点や相違点をレビューし，新たな研究活動につなげていく責任があるように思います。臨床や社会福祉の現場で働いている人たちからも，子どもを取り巻く環境の全体を見渡す視点と方法論をもっている社会学からの貢献が期待されています。

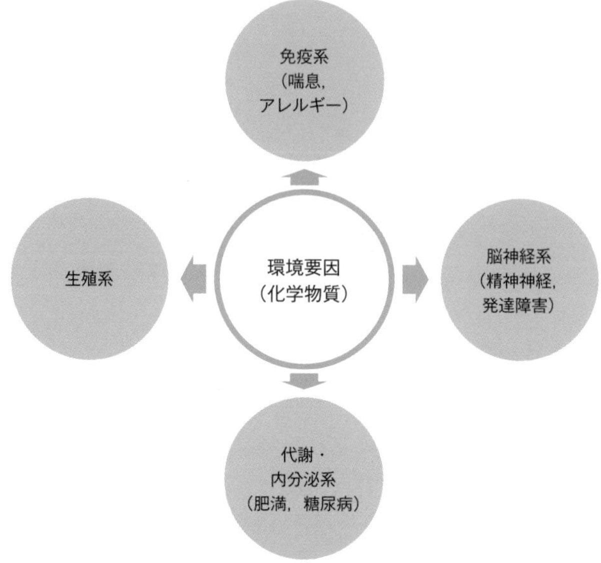

図 11-6　化学物質の子どもの健康への影響

（出典）　小池英子「化学物質が小児・将来世代に与える健康影響のメカニズム解明と評価手法の確立に向けて」国立環境研究所ニュース，2019.2.28，https://www.nies.go.jp/kanko/news/37/37-6/37-6-02.html（2022.2.2）より筆者作成。

コラム 11-4　小児がんの環境要因

小児がんの環境要因には，妊娠中の胎児環境に影響を及ぼすと言われている母親の飲酒や父親の農薬への暴露などがあります（細谷・真部 2008）。妊娠中の母親への薬剤投与や診断用 X 線の多用も小児がんの発生率を高めると言われています。出生後の環境要因としては，低線量放射線被ばく（子どもの甲状腺がんの環境因子），EB ウイルス（バーキットリンパ腫），石綿（肺がん）などが知られています。

現在でも，環境要因を調べる研究は積み重ねられています。小児白血病は特に詳しく報告されています。そのうち，農薬（殺虫剤）への暴露については，両親ともにリスクがあがるという報告と，関係がないという報告もあります（Jin, M.-W. et al., 2016）。小児白血病は希少疾患であり，複数の研究結果をもとに環境要因を探りますが，そこから判断することには課題や限界もあります。

3　重い病いを抱えて生きる

この節で学ぶこと：子どもが重い病気で生まれてきたら，病気の正しい知識とその伝達，医療的ケアとピア・サポートが家族や周りの人々の不安を解消し，健康とウェルビーイングを高める手立てになるということを学びます。
キーワード：環境因子，知識の伝達，医療制度，ピア・サポート

赤ちゃんと家族の支援

赤ちゃんが生まれながらに病気を抱えていることがあります。子どもが生まれてからある日突然に重い病気を発症することもあります。どちらの場合でも，子どもが病気を抱えて生きるという経験がなければ，それがどういうものなのか，だれにも想像がつきません。そのため，親や家族など近しい人々は大きなショックを受け，その後の子どもや自分の生活に対しても不安になります。病気の正しい知識とその伝達，ケアとサポートが人々の不安を解消し，健康とウェルビーイングを高めます。

先天性の疾患の環境因子

先天性の疾患をもって生まれる赤ちゃんの割合は出生数の全体の5%にいたりません。それでも，そのような赤ちゃんが，まったくいなくなるわけではありません。どの年齢の妊娠・出産でも，先天性の異常は3〜5%の確率で生じます。その理由としては，染色体の変化，遺伝子の変化，複数の遺伝子の変化，それに環境因子が絡み合う変化，そして，環境要因で説明されるものがあります。これらの変化はいずれも希少なケースであり，環境因子もかかわる場合には，その原因をつきとめるのは，容易なことではありません。

たとえば，小児がん（子どもに起こる悪性腫瘍）は遺伝子の異常により発生します。多くのがんは，複数の遺伝子に変異が起こり，それが積み重ねられて発生すると言われています。網膜芽腫や一部のウィルムス腫瘍は，がん抑制遺伝子（細胞のがん化を抑制する遺伝子）の欠失や変異によって，この遺伝子の機能が失われることにより，細胞ががん化しやすくなり，発生する病気です。

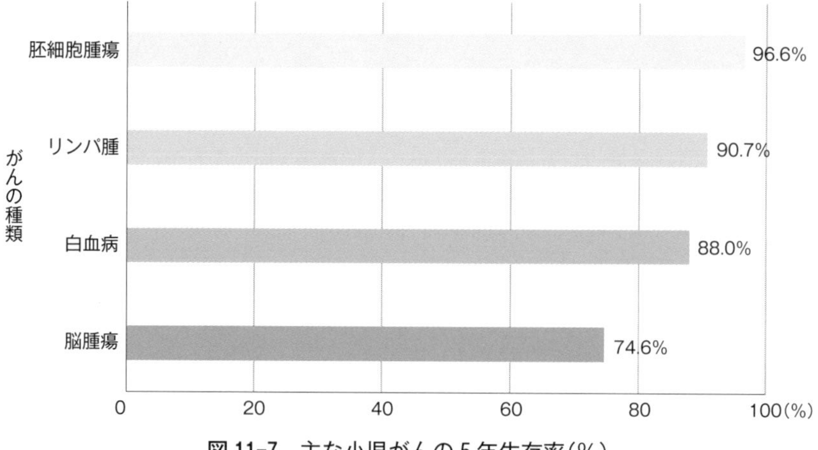

図 11-7　主な小児がんの 5 年生存率(%)

（出典）　奥山絢子「小児 AYA がんの 5 年生存率集計とサバイバー生存率」国立研究開発法人国立がん研究センターがん対策研究所，2021.12.24，https://www.gwc.gakushuin.ac.jp/library/docs/citation4.pdf(2022.2.2)より著者作成。

コラム 11-5　小児がんの生存率

図 11-7 に，小児がんと診断されて，治療を受けて，生存している人の割合に関する情報を示しました。「5 年生存率」とは，小児がんの診断から 5 年後に生存している確率を示します。

なお，生存率が上がったため，生存している人(サバイバー)への情報も大切になりました。「サバイバー生存率」とは，生存している人(サバイバー)にとって，その人の診断からの経過年数に応じた生存率を示します。

小児がんの知識とその伝達

小児がんの知識は深く複雑です。小児がんの発生要因の他，小児がんの種類と特徴，診断と治療法，検査値の読み方，生存率の読み方，思春期に発症するがんの治療，小児がんの子どもを支える包括的ケアなど専門知識は多岐にわたり，また，拡大しています。

子どもの親や家族も，保育所・幼稚園・学校など教育機関にいる人々も，日々進歩する小児がんの専門知識を十分に持ち合わせていません。そのため，子どもにかかわる人たちは，子どもの主治医(医療者)から得られる情報を頼りに，それを正しく理解して，日々の生活を営むことが大切になります。そして，子どもや周囲の人たちが，自分の考えや思いを医療者にしっかり伝えることも大切です。

小児がんのケアとピア・サポート

小児がんは慢性疾患に分類され，治療終了後も長期の経過観察が必要になります。日本の医療制度では，半年から一年の入院加療と，外来での長期フォローアップを行います。現在，小児がん経験者のおよそ 70〜80％が治癒し，成人期を迎えるようになっています(図 11-7)。入院から通院期間も，主治医が変わらない人も多く，小児がんの専門医との長いかかわりができます。

小児がんの子どもの親や家族によるグループ活動は，地域基盤から全国規模のものまであります。それらは，長い経過をたどる子どもの療養生活を支えています。グループ活動では，子どもを小児がんで亡くした家族へのグリーフケアや，小児がんを経験した人たちと家族によるピア・サポートも行われています(公益財団法人がんの子どもを守る会 2016)。

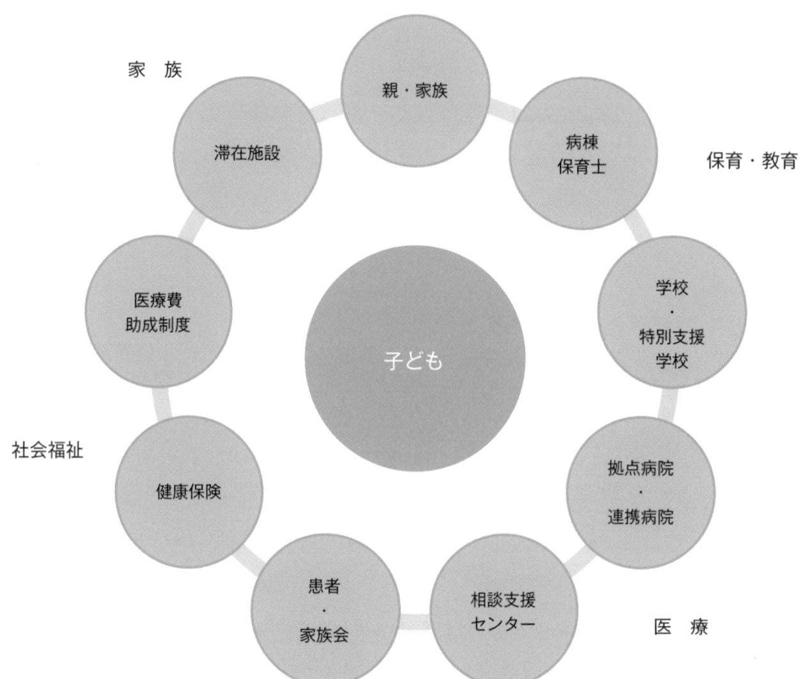

図 11-8　小児がんの子どもたちを支援する社会システム

（出典）筆者作成。

4　子どもの日常と社会的支援

この節で学ぶこと：小児がんは身体への侵襲性の高い治療を病院で受けて，その経過観察のための長期のフォローアップを必要とする慢性疾患です。本節では，小児がんを例に，重い病いを抱えて生きる子どもの社会的支援について，理論的に考えていきます。
キーワード：フォローアップ，社会的支援，ナラティブ，エスノグラフィ

理論的視点「システム」と「ナラティブ」

社会学の立場から，小児がんの子どものおかれている状況を理解し，治療中の QOL を高める活動や，治療後の社会的支援へとつなげるには，次の 2 つの理論的視点が有効です。それは，①子どもの属する社会の社会システムの探究，②子どもの日常を描写するナラティブの探究です。

社会システムの探究

慢性疾患のある子どもを支援する社会的活動の多くは，子どもと家族の健康とウェルビーイングの向上を目標としています。「病気になると健康ではない」という考え方は，慢性の病いを抱えている子どもにはあてはまらないことがあります。症状が比較的軽いときもありますし，治療の経過がよいときには，安心して健康を享受することができます。

入院中の院内学級や退院後の学校生活も，子どもの社会性を育てます。多様な人びととの交流と相互扶助によって，子どもは社会の一員になれますし，こころも満たされていきます。家族や近しい人々から成り立つ支援と相互扶助のシステム（ミクロな社会システム）に着目し，それがどのように機能して，子どもの生活に潤いを与え，子どもが病気による困難を乗り越えていく活力になっているのかという問いは，社会学の大きなテーマとなります。

社会制度の領域を見てみましょう。子どもが小児がんと診断されると，治療の医療費（入院，通院医療費，医薬品の購入費，通院交通費）が必要になります。日本では，保険診療の自己負担分に対して，小児慢性特定疾患治療研究事業による補助があります。所得や病状に応じて自己負担額が異なってい

コラム 11-6　子どものいのち

医療人類学を専門とする筆者は，「いのちの景観」という視点から，子どものいのちのあらわれを周りの環境とともにとらえる試みを行っています（道信 2015，2020）。子どもと周りの人びとや事物との相互作用を，私もそのひとりとなって体験しつつ観察しています。そして，環境の中に見出せる子どものいのちのあらわれを文章や絵や写真であらわしています。子どもたちが島の暮らしに誇りを抱いて生きていること，子どもが医師や看護師とのかかわりの中に，治療に対する意思を発達させていることなどが明らかになりました（道信 2015，道信他 2021）。

図 11-9　医師の診察を受ける子ども

（出典）　© 樋室伸顕 2021，道信良子他（2021）「治療があり，意思が生まれる―小児がん医療の意思決定」『地域ケアリング』23(4): 46-48 頁。

ます。子どもが入院すると，家族が付き添いのために仕事を休んで看病にあたることもあります。それによる収入の減少などもありますから，一家の経済的な基盤を確保することも，子どもの療養生活の質を保つために重要です。これらの社会的支援の機能は，社会福祉の制度としてあらわれている社会システムの観点から，理論的に説明することができます(図11-8)。

病いのナラティブの探究

重い病気のある子どもたちの日常をナラティブの視点から読み解いた研究はあまり多くありません。成人にならないうちに死を迎える子どもたちの日常には，これまで十分な関心がはらわれていませんでした。そのなかで，1980年代から積み重ねられている貴重な研究として，死を迎えようとしている子どもの生命(いのち)を人類学のエスノグラフィを使って描き出した研究があります。アメリカとイギリスで研究活動を行っているアメリカの人類学者マイラ・ブルーボンド=ランガー(Bluebond-Langer, M.)によるものです。彼女が個人あるいはチームで研究を行い，多数の成果を公表しています。

欧米においては，エリザベス・キューブラー=ロス(Kübler-Ross, E.)の研究が，死にゆく人の心理的過程(死の受容のプロセス)を描いたものとして有名です。精神科医であったキューブラー=ロスは，成人だけではなく，子どもの病いの世界を，心理・社会的側面から探究しています。また，彼女は，実際に小児病院で子どもを診察し，子どもと手紙のやりとりをしています。

病いのエスノグラフィ

いのちが短い子どもたちへのまなざしは，人類学をはじめ，精神分析や発達心理学の領域でのエスノグラフィを使った研究があります。そのまなざしは，学問の世界に新たな気づきをあたえますし，人間らしい温かさをしめします。病気がよくなったり，悪くなったりを繰り返す場合もあります。親はその都度，子どもを守る力をためされます。他の家族のケアもあります。子どもを看病する人たちをケアラーと呼び，病気の子どものきょうだいも含まれています。そこには，さまざまな課題がありますが，日々のいのちがお互いに大切な人とつながれ，愛情を受けていることが，何より尊いということを，小さな生命とそれを守る人たちは，知らせてくれます。

考えてみよう　調べてみよう

1. 道信良子（2021）「健康と医療」波平恵美子編『文化人類学』医学書院。
2. 高谷清（2011）『重い障害を生きるということ』岩波書店。
3. 小國和子・亀井伸孝・飯嶋秀治編（2011）『支援のフィールドワーク―開発と福祉の現場から』世界思想社。
4. 信田敏宏（2015）『「ホーホー」の詩ができるまで―ダウン症児、こころ育ての 10 年』出窓社。
5. 信田敏宏（2018）『「ホーホー」の詩、それから―知の育て方』出窓社。

1. 病気の子どもの健康やウェルビーイングについて，これまで社会学で十分に検討されてこなかったのはなぜでしょう。
2. 子どもは成長するにつれて，重い障がいや病いを抱えて生きていくことをどのように受けとめていくでしょう。
3. 社会は，重い障がいや病いを抱えている子どもたちにどのような支援ができるでしょう。

引用文献

公益財団法人がんの子どもを守る会（2016）『子どものがん』公益財団法人がんの子どもを守る会。

中村和夫（2019）「医療的ケア児に対する小児在宅医療の現状と将来像」*Organ Biology* 27（1），21-30 頁。

細谷亮太・真部淳（2008）『小児がん』中央公論新社。

道信良子編著（2015）「島のいのち」『いのちはどう生まれ、育つのか―医療、福祉、文化と子ども』岩波書店。

道信良子（2020）『ヘルス・エスノグラフィ―医療人類学の質的研究アプローチ』医学書院。

Jin, M.-W. et al., 2016, “A review of risk factors for childhood leukemia,” *Eur Rev Med Pharmacol Sci* 20(18): 3760-3764.

第 12 章　社会保障とソーシャルサポート
超高齢多死少子社会における介護問題

この章で学ぶこと

近い将来，3 人のうち 1 人が 65 歳以上の高齢者になると予測されている日本社会は，今や超高齢化社会へと変容を遂げつつあります。こうした社会変動期にあって，日本の社会保障の現状を今一度見つめなおし，今後どのような対策が必要であるかについて検討する必要に迫られています。本章では社会保障のなかでも，介護の問題を取り上げ，ソーシャルサポートである介護の担い手や支え手が直面している課題について理解するとともに，介護保険制度やソーシャルサポート，自発的組織について学ぶとともに，今後の社会保障制度のあり方を考えることとします。

キーワード：社会保障，ケア(介護)，ソーシャルサポート，自発的組織(当事者組織)

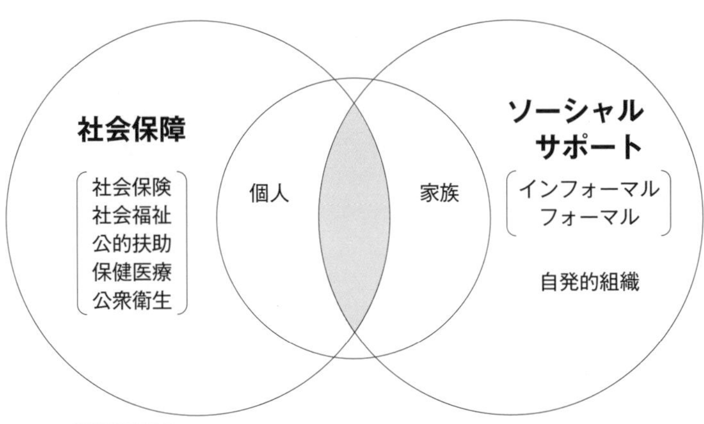

社会保障とソーシャルサポートの相関

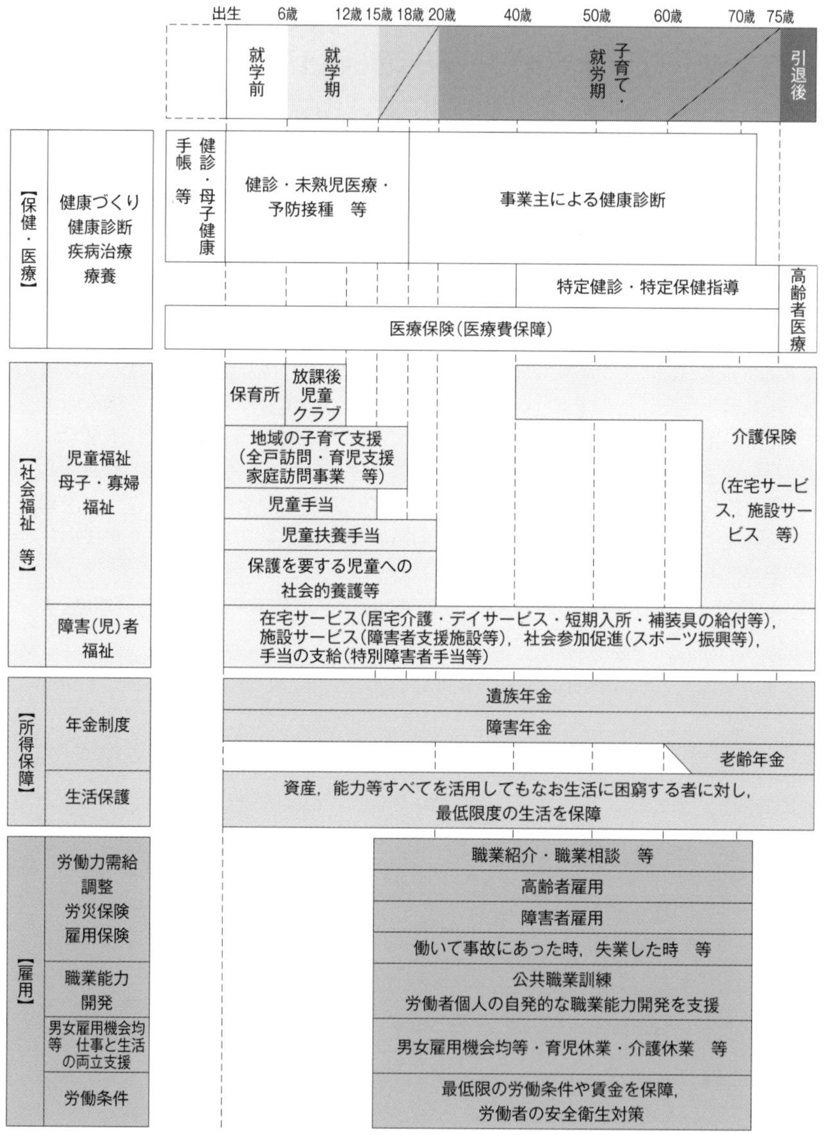

図 12-1　国民生活を生涯にわたって支える社会保障制度

（出典）　厚生労働省『社会保障とは何か』https://www.mhlw.go.jp/content/12600000/000872267.pdf（2022.3.11）より筆者作成。

1　社会保障とは何か

この節で学ぶこと：人々の日常の暮らしと命を守る制度として社会保障があります。国民誰もが安心かつ安全な生活を送ることができるように国が制定した社会保障制度の目的とその概要について学ぶことにします。

キーワード：社会保障，社会保険，社会福祉，公的扶助，保健医療・公衆衛生

社会保障制度の目的

社会保障制度は，人々の暮らしと命を守ることを目的とした制度です。言い換えますと，国民の「安心」かつ「安全」な生活を保障することを目的に作られた国の制度です。国民にとり「セーフティネット(安全網)」としての役割を果たすことが期待されるとともに，人が生まれてから死ぬまでの生涯にわたり，その生活を全面的に支えることを目的としています。

社会保障制度の概要

社会保障制度は，次の 4 つに分類することができます(図 12-1)。

① 社会保険(年金・医療・介護)：人が人生において経験する生活困難な状況(病気，けが，障害，死亡，高齢，失業，出産など)に直面した際，一定の給付を行い，暮らしの安定と安全を図ることを目的として作られた強制加入による保険制度。3 つの代表的な制度があります(図 12-2)。

(1)　医療保険制度：病気やけがをした際に，誰もが安心して医療を受けることのできる制度

(2)　年金制度：高齢，障害，死亡などにより，本来得られるはずの収入の損失分を補填するとともに，高齢者や障害者になった場合や，遺族となった場合に備えて，所得保障を行う制度

(3)　介護保険制度：高齢化とともに介護を必要とする状態に至った場合に，社会全体で家族介護者への支援を含めて要介護者を支援する制度

② 社会福祉：高齢者や障害者となった場合，離婚などの生別や死別などにより母子家庭となった場合に生活上の困難を克服し，安定した生活を営む

国	・年金（厚生年金，基礎年金） ・労働保険（雇用保険，労災保険）	・雇用政策
都道府県（県単位の広域連合等を含む）	・健康保険（協会けんぽ） ・国民健康保険（財政運営） ・後期高齢者医療 ・（郡部）生活保護	・医療提供体制
市町村	・国民健康保険（資格管理，保険給付等） ・介護保険 ・児童手当 ・（市部）生活保護	・障害福祉 ・児童福祉 ・老人福祉

図 12-2　社会保障関連施策の種類と実施主体

（注）　実施主体は中心的な役割を担う主体のみを記載。
（出典）　厚生労働省『社会保障とは何か』https://www.mhlw.go.jp/content/12600000/000872267.pdf（2022.3.11）。

コラム 12-1　老いについて考える

高齢者の定義として，一昔前までは 60 歳以上の者を指しましたが，今では法的には 65 歳以上の者を指します。ところが，平均余命が男女ともに 75 歳を超える現在に至っては，高齢者を 70 歳以上，もしくは 75 歳以上の者とする考えもあります。ちなみに 75 歳を境として，75 歳未満を前期高齢者，75 歳以上を後期高齢者とする場合もあります。

ところで，当然のことながら“老い”には，個人差があります。身体的な老化現象は加齢によって避けられないとはいえ，栄養，運動，健康管理などによって，老化の進行を抑え遅らせることも可能となっています。政府は，要介護状態に陥らないための介護予防をはじめ，フレイルと呼ばれる身体の虚弱化を防ぐための健康増進の取り組みを重要視するようになりました。今ではいかに健康寿命（健康で生活できる年齢）を伸ばすことが重要な課題となっています。

ための公的な支援を行う制度であり，以下の諸サービスがあります。

(1)　高齢者や障害者をはじめ，様々な生活困難に直面している人々に対する在宅サービスや施設サービス

(2)　児童が健康で安全な生活を送ることができるように子育てを支援するサービス

③　公的扶助：日本国憲法第25条にある「すべての国民は，健康で文化的な最低限度の生活を保障される権利(生存権)を有する」という条文に則って，国家責任に基づいて無差別平等に，ナショナルミニマム(国が定める最低生活保障)を保障する制度です。具体的には，経済的な自立を助長することを目的とした生活保護制度があります。

この制度は，(1)本人の申請に基づく保護，(2)生活保護費の基準と程度，(3)必要性に即した対応，(4)世帯単位，を原則とし，かつ補足性の原理(最低生活費に満たない分を補填)に基づいて，福祉事務所が資産調査(不動産，自動車，預貯金などの資産，能力としての稼働能力，年金や各種手当などの社会保障給付，扶養義務者の有無)を実施し，有資格であるか否かを判定します。なお，公的扶助の種類としては，生活扶助，住宅扶助，教育扶助，介護扶助，医療扶助，出産扶助，生業扶助，葬祭扶助，の8つがあり，要保護者の生活ニーズに応じて，単給もしくは複数組み合わせの形で，年齢別，世帯人員別，所在地域別(級地制)の条件を加味して，生活保護費が支給されます。

④　保健医療・公衆衛生：健康な生活を送ることができるように，疾病の予防や健康づくりをはじめ，衛生的な環境の増進を目的とする制度で，以下の諸サービスがあります。

(1)　医師をはじめとする医療従事者や病院が提供する医療サービス

(2)　感染症を含む疾病の予防や健康づくりの保健サービス

(3)　母性の健康保持と増進，健康的な児童の出生及び，児童の心身面の健康維持と育成増進のための母子保健サービス

(4)　食品や医薬品の安全性の確保を目的とする公衆衛生サービス

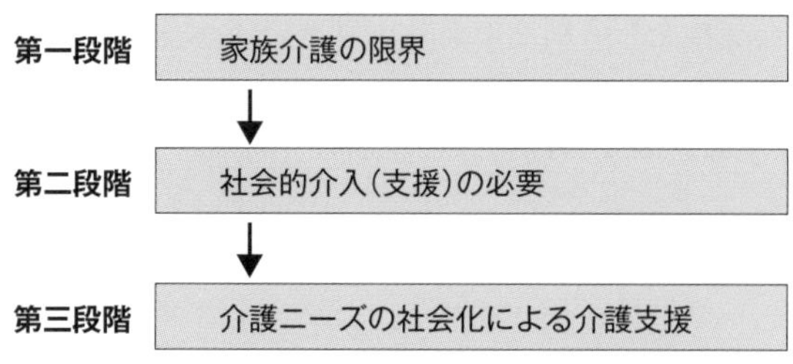

図 12-3　介護ニーズの社会化の発展段階

(出典)　筆者作成。

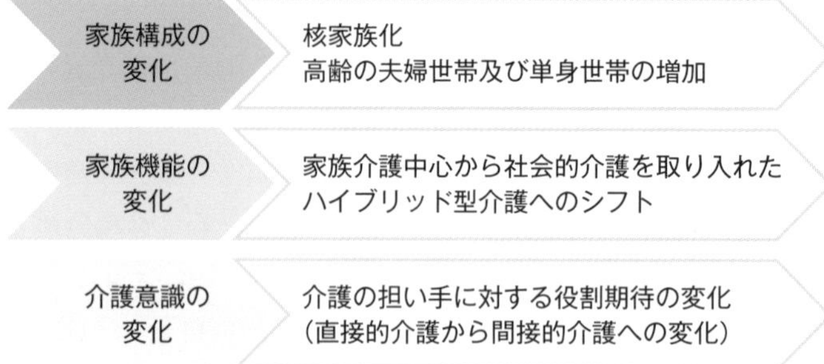

(注)　ここでいう直接的介護とは，家族構成員が直接的に介護を担うことを意味し，間接的介護とは精神的(心理的)なサポートを意味し，施設・機関による直接的介護サービスを利用することを前提とする。

図 12-4　介護ニーズの社会化の背景

(出典)　筆者作成。

コラム 12-2　ケアラーについて考える

介護者，介助者と訳されるケアラーは，ケアギバー(care giver)が正式な英語名称です。ケアは，身体介護とともに生活介護(日常生活を送るために必要な生活支援)をも含めて考えることが必要です。また，ケアを単なる物理的なケアとして理解するのではなく，心理的なケア(こころのケア)をも含めて捉えることが必要となります。すなわち，“思い遣り”，“心遣い”，“気配り”などは，対人援助にあたっては重要な要素と考えられています。

2　介護とはなにか

この節で学ぶこと：近年，社会問題化している介護について学ぶことにします。介護といえば通常，同居家族による家族介護を想像しますが，ここでは社会的介護についても学ぶことにします。
キーワード：介護問題，家族介護，介護の社会化

社会変化にともなう介護の担い手と支え手

介護問題が社会的に注目を集めるようになってきた背景として，日本社会が平均余命の延長によって長寿・高齢社会と化してきたことに加えて，多死少子化による人口構成の変化をあげることができます。さらには家族構成の変化(単身世帯，高齢者世帯の増加)や家族の介護負担の増大も要因です。

介護は従来，家族の自助努力によって，高齢者である家族を守り支えるという家族介護を前提としてきた経緯があります。地域や家族間で差異があるにせよ，かつては，三世代が同居する拡大家族において，長男である息子の妻(俗にいう「お嫁さん」)が担っていた，年老いて介護が必要となった舅や姑の介護は，現代社会において機能しづらく困難となり，もはや現実的ではないといえます(図12-3)。

核家族や夫婦共働き家庭が増加し，家族が高齢の家族を全面的かつ集中的に担うことが難しくなっています。ましてや寝たきりや認知症の高齢家族となると，24時間自宅で介護することは一層困難となります。老老介護(高齢者が高齢者を介護する)，介護倒れ，介護離職，介護虐待，介護殺人などの事例や事件が増加し，もはや家族の自助努力のみに頼る介護は限界点に達していると言わざるをえません。たとえ，家族が介護を担う場合であっても，介護負担を極力軽減化することが必要です。それと同時に，社会全体で介護を支え，担うといった「介護の社会化」を推進するなかで，介護のあり方をめぐる発想(パラダイム)の転換が益々必要となっています(図12-4)。

介護保険制度の概要

介護保険制度は，1997年に介護保険法が成立し，2000年に介護保険法の

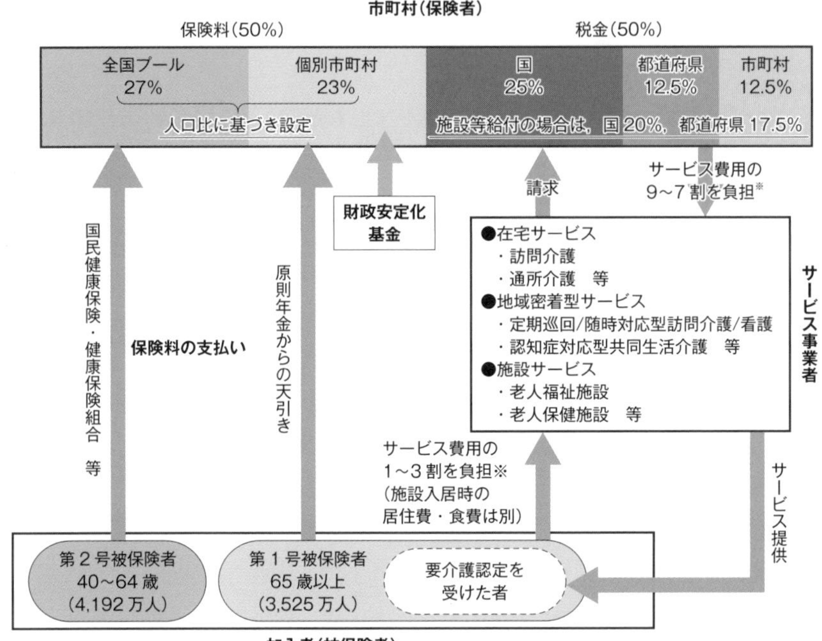

図 12-5　介護保険制度の仕組み

(注)　第 1 号被保険者の数は，「介護保険事業状況報告年報」によるものであり，平成 30 年度末現在の数である。第 2 号被保険者の数は，社会保険診療報酬支払基金が介護給付費納付金額を確定するための医療保険者からの報告によるものであり，平成 30 年度内の月平均値である。

※　一定以上所得者については，費用の 2 割負担(平成 27 年 8 月施行)又は 3 割負担(平成 30 年 8 月施行)。

(出典)　厚生労働省老健局『介護保険制度の概要』https://www.mhlw.go.jp/content/000801559.pdf(2022.3.11)より筆者作成。

コラム 12-3　看取りについて考える

生活施設である高齢者福祉施設のなかでも，特別養護老人ホームと呼ばれる介護施設においては，要介護度が高い(要介護度 3 以上)利用者が居住しており，看取りケア(人生の最期を看取るケア)が普及しつつあります。今では，施設の介護業務において，看取りケア加算が可能となっています。終末期を迎えている利用者の最期を必要としない医療ケアに委ねるのではく，自然な状態で人生の最期を迎えることを可能とする看取りケアが注目されるようになってきたのです。

施行により制定された制度です。その目的として次の3つがあげられます。

① 自立支援：要介護高齢者の身の回りを世話することにとどまらず，その高齢者の自立を支援すること
② 利用者本位：利用者の選択を可能とし，多種多様な主体(組織・機関)から必要とする保健医療サービスや福祉サービスを総合的に受けられるものとすること
③ 社会保険方式：すべてが税負担方式ではなく，サービスの給付と保険料や経費の負担との関係が明らかな社会保険の方式を採用すること

介護保険制度の仕組みと財源

保険者である市町村(介護保険事業の行政主体)は，被保険者である加入者(65歳以上の第1号被保険者と40～64歳の医療保険加入の第2号被保険者に分類)のうち，介護サービスを必要とする者に対して，要介護認定に基づき，サービス事業者を通してサービスを提供します(図12-5)。

介護保険制度の財源は，税金と保険料はともに50%ずつであり，税金負担の内訳としては，市町村と都道府県がそれぞれ12.5%ずつ，国が25%となっています。保険料は人口比に基づいて設定(23%もしくは27%)されますが，個別の市町村による負担と，全国プール(国民健康保険や各種健康保険組合など)による負担の合計となります。また，加入者(被保険者)が基本的に毎月支払う介護保険料は，市町村独自に設定され，サービス料は一般的に1割負担ですが，所得に応じて2割もしくは3割の負担となっています。

サービスの概要

① 在宅サービス：訪問介護(ホームヘルパーの派遣)，通所介護(送迎付きのデイサービス事業など)，訪問看護，通所・訪問リハビリテーション，訪問入浴，福祉用具貸与，小規模多機能型居宅介護など
② 地域密着型サービス：定期的な巡回型もしくは随時対応型の訪問介護サービス，認知症対応型の共同生活介護等サービスなど
③ 施設サービス：特別養護老人ホーム，老人保健施設，認知症高齢者グループホームへの入所後における介護サービスなど

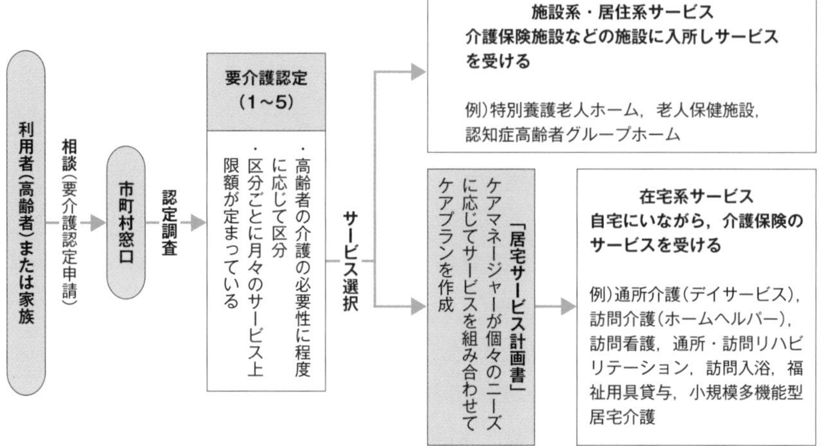

図 12-6　介護保険制度利用の流れ（イメージ）

（出典）　厚生労働省老健局『介護保険制度の概要』https://www.mhlw.go.jp/content/000801559.pdf（2022.3.11）より筆者作成。

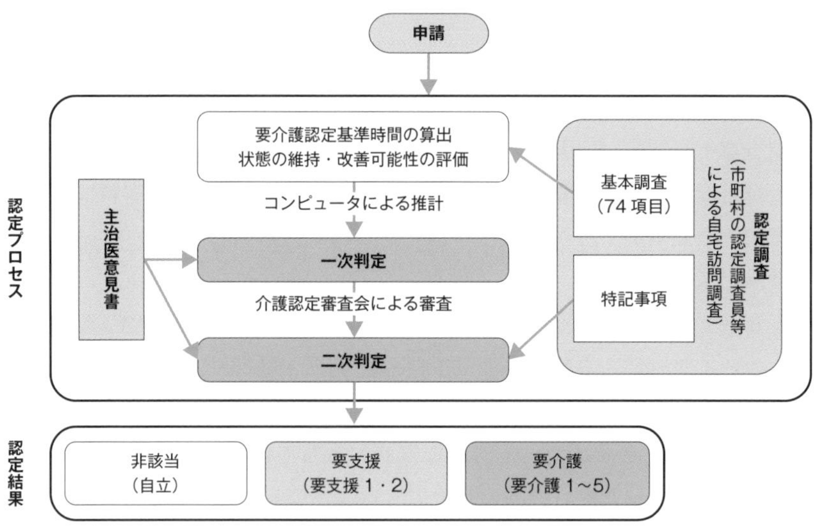

図 12-7　介護保険制度における要介護認定制度について

（出典）　厚生労働省老健局『介護保険制度の概要』https://www.mhlw.go.jp/content/000801559.pdf（2022.3.11）より筆者作成。

3　介護保険制度を利用する

この節で学ぶこと：介護保険制度を実際に利用する際に，どのような手続きが必要とされ，介護サービスの利用に至るまでの流れについて学習します。そのことによって，介護保険制度を主体的に利用することが可能となります。
キーワード：介護保険制度，介護保険サービス，要介護認定

介護保険制度の利用の流れ

介護保険制度を実際に利用する際の手続きは次の通りです。①利用者である高齢者もしくはその家族が，高齢者の総合相談窓口である地域包括支援センターないしは，居住する市町村窓口（介護保険担当課）に相談し，要介護認定の申請を行います。②市町村窓口は，要介護認定調査を実施します。③介護認定審査会での判定会議を経て，要介護度が決定されます。要介護度は1〜5（度数が多いほど重度となる）の範囲で認定され，認定区分によって毎月のサービス給付の上限が設定されます。④利用者（もしくはその家族）は必要とするサービス内容を選択し決定します（図12-6）。

介護保険サービスは，「施設系・居住系サービス」と「在宅系サービス」の2種類に大別されます。在宅系サービスを利用する場合，担当のケアマネージャー等と相談しながら，介護ニーズに合わせて種々のサービスを組み合わせて利用する制度になっています（図12-6）。

ところで，要介護認定制度の趣旨は，寝たきりや認知症により要介護状態になった場合や，家事援助や身辺自立の支援が必要となる場合など，特に介護予防サービスが効果的と判断される場合に，介護の必要度に応じた介護サービスを受けられることです。要介護状態もしくは要支援状態にあるか否か，さらにはその程度について判定を行うのが要介護（要支援も含む）認定となります。認定調査と主治医の意見書に基づくコンピューター判定（一次判定）と，介護認定審査会での審査・判定（二次判定）の結果に基づき，最終的には市町村が要介護認定を行います（図12-7）。

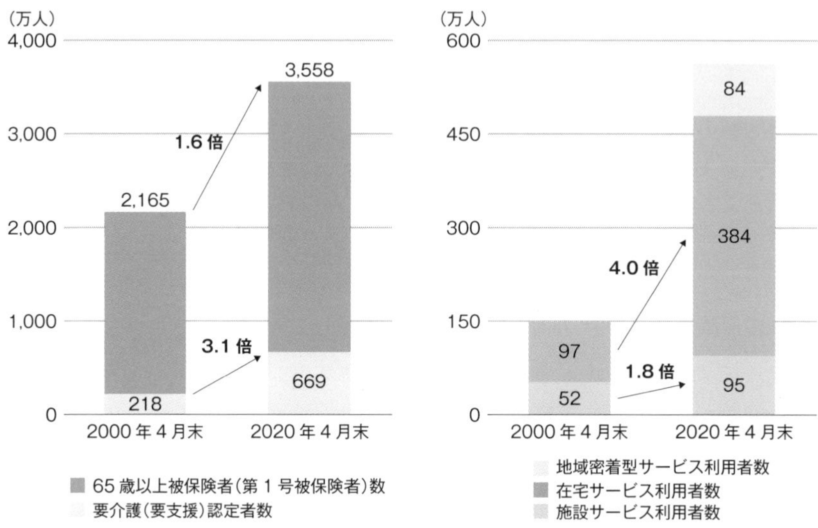

図 12-8　これまでの 20 年間の介護保険対象者・利用者の増加

（出典）　厚生労働省老健局『介護保険制度の概要』https://www.mhlw.go.jp/content/000801559.pdf(2022.3.11)より筆者作成。

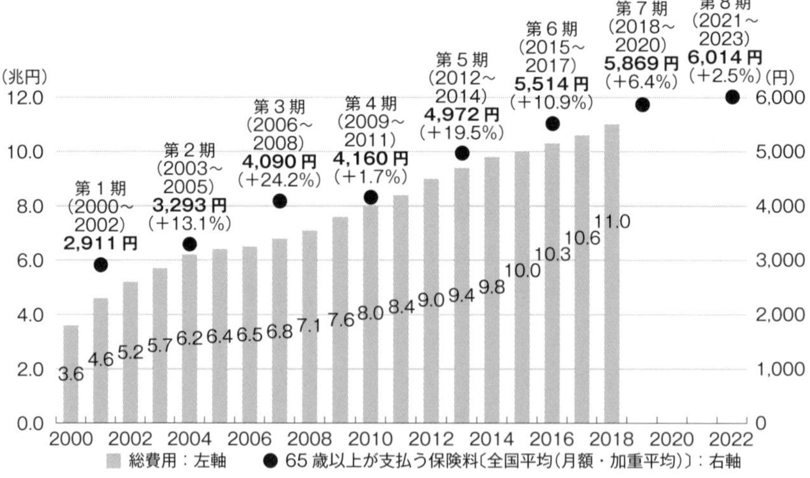

図 12-9　介護費用と保険料の推移

（出典）　厚生労働省老健局『介護保険制度の概要』https://www.mhlw.go.jp/content/000801559.pdf(2022.3.11)より筆者作成。

介護保険制度をとりまく状況

① 介護保険制度の対象者と利用者の増加傾向：2000年から2040年の20年間で，(1)65歳以上の被保険者数は1.6倍(2,165万人→3,558万人)，(2)要介護(要支援)認定者は，3.1倍(218万人→669万人)，(3)サービス利用者数の内訳として，在宅サービス利用者数は4.0倍(97万→384万人)，施設サービス利用者数は1.8倍(52万人→95万人)に増加しています(図12-8)。

② 介護費用と保険料の推移：介護保険の総費用は年々増加傾向にあり，平成12年時点で3.6兆円だったのが，平成20年は7.1兆円，平成30年は11.0兆円，平成20年以降は，毎年0.2〜0.5兆円の幅で増加し続けています。一方，65歳以上の被保険者(第1号被保険者)が毎月支払う保険料も，全国平均で第1期(平成12〜14年度)は2,912円だったのが，第5期(平成24〜26年度)は4,160円，第8期(令和3〜5年度)は6,014円と増加傾向にあります(図12-9)。

③ 地域包括ケアシステム構築：地域包括ケアシステムとは「重度な要介護状態になっても，住み慣れた地域で自分らしい人生を最後まで続けることができるよう，医療・介護・予防・住まい・生活支援が包括的に確保される体制」と定義されています。政府は，この体制の実現を2025年までとしていますが，その進展状況には大きな地域間格差(大都市部と町村部)があり，地域の実情に合わせたシステム作りが求められています。

④ 介護人材の確保：このためには，処遇の改善，多様な人材の確保・育成(他職種からの参入促進など)，介護職の離職防止と定着促進，生産性の向上(働き方改革，介護ロボット，ICTの活用促進など)，介護職の魅力アップ，外国人材(特定技能者や留学生など)の受け入れ環境の整備が必要とされます。

⑤ 介護現場の革新の取り組み：介護現場の生産性向上に向けたテクノロジー(ICT，介護ロボット，見守りセンサー，ケア記録ソフトなど)の開発と普及促進があげられます。

図 12-10　要介護者(要支援者)と家族介護者を取り巻くソーシャルサポート
（出典）　筆者作成。

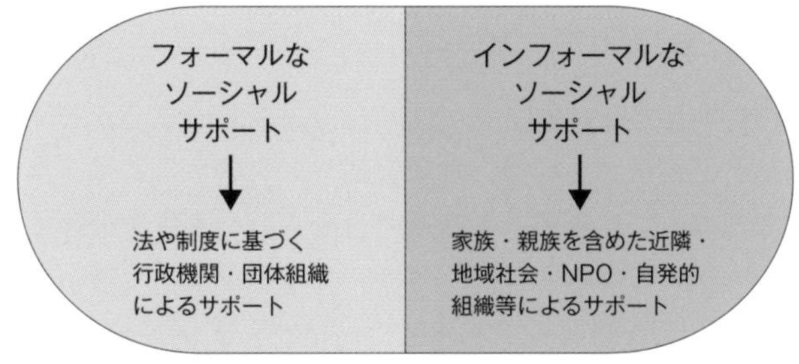

図 12-11　ソーシャルサポートの種類
（出典）　筆者作成。

コラム 12-4　ストレスに対するソーシャルサポートの効用を考える

私たちが日常生活において経験するストレスには適度なものと，過度なものとの両方があります。ストレスが過度な場合は，ストレスを和らげる，いわば緩衝材的な役割を果たすソーシャルサポートが有効な手段と考えられています。例えば，「強いストレスを感じる時，あなたはどのように対処されていますか」と聞かれたとします。「他者に相談する」「運動する」「音楽を聴く」「美味しいものを食べる」「ペットと散歩したり，遊んだりする」など，人によって対処方法は異なります。サポートは，必ずしも他者からの助けを意味するものではありませんが，信頼できる他者と会話することで，ストレスの原因を客観化でき，より適切な対処方法を見つけることも可能となります。

4　ソーシャルサポートと自発的組織

この節で学ぶこと：家族介護者を支援するためのソーシャルサポートとして，制度によらない自発的組織(NPO 団体，当事者組織など)が存在しますが，それが果たす役割や今後の課題とともに，今後の社会保障制度のあり方について学習します。
キーワード：ソーシャルサポート，ファミリーサポート，自発的組織

介護支援に対するソーシャルサポート

本章の第 2 節において，家族介護を基本とする従来の志向から脱却し，介護を社会化することの必要性について触れました。

ちなみに要介護者と要支援者を取り巻く環境について考えますと，直近では，家族介護者によるファミリーサポートがあり，その周囲には近隣，地域社会，地方自治体や国，民間の NPO 組織，や当事者による自発的組織などのソーシャルサポートがあります(図 12-10)。

ところで，介護家族を支援するうえで，次の 2 種類のソーシャルサポートが必要不可欠であるとされます(図 12-11)。1 つ目は，フォーマルなソーシャルサポートとされ，法や制度に基づく行政機関や団体組織とされる行政組織・機関や施設がこれに相当します。2 つ目は，インフォーマルなソーシャルサポートとされ，家族や親族をはじめ，近隣や地域社会，民間の NPO 組織・団体や，当事者が集まって組織化される自発的組織などがこれに相当します。

ソーシャルサポートと自発的組織

家族介護者が日頃体験する悩みや困り事に関して，他人である当事者同士が共有し，分かち合うことは，介護に伴う精神的負担を軽減する意味で重要なソーシャルサポートとなります。具体的には，

① 情報的サポート(制度，サービスなど，社会資源の有効な活用の方法に関する情報の提供)
② 物理的サポート(人的及び物的なサポート)

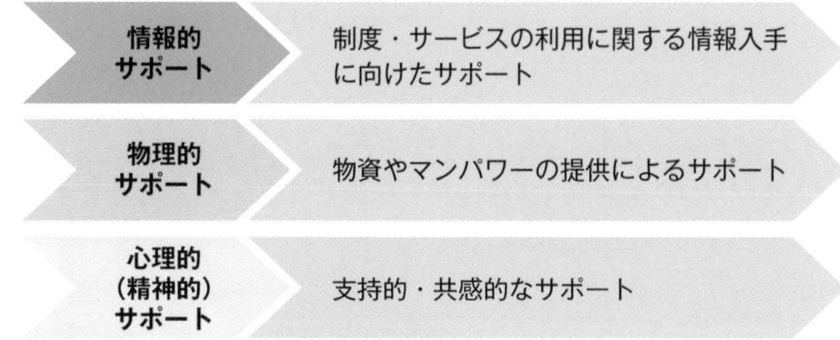

図 12-12　自発的組織によるソーシャルサポートの内容

（出典）　筆者作成。

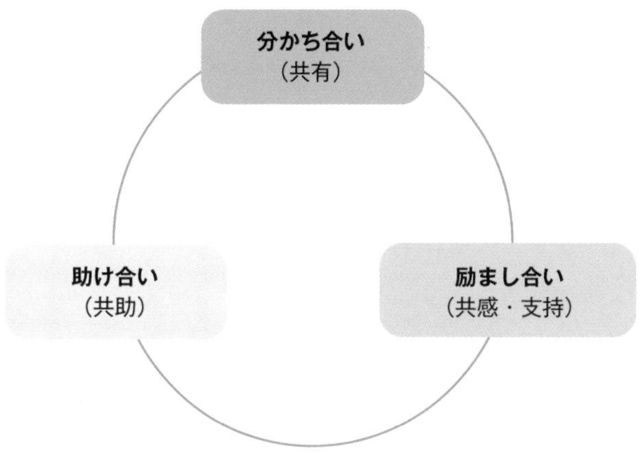

図 12-13　自発的組織による当事者間の相互作用

（出典）　筆者作成。

コラム 12-5　セルフヘルプグループの効用について考える

自発的組織あるいは当事者組織と呼ばれるセルフヘルプグループ（自助グループ）は，共通する課題や問題を抱える当事者が集まり，相互援助（支援）を目的として運営されています。セルフヘルプグループは，グループの持つ力（メンバー間の相互作用や凝集性）を活用することで，メンバーが直面している課題や問題を解決することを可能とします。また，個別支援とグループ支援および地域資源を活用することで，より効果的な解決へと導くことも可能となります。

③　心理的(精神的)サポート(支持的および共感的なサポート)

があげられます(図 12-12)。

加えて，家族介護者が直面する介護ストレスを緩和し，QOL を維持，向上できる時間や空間(場所)として，自発的組織の存在が必要となります。この組織に参加するメリットは，①分かち合い(共有)，②助け合い(共助)，③励まし合い(共感・支持)などの仲間意識が生まれ，孤独感や孤立感から解放されることにあります。孤立しやすい家族介護者には，家族の介護負担を担う上で必要となる種々の支援を，いつでも入手確保できる安心感がなにより必要といえます(図 12-13)。

今後の日本社会における社会保障制度のあり方

日本社会が直面する介護問題は，その財源やマンパワーの確保をはじめ，関連する医療や福祉の問題を私たちに投げかけています。介護保険制度における給付と負担は，特に重要な課題です。現行制度では保険料の負担者は 40 歳以上となっていますが，財源確保のために年齢を引き下げることや保険料の引き上げなども検討課題となっています。また，今後，所得などの負担能力に応じて，利用者の自己負担の割合を段階的に引き上げていくことが検討されるなど，制度改革の転換期を迎えています。

政府は社会保障費の抑制という観点から，医療費の削減を方針として打ち出していますが，一方で医療技術の進歩や高度化によって医療費の抑制は難しい状況にあります。かつては，社会的入院という名のもとで，寒冷地域では冬期間，病院が介護施設的な役割を担っていたこともあります。高齢者の場合，医療と同時に介護を必要としているケースが多く，両者は切っても切れない関係にあります。仮に病院を無事退院できたとしても，その後，介護施設や家族が十分な受け皿として機能できるとは限らず，転院や介護施設間の移動を余儀なくされるなどの困難が生じることもあります。もはや家族を含み資産とした「家族による自助(自己責任)」や「親族・近隣による共助(連帯責任)」を前提とした社会保障制度は限界に達していることを踏まえ，今後，「公助(社会的責任)」を前提とした社会保障制度の再構築が求められていることを認識する必要があるでしょう。

考えてみよう　調べてみよう

1. 本間清文(2021)『最新図解スッキリわかる！介護保険第2版―基本としくみ，制度の今とこれから』ナツメ出版。
2. ケアマネジャー編集部編(2021)『ケアマネ・相談援助職必携　プロとして知っておきたい！介護保険のしくみと使い方― 2021年介護保険改正対応』中央法規出版。
3. 長谷憲明(2021)『よくわかる！新しい介護保険のしくみ―令和3年改正対応版』瀬谷出版。
4. 黒田有子(2022)『権利としての介護保障をめざして』学習の友社。
5. NPO法人 介護者サポートネットワークセンター・アラジン著(2021)『「家族介護」のきほん』翔泳社。

   介護者支援に取り組むNPOの著者が，介護の初期段階で知っておいてほしい介護に関するノウハウをはじめ，心構えについてもわかりやすく解説しています。

1. あなたは，自分の親が高齢となり，介護が必要となった際に，家族の一員として，親の介護についてどうしたいと考えますか。
2. あなた自身，将来介護を受けることになった際に，どのようにしたいと考えますか。例えば，介護を受ける場所(在宅あるいは施設)や介護の担い手など。
3. あなたは，理想とする介護のあり方について，どう考えますか。

第 13 章　老いの諸相と居住環境

役割なき役割と準拠集団

この章で学ぶこと

本章では，団塊の世代における老いの諸相を紹介します。ライフコースからみた団塊の世代は，それまでの性別役割分業による役割を終えて，老いを迎え「役割なき役割」をもち得ます。一方，ライフサイクルからみた団塊の世代は，高齢期に入り，身体的，認知的に老衰し，最期に近づきます。さまざまな喪失のなかで居住環境を整えて，ウェルビーイングの老いに向けて準拠集団をアップデートしていきます。

キーワード：団塊の世代，ライフコース，役割なき役割，ライフサイクル，準拠集団

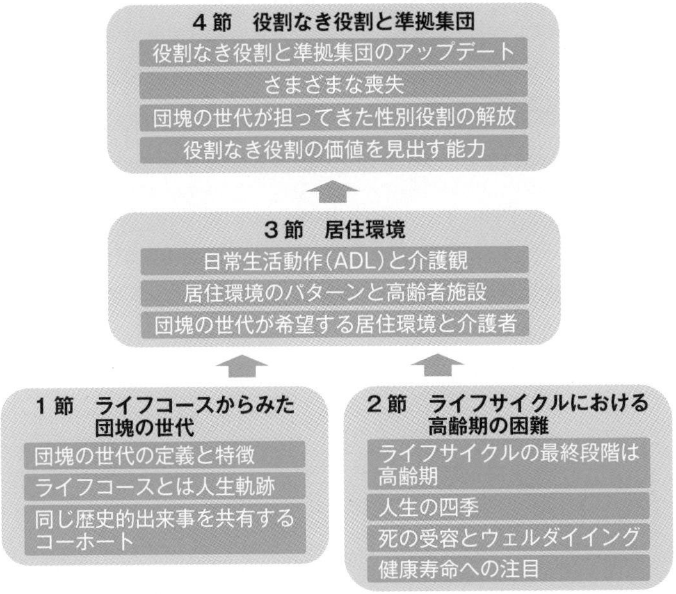

4 節　役割なき役割と準拠集団

- 役割なき役割と準拠集団のアップデート
- さまざまな喪失
- 団塊の世代が担ってきた性別役割の解放
- 役割なき役割の価値を見出す能力

↑

3 節　居住環境

- 日常生活動作（ADL）と介護観
- 居住環境のパターンと高齢者施設
- 団塊の世代が希望する居住環境と介護者

↑　↑

1 節　ライフコースからみた団塊の世代

- 団塊の世代の定義と特徴
- ライフコースとは人生軌跡
- 同じ歴史的出来事を共有するコーホート

2 節　ライフサイクルにおける高齢期の困難

- ライフサイクルの最終段階は高齢期
- 人生の四季
- 死の受容とウェルダイイング
- 健康寿命への注目

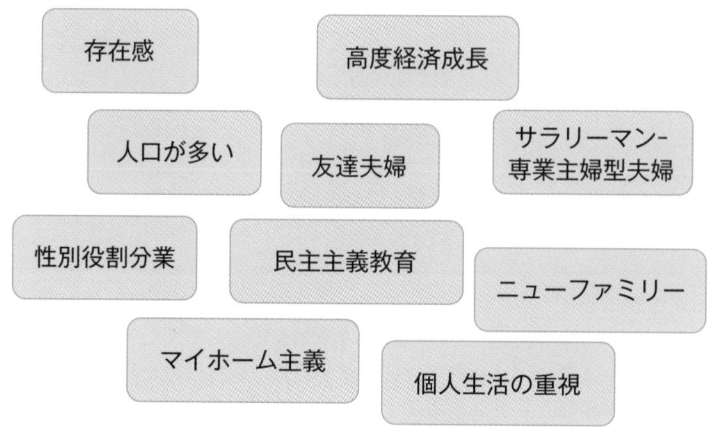

図 13-1　団塊の世代の特徴
（出典）　筆者作成。

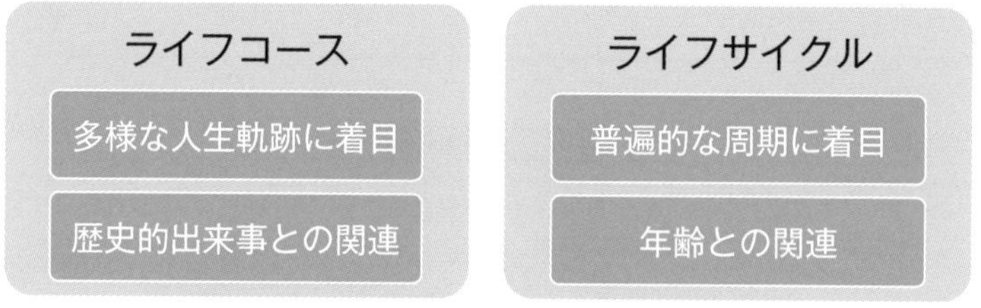

図 13-2　ライフコースとライフサイクル
（出典）　エルダー（1974=1986）とレビンソン（1986=1992）をもとに筆者作成。

1　ライフコースからみた団塊の世代

この節で学ぶこと：老いの諸相を知る前提として，ライフコースからみた団塊の世代の定義と特徴を解説します。ライフコースの概念を理解したうえで団塊の世代について学びます。
キーワード：ライフコース，コーホート，団塊の世代，歴史的出来事

団塊の世代の定義と特徴

この章では，団塊の世代を解説していきます。まずは定義から始めます。団塊の世代とは，1945年8月の太平洋戦争の敗戦後，1947年から1949年までの第一次ベビーブームに生まれた人々を指します。団塊の世代が65歳を超えたのは2012年から2014年にかけてです。さらに75歳を超えて後期高齢者になるのは2022年から2024年にかけてのことです。

ライフコースからみた団塊の世代の特徴は，第一に人口が多いため，政治，経済，社会，文化といったあらゆる側面で存在感が大きいことが挙げられます。第二に1960年代に始まった日本の高度経済成長を牽引したことです。第三に1970年代には男女平等の雰囲気のなかで，サラリーマン-専業主婦型の性別役割分業を基盤とするニューファミリーを築きました(図13-1)。彼らの子どもたちは団塊世代ジュニアと呼ばれ，1971年から1973年まで，日本社会に第二次ベビーブームを引き起こしました。

つまり団塊の世代は，戦後昭和の躍進という新しい時代を象徴する存在となり，戦前の昭和一桁世代とは異なるライフコースを生きてきました。

ライフコースとは人生軌跡

ライフコースとは何でしょうか。ライフコースとは，人が一生の間にたどる道筋(pathways)です。道筋というのは人生の軌跡を意味します。ライフコースの概念は，人の家族歴，仕事歴，学歴，趣味歴等，さまざまな人生の軌跡を社会構造に位置づけます。

これと似た概念にライフサイクルがあります。次節でも説明しますが，ライフサイクルはおもに人の身体的，認知的，心理的な側面に焦点を当てた普

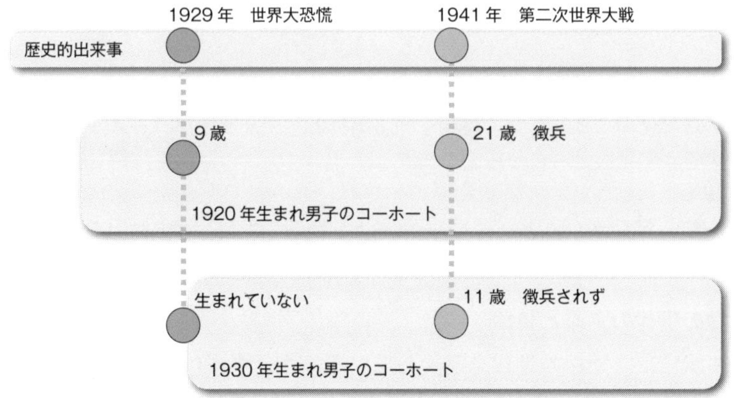

図 13-3　歴史的出来事から受ける影響が異なる 2 つのコーホート
（出典）　エルダー（1974=1986）をもとに筆者作成。

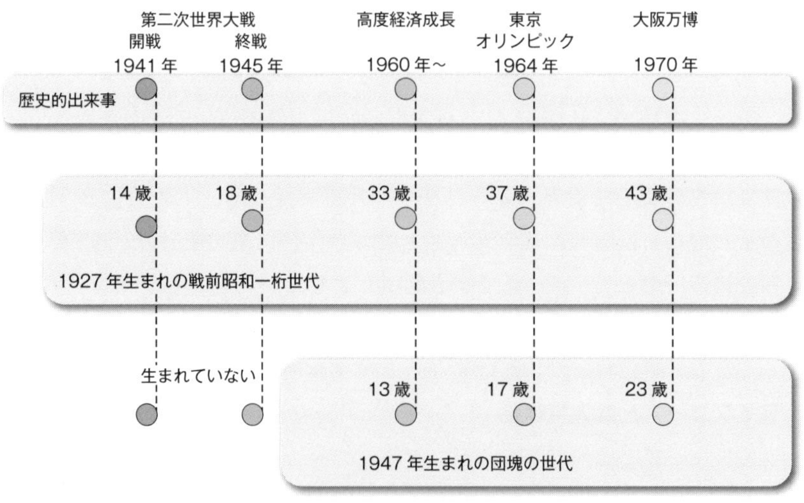

図 13-4　戦後生まれ団塊の世代と戦前昭和一桁世代のライフコース
（出典）　エルダー（1974=1986）をもとに筆者作成。

遍的な周期です。これに対してライフコースでは，社会的，時代的な側面に焦点を当てます。ライフコースにおける人生の軌跡は，戦争，発明，不況，天災といったような歴史的出来事との関連で把握されます(図 13-2)。

同じ歴史的出来事を共有するコーホート

米国の社会学者グレン・エルダー(Elder, G.)は歴史的出来事に焦点を当て，当時の子ども達が 1929 年に起きた世界大恐慌と第二次世界大戦からどのような影響を受けたかについて，オークランドの地域住民を対象に 40 年にわたる縦断的研究をおこないました。この方法はコーホート研究とも呼ばれています。

コーホートとは何でしょうか。それはライフコースにおいて同じ歴史的出来事を共有する集団で，同時期に同地域で起きた歴史的出来事を同じように体験をした人たちの集合体を意味します。

エルダーのコーホート研究によると，たとえ同じ歴史的出来事であっても，その出来事を体験した時の年齢によって受ける影響は異なります。

ここで 1929 年の世界大恐慌と 1941 年の第二次世界大戦という 2 つの歴史的出来事に注目してみましょう。1920 年米国生まれの男子は，9 歳で世界大恐慌を体験し，21 歳で戦争に巻き込まれて徴兵されました。一方で 1930 年米国生まれの男子は，乳児の時に世界大恐慌が起きましたがそれを体験せず，11 歳のときに起きた戦争では徴兵を免れました。両者は生まれた時期が 10 年しか違わないのに，これら 2 つの歴史的出来事から受けた影響は違います。したがって両者は違うコーホートになります(図 13-3)。

話を日本の団塊の世代に戻しましょう。1947 年から 1949 年までに生まれた団塊の世代は，1927 年から 1929 年までに生まれた戦前の昭和一桁世代とは違うコーホートです(図 13-4)。団塊の世代は，戦前の世代と比べると，太平洋戦争という歴史的出来事から受けた影響が違います。団塊の世代は家制度から解放され，戦後日本の民主主義教育を受け，高度経済成長を牽引し，個人生活を重視するマイホーム主義の価値観をもちました。このようにライフコースからみた団塊の世代は，ニューエイジングという新しい動向を作りました。

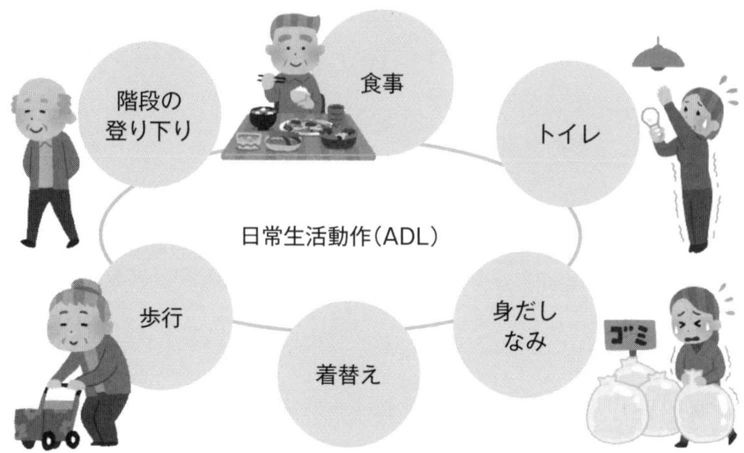

図 13-5　日常生活動作(ADL)

(出典)　筆者作成。

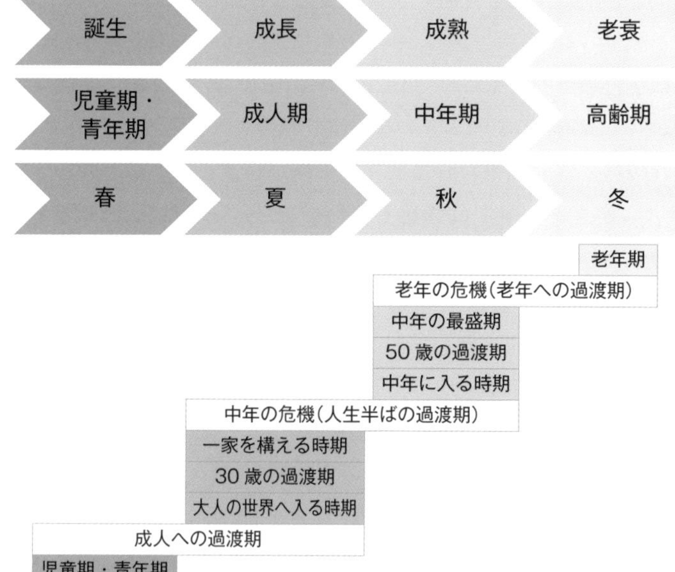

図 13-6　人生の四季にたとえられるライフサイクル

(出典)　レビンソン(1986=1992)をもとに筆者作成。

2　ライフサイクルにおける高齢期の困難

この節で学ぶこと：ライフサイクルにおける高齢期の困難を説明します。高齢期はライフサイクルの最終段階です。この時期は要介護状態や認知症になることもあります。一般的に高齢期の困難は死の受容であると言われています。

キーワード：ライフサイクル，認知症，日常生活動作（ADL），健康寿命

ライフサイクルの最終段階は高齢期

この節ではライフサイクルを説明します。ライフサイクルとは，人の一生涯に焦点を当てた概念で，人の誕生から成長，成熟，老衰へと向かう段階で示される周期を意味します。

ニューエイジングという社会現象をもたらした団塊の世代は，2014 年に 65 歳を超え，ライフサイクルにおける最終段階である高齢期を迎えました。ライフサイクルからみた高齢期にはどのような困難が生じるでしょうか。65 歳になると人は身体的あるいは認知的に老い衰えていることを自覚します。75 歳を超えて後期高齢者と呼ばれるようになると，健康に気をつけていても病気は避けられません。85 歳を超えて超高齢者になると，確実に老衰が進み，要介護状態や認知症になることが多いようです。

身体的に衰えると「日常生活動作（ADL：Activities of Daily Living）」（図 13-5）が低下します。排泄，食事，入浴といったようなこれまでは自分でできていたことが徐々に難しくなります。一方で，認知的に衰えると，認知症になります。これは単なる物忘れとは違って，日常生活を営む際に大きな困難をともなうことがあります。

人生の四季

人生を四季に見立てたライフサイクル研究があります。それは米国の心理学者のダニエル・レビンソン（Levinson, D.）によるものです（図 13-6）。それまでの研究では，人は成人したら発達が終了すると考えられていました。そんななかでレビンソンらの研究グループは，人は成人してからも発達し続けるという仮説を立てました。米国人男性 40 人の生活史を分析した結果，成

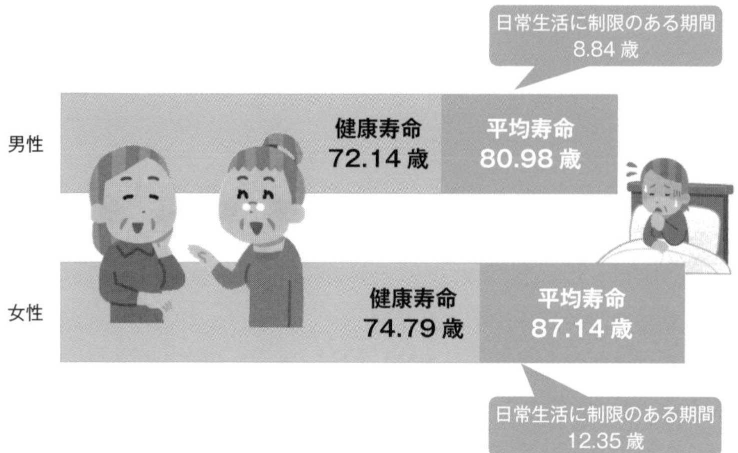

図 13-7　健康寿命と平均寿命（2016 年）

（出典）　厚生労働省「令和 2 年版厚生労働白書―令和時代の社会保障と働き方を考える―」図表 1-2-6　平均寿命と健康寿命の推移　https://www.mhlw.go.jp/stf/wp/hakusyo/kousei/19/backdata/01-01-02-06.html（2022.4.5）より筆者作成。

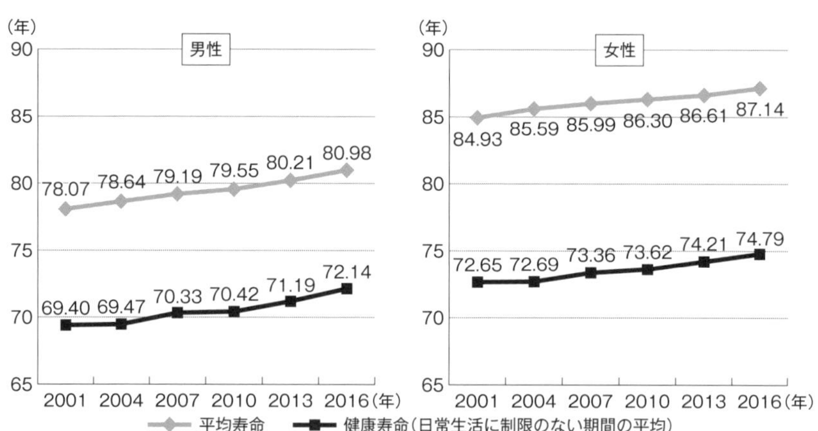

図 13-8　健康寿命と平均寿命の推移

（出典）　厚生労働省「令和 2 年版厚生労働白書―令和時代の社会保障と働き方を考える―」図表 1-2-6　平均寿命と健康寿命の推移　https://www.mhlw.go.jp/stf/wp/hakusyo/kousei/19/backdata/01-01-02-06.html（2022.4.5）より筆者作成。

人前期以降も 4，5 年ごとのサイクルで人生の「過渡期」と「安定期」を繰り返していると結論づけました。

レビンソンらによる最も有名な発見は「中年の危機（人生半ばの過渡期）」です。成人前期に先送りし続けてきた課題がもはや先送りできなくなり，その危機が中年期にやってくるというのです。この概念を応用すると，高齢期にも「老年の危機（人生最後の過渡期）」があるということになります。

老年の危機とは何でしょうか。それは死の受容であると考えられます。

死の受容とウェルダイイング

死の受容過程はどうなっているのでしょうか。スイスの精神科医キューブラー=ロスは末期患者 200 人にインタビュー調査を実施し，死に至る人の心の動きを 5 段階で表しました。それは，①否認から始まり，②怒り，③取引，④抑うつ，そして⑤受容へと至るものです。

この研究が示すように死の受容は簡単ではありません。どの病気に罹患するのか，どんな症状が出るのか，痛みはどの程度かは，実際にそうなってみないとわかりません。死は予測できないうえに，コントロールできません。

しかし少しでもコントロールしようという動きもあります。たとえば日本尊厳死協会は，ウェルダイイング（よい死のあり方）を実現するため，回復の見込みがないのに本人の意思に反して延命措置を続けることに懐疑的な立場をとっています。賛否両論あるため今後もこういった議論が望まれます。

健康寿命への注目

よい死のあり方を模索するなかで注目されるのが健康寿命です（図 13-7，13-8）。

これまでは平均寿命を延ばすことが目指されてきました。しかし 21 世紀には健康で長生きすることを目指す健康寿命が推進されています。なぜなら寝たきり状態で平均寿命が長いことよりも，活動的状態を維持できる方が高齢期のウェルビーイングの観点から望ましいと考える人が多いからです。

このようにライフサイクルからみた高齢期では，ほぼすべての人々が日常生活動作（ADL）の低下や認知症等の困難と向き合うことになります。その困難の内容，程度，状況によっては居住環境を変える必要も出てきます。

表 13-1　介護観の変化

戦前の昭和一桁世代	戦後の団塊の世代
義務	選択
嫁の務め	介護保険制度のサービスから選択可能
看取り三月	介護期間の長期化
介護するのが当然	介護するのが当然
介護されて当然	介護されるのは必ずしも当然ではない
自宅希望	自宅希望と施設希望の混在

（出典）筆者作成。

表 13-2　高齢者施設の種類

		公的施設			民間施設					
種類		介護保険施設		福祉施設	認知症高齢者グループホーム	有料老人ホーム		サービス付き高齢者向け住宅(ケア付き)	サービス付き高齢者向け住宅	シニア向け分譲マンション
		特別養護老人ホーム	介護老人保健施設	ケアハウス		介護付有料老人ホーム	住宅型有料老人ホーム			
金額	初期費用	0 円	0 円	数十万円～	～数十万円	～数十万円	～数十万円	～数十万円	～数十万円	数千万円～数億円
金額	月額費用	従来型 3～8 万円台 ユニット型 5～16 万円台	従来型 6～11 万円台 ユニット型 7～20 万円台	6～20 万円	15～30 万円	20～40 万円	20～40 万円	18～30 万円	15～30 万円	12～30 万円
入居条件	年齢と介護度	65 歳以上で原則要介護 3 以上	65 歳以上の要介護者	65 歳以上の要介護者	65 歳以上で要支援 2 以上の認知症患者	概ね 65 歳以上の自立～要介護者	概ね 65 歳以上の自立～要介護者	概ね 60 歳以上の高齢者，または要支援・要介護者	概ね 60 歳以上の自立～軽介護者	年齢制限なし，自立～要介護者
入居条件	認知症	可	可	不可	可	可	要相談	可	要相談	要相談
入居条件	医療ケア対応	要相談	可	不可	不可	可	要相談	可	要相談	要相談
主な運営法人		社会福祉法人	医療法人	社会福祉法人	主に社会福祉法人	主に民間企業	主に民間企業	主に民間企業	主に民間企業	民間企業
法令		―	老人福祉法／介護保険法	老人福祉法／介護保険法	老人福祉法／介護保険法	―	―	高齢者住まい法／介護保険法	高齢者住まい法	―
住宅の目的		生活施設	医療施設	生活施設	共同生活住居	高齢者のための住居				不可価値の高い住宅

（出典）民間介護施設紹介センター『あらためて知っておきたい「介護を受けながら暮らす　高齢者の住まい」とは』https://minkai.jp/genki-kai/no020.html(2022.4.5)より筆者作成。

3　居住環境

この節で学ぶこと：高齢期における居住環境は，要介護や認知症の状況，希望する介護者等により決まってきます。戦前生まれの昭和一桁世代と異なり，戦後生まれの団塊の世代は，より多くの選択肢のなかから自分に合った居住環境を整えています。
キーワード：義務から選択へ，介護観，高齢者施設，マイホーム主義

日常生活動作(ADL)と介護観

それまで自宅で暮らしてきた団塊の世代のなかには，ウェルビーイングの高齢期に向けて特別養護老人ホーム等の施設に入居し，居住環境を変えることがあり得ます。それはどのような場合でしょうか。

高齢期の団塊の世代が居住環境を決める際に懸念することは，家族介護者がいない状況で日常生活動作(ADL)が徐々に低下して要介護状態になることです。

要介護状態になり床に伏した場合，戦前の昭和一桁世代は，嫁から 3 ヶ月程度介護されました。「看取り(みと)三月(みつき)」です。ところが戦後生まれの団塊の世代は介護期間が長期化し，新しい介護観が広がりました。これまでの介護観から新しい介護観への変化は，2000 年の介護保険制度が転換点で，「義務から選択へ」と表現できます。義務の介護観では介護は嫁としての務めでしたが，選択の介護観ではどこで誰から介護を受けるかが選択可能です。

両方の介護観を経験しているのが団塊の世代です。なぜなら団塊の世代は自分たちが介護する立場だったときは両親の介護は義務でしたが，自分たちが高齢期になり，介護される立場となった今，希望する介護スタイルが選択できるようになったからです(表 13-1)。

このように高齢期にある団塊の世代は，日常生活動作がどの程度低下しているか，認知症がどの程度進行しているかといった要介護状態の度合いに加え，新たな介護観による選択肢を考慮して，自らの居住環境を決めています。

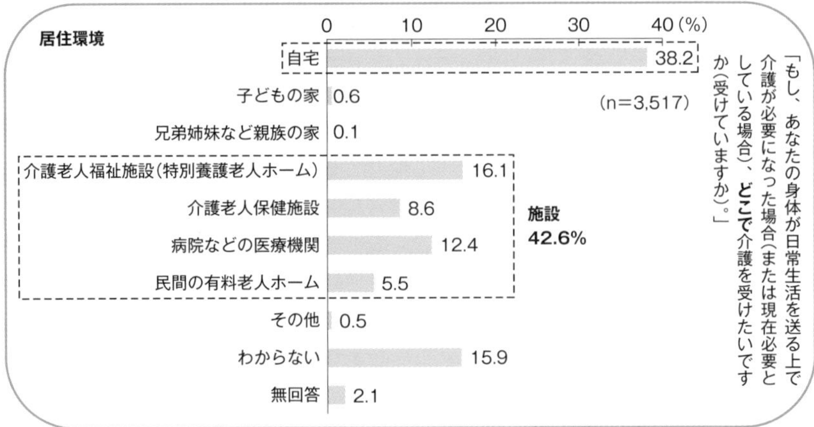

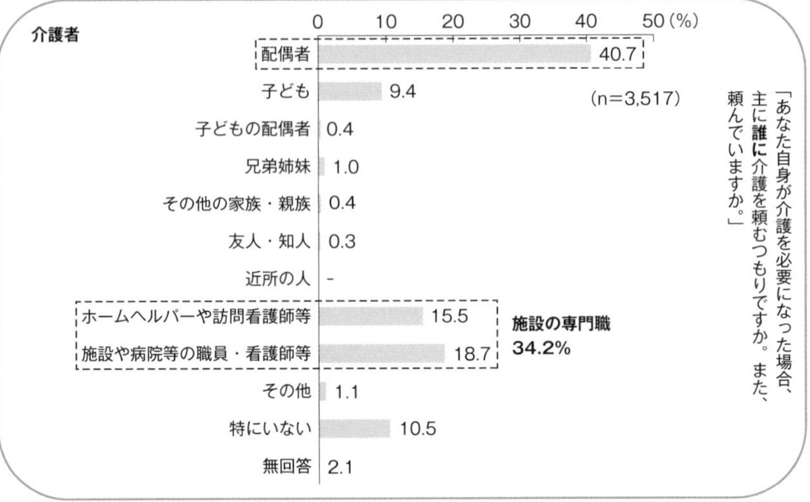

図 13-9　要介護となった場合に希望する居住環境と介護者

(注)　対象者：団塊の世代の男女 6,000 人，方法：郵送配布・郵送回収，有効回収率：58.6%，実施日：2012 年 9 月 7 日〜10 月 12 日。

(出典)　内閣府，平成 24 年度『団塊の世代の意識に関する調査結果』https://www8.cao.go.jp/kourei/ishiki/h24/kenkyu/gaiyo/pdf/kekka.pdf(2022.4.5)，15-16 頁より筆者作成。

居住環境のパターンと高齢者施設

団塊の世代は，新しい時代のなかで新しいライフスタイルを実践してきました。そして友達夫婦と呼ばれるニューファミリーを形成し，マイホーム主義で個人生活を重視しました。そんな団塊の世代の居住環境には，どんなパターンがあり得るでしょうか。まず独居か非独居か，つぎに日常生活動作(ADL)が高いか低いか，さらに施設希望か自宅希望かという条件を組み合わせると，「独居－高ADL－施設希望」など，8つのパターンが理論的には考えられます。

一方，日本にはさまざまな高齢者施設(表13-2)があります。費用，入居条件，運営法人，介護付か否かなどの違いがあります。要介護度が最も深刻な場合には特別養護老人(特養)ホームを選ぶのが一般的です。特養ホームには従来型のシェアルーム型と新型の個室ユニット型があります。

こういった特養ホームや介護付有料老人ホームに入居するのは，要介護状態になることを想定してのことです。その想定には配偶者など，自宅に介護者がいない可能性も含まれるでしょう。つまり要介護状態になる前に有料老人ホーム等の施設に入居することもあり得ます。

このように高齢期を迎えた団塊の世代は，介護観だけでなく，居住観についても新しい価値観をもっています。

団塊の世代が希望する居住環境と介護者

ここでデータを確認しましょう。マイホーム主義を重視する団塊の世代は，実際に要介護状態になったらどこで誰から介護を受けたいでしょうか。2012年に団塊の世代を対象に内閣府が実施したアンケート結果を紹介します(図13-9)。要介護となった場合に希望する居住環境について聞いたところ，自宅か施設かというカテゴリーで見ると，自宅希望は38.2%であるのに対し，介護施設と医療施設の両方を含めた施設希望は42.6%となっていて，施設希望が最多となっています。一方で，希望する介護者については配偶者を希望する人は40.7%で最多。介護職や看護職，ホームヘルパー・訪問看護師を希望する人は34.2%となっており，高齢期にある団塊の世代は，どの選択肢を選ぶか悩みながらも個人生活を重視する様子がみてとれるでしょう。

表 13-3　生きがいについて

生きがいを感じるか	70～74 歳 団塊の世代*	80 歳以上 昭和一桁世代*
人数	372 人	267 人
大変感じている	21.0%	23.6%
多少感じている	48.4%	37.8%
どちらとも言えない	16.1%	22.5%
あまり感じていない	10.2%	10.9%
まったく感じていない	1.9%	1.1%
無回答	2.4%	4.1%

*対象者のうち，団塊の世代と昭和一桁世代に該当する年齢層のみ抜粋して記載。

生きがいを感じる時	男性	女性
人数	651 人	716 人
夫婦団らんの時	40.7%	24.2%
仕事に打ち込んでいる時	26.9%	17.6%
友人や知人と食事，雑談している時	5.4%	26.8%
他人から感謝された時	23.2%	32.7%
おしゃれをする時	5.4%	26.8%
趣味に熱中している時	48.2%	42.6%
おいしい物を食べている時	49.5%	57.8%
テレビを見たり，ラジオを聞いている時	45.3%	51.4%

（注）　対象者：60 歳以上男女 2,500 人，方法：郵送配布・郵送回収，有効回収率：54.7%，実施日：2021 年 1 月 5 日～1 月 25 日。
（出典）　内閣府による令和 2 年度『高齢者の生活と意識に関する国際比較調査結果』より筆者作成。

コラム 13-1　準拠集団（reference group）

米社会学者ロバート・マートン（Merton, R.）によって使用された社会学の概念。
【定義】自分が何かを決めるとき，自分の行動に強い影響を与える人々のこと。
準拠集団は，具体的な集団とは限らず，ある階級全体，階層全般などの場合もあり，また自分が直接所属していない集団ということもあります。
たとえば，友人集団，尊敬する有名人，ただ単に「富裕層」などがそれにあたります。
実際に所属している集団は，所属集団と言います。
【例】
A さんの準拠集団は，学校の仲間「みんなにこのアプリ教えなきゃ」
B さんの準拠集団は，会社の同僚「みんなに負けないようにがんばって営業しなきゃ」
C さんの準拠集団は，セレブ一般「こんな服じゃみんなに笑われる」
D さんの準拠集団は，有名科学者「実験成功！これでみんなに認められる」
【特徴】準拠集団は，ミクロの私個人の選択をマクロの常識や情報に結びつける概念です。あなたは良い選択をすると幸せな気分になるでしょう。あなたがその選択をし得たのは準拠集団の影響が大きいので，良い選択をするためには準拠集団は大事です。それがウェルビーイングにつながります。ウェルビーイングは良い状態を意味します。
（出典）　田中編著・香月著（2019）134 頁を引用し一部改変して筆者作成。

4　役割なき役割と準拠集団

この節で学ぶこと：高齢期に生きがいをもち，ウェルビーイングでいられるには何が必要でしょうか。役割なき役割(roleless role)をもち，準拠集団をアップデートし，自分に合った老いの諸相を迎えていく必要があることを説明します。
キーワード：地位と役割，喪失，役割なき役割(roleless role)，準拠集団

役割なき役割と準拠集団のアップデート

要介護状態になり高齢者施設に入居する団塊の世代は，ウェルビーイングから程遠いのでしょうか。そのようなことはありません。この節ではその理由について解説していきます。

先に結論を言うと，日常生活動作(ADL)が低下して居住環境が変わるとしても，それまで遂行してきた性別役割から自らを解放すれば，趣味・生きがいを楽しめるような「役割なき役割(roleless role)」をもつことが可能かもしれません。

それを可能とする条件は，準拠集団(コラム13-1)のアップデートです。たとえ高齢期にさまざまな喪失を経験するとしても，理論的に考えると，喪失した以上に獲得すればいい，ということになります。なぜなら，役割なき役割を遂行する際，準拠集団が高齢期のウェルビーイングを支えるからです。以下，順を追って説明していきます。

さまざまな喪失

団塊の世代に限らず，どんなライフコースの人も，ライフサイクルの最終段階である高齢期に入ると，さまざまな喪失を経験します。

どのような喪失があるでしょうか。すでに説明したように，身体機能と認知機能が老い衰えていきます。これは身体機能の喪失と認知機能の喪失です。

さらには，高齢期に人は役割と地位を手放し，社会の表舞台から引退します。社会関係からみても，身近な存在であった配偶者，子ども，友人等，重要な他者を徐々に喪失していきます。地位と役割の喪失，社会関係の喪失，

コラム 13-2　性別分業役割(gender-based role)から役割なき役割(roleless role)へ

アメリカの社会学者アーネスト・バージェス(Burgess, E.)によって使用された社会学の概念。

【役割なき役割の定義】社会的地位と結びつくよう期待されていない役割。職業生活や家庭生活といったフォーマルな地位と結びつくよう期待されない役割。社会のフォーマルな役割に間接的に寄与する可能性をもつ役割。

【解説】性別分業役割や年齢別役割といった中年期までのフォーマルな役割は，高齢期に入り退職することによって地位の喪失とともに失われます。そうなると高齢者は社会活動が消極的になり，社会に依存的になり，要介護状態に近づき，趣味や生きがいがもてず，社会貢献している感覚がなく，新しいことを学習しなくなります。しかし高齢者自身が準拠集団をアップデートし続けることによって，高齢期のウェルビーイングに変わる可能性があります。

【背景】近代社会では男女間や夫婦間において性別役割分業が一般的でした。男性は公的領域で経済労働し，女性は私的領域で家事労働するというのが性別分業役割です。ポスト近代社会になり，この性別分業役割は社会的機能を失いつつあります。近代社会において性別分業役割を遂行してきた団塊の世代がリタイアしました。役割なき役割は，フォーマルな役割とは違う役割であり，社会的リソースとしてポジティヴに評価していくことが重要です。

重要な他者の喪失です。この状況は，高齢期になると団塊の世代の準拠集団が激変していくと描写できるでしょう。

団塊の世代が担ってきた性別役割の解放

高齢期には役割なき役割を認識することが必要です。加えて，その役割なき役割を成立させるために，アップデートされた準拠集団も不可欠です。

高齢期に入る前まで，団塊の世代は，地位に応じて生まれる性別役割を担ってきました。退職前の男性は，職業生活において仕事役割を遂行してきましたし，子どもたちが家を出る前の女性は，家庭生活において主婦役割を担ってきました。これは性別役割分業に基づいた役割でした。このような性別役割を手放して準拠集団をアップデートした結果，生きがいとして出てくるのが役割なき役割です。

役割なき役割の価値を見出す能力

最後に居住環境と準拠集団の関係に言及して，この章を終わりにします。

確かに自宅居住よりも施設居住の方が準拠集団がアップデートされにくいのではないかと感じる人もいるでしょう。しかしながら必ずしもそうとは言えません。なぜなら自宅で暮らす団塊の世代のなかには，子どもたちと遠居し，配偶者や友達を亡くし，一日中誰とも話さず，趣味等何もしないで過ごす人もいるからです。

また逆に施設で暮らす団塊の世代のなかには，日常生活動作や認知症の状態にもよりますが，同じような状況にある他の施設入居者や介護職員と交流し，定期的に行事に参加して過ごす人もいるからです。

このように団塊の世代が高齢期に生きがいをもち，ウェルビーイングでいられるには，役割なき役割をもち，準拠集団をアップデートし，自分に合った老いの諸相を迎えていく努力が必要でしょう。これを受けて，団塊の世代の役割なき役割を再評価していくような日本社会が望まれます。それには私たち一人ひとりが，役割なき役割の価値を見出す能力を身につけることが求められます。

考えてみよう　調べてみよう

1. 団塊問題研究会編(1994)『団塊の世代が国を滅ぼす』早稲田出版。
2. 三浦展(2005)『団塊世代を総括する』牧野出版。
3. 堺屋太一(2005)『団塊の世代〈新版〉』文藝春秋。
4. 清水克洋・谷口明丈・関口定一編(2019)『団塊の世代の仕事とキャリア(中央大学企業研究所研究叢書 40)』中央大学出版部。
5. 上野千鶴子(2017)『世代の痛み—団塊ジュニアから団塊への質問状』中央公論新社。

1. あなたの祖父はあなたの両親と別居しています。一人暮らしをしていた祖父が手術の後に寝たきり状態になりました。祖父は「おばあちゃんも亡くなり，親友も亡くなり，もう人生で大切な人がいない。人生でやりたいこともやるべきこともすべてやった。だから自分はもう人生を終わらせたい。」と話していたと母親から聞いたとします。あなたは孫として祖父にどんな言葉をかけますか。
2. あなたの祖母はあなたの両親と同居しています。祖母はこれまでずっと主婦として家族の世話をしてきました。その祖母が要介護状態になりました。そして「自分は施設に入ることに決めた。本当は自宅で暮らし続けたいけど，家族に迷惑をかけたくないからね。」と言いました。あなたの両親は祖母にどんな言葉をかけるのがいいとあなたは考えますか。
3. あなたは祖父母や両親が将来どのような高齢期を過ごしたいか知っていますか。あなたの両親や祖父母の体調が良い時と悪い時の両方の場合について聞いてください。

引用文献

エルダー著(1974)，本田時雄他訳(1986)『大恐慌の子どもたち—社会変動と人間発達』明石書店。

キューブラー=ロス著(1969)，鈴木晶訳(2020)『死ぬ瞬間—死とその過程について』中央公論新社。

田中正人編著・香月孝史著(2019)『社会学用語図鑑』プレジデント社。

レビンソン著(1986)，南博訳(1992)『ライフサイクルの心理学〈上〉〈下〉』講談社。

Burgess, E. W., 1960, "Aging in Western Culture," in Burgess (ed.), *Aging in Western Societies*, Chicago: University of Chicago Press, 3-23.

第 14 章　東アジアの高齢者扶養と社会保障

福祉レジーム，家族支援型福祉の限界

この章で学ぶこと

人口高齢化が急速に進展している東アジアの現状を，人口高齢化と高齢者扶養，とりわけ家族支援型福祉を中心に，その限界と解決策について考察します。東アジアの社会保障を福祉レジームから類型化し，その特徴に対する理解を深めます。

キーワード：東アジア，高齢化，福祉レジーム，社会保障，高齢者福祉，高齢者扶養

「廃品を拾う老人(左：香港，右：韓国)」

(出典)　左：South China Morning Post (SCMP) 2017.11.17 https://www.scmp.com/yp/discover/news/hong-kong/article/3067883/one-five-hongkongers-or-nearly-million-people-lives (2022.5.31)，右：筆者提供。

「自分の老後は自分で見る」という個人主義的な考え方の地域では，社会保障制度が充実していないため，一部の高齢者が肉体労働を通して生活費を稼がなければならない問題が大きく取り上げられています。写真は，生活費を稼ぐために，段ボールや雑紙を集めて，回収業者に売る仕事をする香港と韓国の高齢者の様子です。

表 14-1　東アジアの高齢化率

地域	日本	韓国	台湾	香港	中国
高齢化率（%，2020 年）	28.8	16.6	16.1	19.0	13.5

（出典）日本：内閣府（2021）https://www8.cao.go.jp/kourei/whitepaper/index-w.html（2022.6.1）。韓国：統計庁（2021）https://www.kostat.go.kr/portal/korea/index.action（2022.6.1）。台湾：國家發展委員會（2020）https://www.ndc.gov.tw/Content_List.aspx?n=84223C65B6F94D72（2022.5.31）。香港：香港統計局（2022）https://www.censtatd.gov.hk/en/EIndexbySubject.html?pcode=FA100090&scode=160（2022.5.31）。中国：中華人民共和国国家統計局 http://www.stats.gov.cn/tjsj/ndsj/（2022.5.31）。

表 14-2　高齢化の速度に関する国際比較

国	65 歳以上人口割合（到達年次）			経過年数（年間）	
	7%	14%	21%	7%→14%	14%→21%
韓国	1999	2017	2027	18	10
シンガポール	1999	2019	2027	20	8
日本	1970	1994	2007	24	13
中国	2000	2025	2037	25	12
香港	1983	2013	2022	20	9
台湾	1993	2018	2025	25	7
ドイツ	1932	1972	2013	40	41
イギリス	1929	1975	2030	46	55
アメリカ	1942	2014	2048	72	34
スウェーデン	1887	1972	2021	85	49
フランス	1864	1990	2023	126	33

（出典）香港・台湾はそれぞれの政府統計より引用。それ以外は鎌田・辻・秋山・前田（2013：16）より抜粋して筆者作成。

1　東アジアにおける人口変動とその問題点

この節で学ぶこと：東アジアの高齢化の現状について学びます。東アジアの高齢化速度を比較しながら高齢化の進み具合による高齢者福祉について理解しましょう。
キーワード：東アジア，高齢化率，高齢化速度

東アジアの高齢化の現状

東アジアは，今日の世界の中で，急速な少子化の進展とともに最も速く高齢化が進行している地域です。日本の高齢化率は 2020 年時点で 28.8％となり，世界最高水準です。日本以外の東アジア地域では，高齢化率が 12～16％ですが，日本を上回る速度で急速に高齢化が進んでいます。東アジアの高齢化の特徴は，なによりもそのスピードの速さにあるといえます。

高齢化の進行速度を測る指標としては，よく「倍加年数」，すなわち「65 歳以上人口割合が 7％から 14％になるまでに要した年数」が用いられます(表 14-2)。各国の倍加年数を比較すると，欧米ではフランスが 126 年，スウェーデンが 85 年，アメリカが 72 年，イギリスが 46 年，ドイツが 40 年かかっています。一方，東アジアでは中国が 25 年，日本が 24 年，台湾が 25 年，香港が 20 年，韓国では 18 年です。高齢化が進行してきた欧米の先進諸国よりも，今後は東アジアの国々で急速かつ深刻な高齢化の進展が見込まれています。

高齢化が速いと，高齢化に対応するための社会システムの整備が追い付かないという問題が生じます。日本・韓国・台湾・香港などでは，全国民を対象とした社会保障制度が整備されていますが，今後のさらなる高齢化に伴って持続可能性が課題になっています。一方，まだ全国民を対象とした国民保険制度や，国民年金制度が整備されていない中国では，高齢者ケアにおいては制度的恩恵を受けられない，いわゆる「死角地帯」の発生に直面する可能性が非常に高いと予想されています。

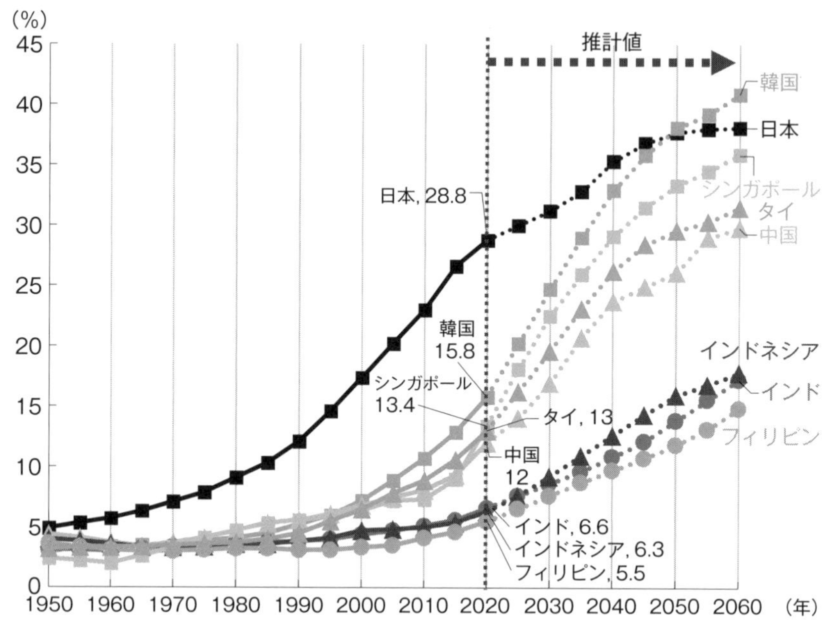

図 14-1　アジアの高齢化率推移

（注）　2020 年より以降の数値は推計値。

（出典）　国連(United Nations), World Population Prospects: The 2019 Revision https://population.un.org/wpp/ (2022.5.31)。ただし，日本のデータのみ，2015 年までは総務省「国勢調査」，2020 年以降は総務省「人口推計」(令和 2 年 10 月 1 日現在)，2025 年以降は国立社会保障・人口問題研究所「日本の将来推計人口(平成 29 年推計)」の出生中位・死亡中位仮定による推計結果より筆者作成。

少子高齢化の問題点

少子高齢化がもたらす問題にはさまざまなものがありますが，家族による扶養・福祉機能と地域コミュニティの相互援助の機能が低下することについては，多くの学者らの議論が一致しています。産業化・都市化に象徴される近代化以前の時代においては，家族や親族，地域コミュニティの相互援助システムが機能していたため，高齢者扶養・介護は，ほとんど血縁・地縁の共同体が担ってきました。

しかし，経済の高度成長期が幕を閉じ，人口も増加から減少に転じる少子高齢社会では，家族や親族，地域コミュニティも大きく変容してきました。核家族化・小家族化に伴って家族の扶養機能が低下するのと同時に，産業化や都市化に伴う人口移動は近所付き合いの希薄化を招き，地縁に基づいた地域コミュニティによる相互援助の機能も低下しました。

これらの社会変化は私たちの生活のあり方にも関係する問題であり，新たな高齢者扶養・介護を支援するシステムの検討が必要となる大きな理由となりました。こうした社会変動を受け，高齢者扶養・介護には，家族という私的領域から家族外の公的領域へ移行していく動き，つまり「脱家族化」が見られます。日本では「介護の社会化」が進められており，東アジアでも近年その議論が盛んになっています。家族と地域コミュニティの機能が弱体化している今日において，「介護の社会化」は，東アジアの国でどのように実現されているのでしょうか。

コラム 14-1　エスピン=アンデルセンによる福祉レジームの 3 類型

エスピン=アンデルセンの福祉レジームは，国家(政府)・市場・家族の相互関係を以下のように分類しました。

表 14-3　福祉レジームの類型

レジーム	社会民主主義	保守主義	自由主義
脱家族化 (国家からの支援)	高 (国家の 役割を重視)	低 (家族や職域の 役割を重視)	中 (家族や市場の 役割を重視)
脱商品化	高	中	低
社会的階層化	低	高	高
代表的な国	スウェーデン， デンマークなど	ドイツ，フランス など	アメリカ，オース トラリアなど

(出典)　エスピン＝アンデルセン(1990)，岡沢憲芙訳(2001)『福祉資本主義の三つの世界―比較福祉国家の理論と動態』ミネルヴァ書房より筆者作成。

「社会民主主義レジーム」は，普遍的福祉の原則に立脚し，極めて強力で包括的な社会権を保障しています。国家は社会的弱者のケアに直接責任を負い，国家の役割が顕著です。福祉サービスの供給においては，個人は家族や市場にあまり頼らないのが特徴です。

「保守主義レジーム」では，社会権は雇用と拠出(社会保険原理)に基づいており，職業的地位の格差が維持されています。社会保険にカバーされるためには，長期にわたる雇用キャリアが求められています。福祉の供給源として国家は家族の補助的な立場になります。

「自由主義レジーム」は，個人主義的な思想をもとに，市場こそがほとんどの市民にとって望ましい適切な福祉の源であると主張されています。社会政策は，「真の困窮者」に限定したミーンズテスト(収入と資産の調査)付きの扶助，最低限の社会保険プランが中心となっています。

2　福祉レジーム論

この節で学ぶこと：本節では，エスピン = アンデルセンが提示した「福祉レジーム」論をベースに，先進諸国の社会保障の特徴を比較しながら，東アジアの社会保障の特徴を見ていきます。
キーワード：福祉国家，福祉レジーム論

福祉レジームとは

各国の「福祉国家」としてのあり方は，それぞれ異なる歴史的・社会的・文化的な背景の中で，国民的議論を経て形成されてきたものですが，そこにいくつかの類型を見出すための枠組みとして提示されたのが「福祉レジーム論」です。「福祉レジーム論」の視点は，個々の制度よりも各国の福祉のあり方の一定の傾向をみていくことや，社会保障・福祉国家を考える上で有効な物差しになります。

福祉レジームとは，制度やシステムの違いによって，福祉国家を分類するという考え方です。デンマーク出身の社会学者イエスタ・エスピン=アンデルセン(Esping-Andersen, G.)は，『福祉資本主義の 3 つの世界(1990=2001)』において，3 類型の福祉レジームを提唱しました(コラム 14-1)。各国の福祉レジームは，「脱家族化」「脱商品化」「社会的階層化」という 3 つの指標を用いて分類されています(表 14-3)。

まず，「脱家族化」は家族による支援の度合いを表しています。つまり家族に頼らず生きられるかの指標です。日本と韓国では，かつて家庭で家族が扶養・介護をすることが一般的でしたが，現在ではさまざまな外部サービスを利用するようになり，介護ケアのニーズも増えています。そのため，脱家族化が進んできたと言えますが，世界的に見ればまだ「中」レベルといえます。

次に，「脱商品化」は個人や家族の労働の有無にかかわらず，一定水準の生活ができるかどうかの度合いを表しています。この考え方では，個人が提供する労働というものを市場における商品とみなしているので，脱商品化と

コラム 14-2　東アジアの高齢者の「ケアダイアモンド」

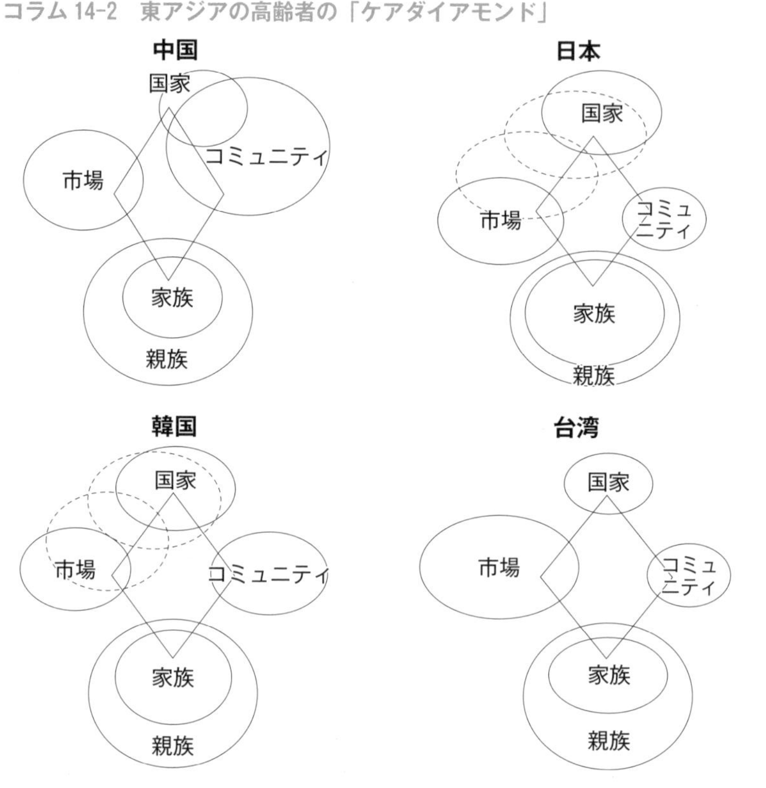

（出典）　落合恵美子編(2013)より筆者作成。

東アジアの福祉レジームを考察する際にあっては，上記のように「ケアダイアモンド」モデルが提案されています。東アジアにおいては，国家，市場，コミュニティ，親族(家族を含む)の四つが高齢者ケアを担ってきましたが，その役割が国々によって異なります。例えば，国の役割については，中国と台湾ではやや小さいですが，日本，韓国では大きく，また市場との結合が目立ちます。一方，高齢者のケアにおいて「半民半官」で地域の自治組織である「社区」という社会福祉サービスを整備している中国は，日本・韓国・台湾よりコミュニティの役割が大きくなっています。四つの国・地域の共通点として，親族(家族を含む)が高齢者のケアを担う重要な役割を果たしていることが挙げられます。

いう言葉が使われています。つまり，ケアを受ける側の人々が働けなくなったときでも，生活ができるだけの福祉を得られる社会なのかどうか，ということです。

最後に，「社会的階層化」は国民全員が等しく福祉を受けられるかどうかの度合いを表しています。国の福祉政策は，国民生活の安定を図るために取り組んでいるため，個人の所得や扶養状況に応じて給付が行われるのが特徴です。一方，福祉が充実している国であれば，個人の社会階層や職域によらず平等な福祉を提供しているということですから，社会的階層化の程度は低いと言えます。

東アジアの社会福祉

こうした福祉レジーム論を参照して，東アジア諸国における福祉国家はどのように特徴付けられ，それはなぜそのような形態となったのかを概観してみると，以下のことが言えます。

これまで，東アジア各国の政府は，社会福祉ではなく経済成長や経済開発に重点を置いてきました。ところが，1990 年代に入って生じた次の 3 つの新しい動きが，東アジアの社会福祉への広範な関心と政府の本格的な取り組みを引き起こしました。一つ目は，1980 年代後半から興隆した民主化運動と，それに伴う国民の「生活の質の向上」に対する関心，二つ目は，1997 年のアジア通貨・金融危機と，それを契機とするソーシャル・セーフティネット構築に対する関心，三つ目は，急速な少子高齢化の進行と，それに伴う政府の福祉国家戦略への関心です。このうち三つ目の背景が最も重要です。東アジア，とりわけ韓国・台湾・中国・香港では，少子高齢化に伴う危機を乗り越えるために国民皆保険・皆年金制度など，新しい社会福祉制度の構築が浮上しています。

コラム 14-3　韓国の高齢者貧困―廃品を拾う老人

（出典） Educational Broadcasting Station(EBS, 韓国)「ニュース広場」2019.07.05。

韓国は高齢者貧困率が高い国の一つです。韓国の統計庁によると，65 歳以上の高齢者人口の相対的貧困(高齢者貧困率)は 2020 年で 38.9%であり，2011 年から減少傾向に転じているものの，OECD 加盟国での平均 13.5(2019 年基準)より約 3 倍程度高い水準です。

2019 年 7 月に，韓国の公営放送である EBS で，「100 歳ショック―長寿の逆襲，崖っぷちに立たされた老人たち」という番組が放送されました。高齢化が急速に進むなかで，多くの高齢者が貧困に陥っている現状を描いたものです。この番組では，高齢者が貧困に陥る大きな理由として，子どもへの過大な投資があげられていました。韓国では，子どもの独立に大きく影響する教育・就職にかかる費用を親が負担することが一般的で，結婚する際に新婚夫婦が住む住宅の購入や準備も親の責任である，という認識も稀ではありません。

親が子どもを扶養することは，ほとんどの社会で家族規範として受け入れられていますが，特に韓国では親子扶養関係において過大な期待が存在しています。韓国の家族規範が内包している高い扶養期待は，親にとって大きな経済的な負担になり，その結果，老後において経済的な余裕のない生活や，貧困へと陥る可能性が高くなってしまうのです。

3　韓国の高齢者扶養

この節で学ぶこと：東アジアではどのように高齢者扶養・介護の社会化が実現されているのか，韓国の共助的支援の事例から学び，少子高齢者社会に対応する持続可能な地域ケアシステムの構築の可能性を探ります。
キーワード：敬老堂，高齢者福祉施設，共助的支援

韓国の高齢者扶養

韓国における高齢者扶養や所得支援制度には，家族主義の色彩が強く出ています。経済的扶養は家族による最も重要な役割で，老親のような就労能力がない家族構成員のために，家族内で経済的資本が共有されたり，財の再分配が行われます。家族による経済的な扶養の形態は多様ですが，主に，生計を共にする親と子の間で発生する「生活維持的な扶養」と，生計は共にしないものの，自分の生活に支障がない範囲で金銭的な援助をする「生活扶助的な扶養」があります。

韓国では伝統的な家族規範として，経済活動ができず，所得がない老父母の扶養を受け入れることが一般的です。伝統的社会では，老父母に対する「長子扶養」の規範が強く，長男が老父母と住居をともにしながら生活維持的な扶養を行い，他の兄弟は生活扶助的な扶養を中心に老父母を支えていました。しかし，かつての家族規範は弱くなりつつあり，三世代の同居率も減少し，住居をともにする生活維持的扶養が崩れてきています。韓国の高齢者世帯構造をみると，2008 年以降「単独世帯」「夫婦のみ世帯」が高齢者世帯全体に占める割合は，2008 年の 66.7％から 2020 年の 78.2％まで，飛躍的に増加しています(2020 年度老人実態調査)。このような高齢者の扶養・介護問題に対処するために，韓国では高齢者の居場所として「敬老堂」(キョンロダン)が高齢者余暇福祉施設として機能しています。

韓国の高齢者と高齢者福祉施設「敬老堂」

「敬老堂」は，かつて「老人亭」(ロインジョン)と呼ばれていましたが，1989 年の老人福祉法の改定により，名称が「敬老堂」へと変わり，老人余

コラム 14-4　敬老堂における活動

部屋

台所

余暇講師による体操指導

敬老堂での無料昼食の提供は，結果的に高齢者の日常的な参加を促進するきっかけになっています。昼食時間になると皆がご飯を食べに来るため，皆で顔合わせができる時間にもなり，安否確認ができる敬老堂の重要な日課になっています。

敬老堂は，無料の昼食以外にも，花札・テレビ視聴・お喋りなどを楽しめる場所でもありますが，なによりも気軽に利用できることが大きな特徴です。地域の老人福祉館からは余暇講師が派遣され，体操やヨガが定期的に行われている場所も多くあります。また，地域の保健所からは看護師が来訪し，認知症テストなどの健康診断を実施しています。

暇福祉施設として規定されるようになりました。もともと地域社会で自然に形成され，老人たちのインフォーマルな集いの場・憩いの場として利用されてきた敬老堂は，現在，高齢者の地域社会への主体的な参画を促進するとともに，地域社会における相互扶助やその他の機能を活性化しようとする老人福祉政策推進の中心でもあります。

敬老堂の特徴

敬老堂の特徴としては，①高齢者による主体的運営，②行政による支援体制，③アクセスのしやすさなどがあげられます。かつて自然発生的に作られた敬老堂ですが，現在はその維持・管理費用は政府や自治体から補助されています。行政職員が施設管理にかかわる場合もありますが，一般的には敬老堂の利用者が主体的に管理・運営を行っています。主に農村部の敬老堂で見られる住民同士の主体的な運営やインフォーマルな相互援助は，農村型コミュニティならではの特徴であり，高齢化社会を乗り越える強みになると考えられます。

従来の敬老堂は，テレビ視聴・花札・将棋・囲碁など，高齢者が余暇生活を楽しめる場として，親睦を図るという単一的な目的で運営されてきましたが，近年では新たな役割を求める声が強くなってきています。高齢者人口の増加とともにニーズの多様化が進んだ結果，特に健康維持・管理に対するニーズが増えました。それに対応した行政による支援として，公的施設である「老人福祉館」や「保健所」から定期的にソーシャル・ワーカー，余暇講師，理学療法士などの専門職が派遣され，様々な支援(健康増進・健康診断など)が行われています。

また，遠距離の移動が困難な高齢者の移動距離を短縮し，より日常的に利用できる，アクセスしやすい施設とするため，敬老堂は高齢者の徒歩圏内への設置が法律で義務づけられています。具体的には，150 世帯以上の住宅地が建設される場合，住民共同施設として敬老堂が設置されるように定められています。

コラム 14-5　香港の高齢者の住宅問題―「籠屋」

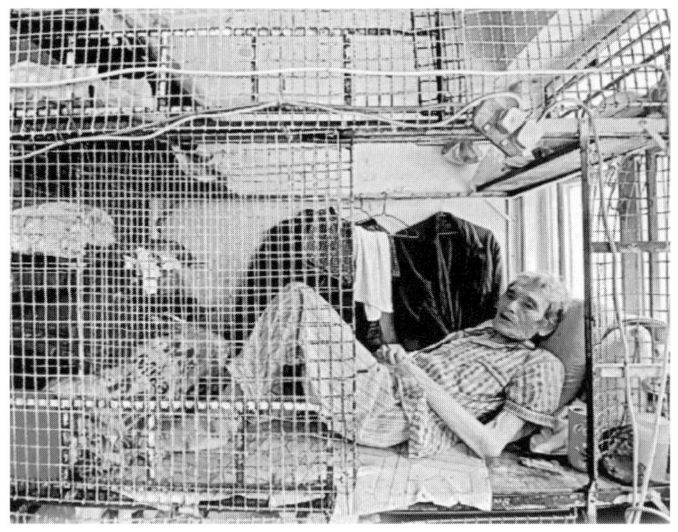

（出典）「住足 20 年『籠民』心願：告別籠屋劏房(籠屋生活 20 年，“籠民”は心からここを出たいと願っている)」Wenweipo, 2021.7.19, https://www.wenweipo.com/a/202107/19/AP60f4ce6be4b08d3407ce7eb1.html (2022.5.31)。

香港の高齢者の貧困率は高く，65 歳以上の高齢者のうち，45%(約 583,600 人)が貧困状態にあります(香港政府(2020)『香港貧困状況報告書 2020』)。かれらは，限られた貯金と政府からの僅かな補助金で生活しているため，土地が狭く，家賃の高い香港では一般的な住宅を借りることすら困難です。高齢者の住まいは，香港社会で深刻な問題になっています。上の新聞記事で掲載されている写真のように，「籠屋」(ケージ・ホーム)と呼ばれる，ケージで仕切られた小部屋での一人暮らしを余儀なくされている高齢者もいます。20 年もケージ・ホームに住んできた梁(ルオン)さん(写真，74 歳)は，ケージ・ホームが早くなくなるよう願っていると述べています。ケージ・ホームには，衛生上の問題や，壁がなく居住者の生活が丸見えになってしまうといったプライバシーの問題などもあり，生活環境は非常に劣悪であると言えます。香港政府は至急取り組むべき課題として，高齢者向け住宅や施設の増加など，高齢者の住まい問題への対策を積極的に進めています。

4　香港における高齢者介護の課題と対策

この節で学ぶこと：香港の商助的支援事例から学び，少子高齢者社会に対応する持続可能な地域ケアシステムの構築の可能性と課題を検討します。
キーワード：外国人家事労働者，自由主義的家族主義

香港社会に根強い在宅養老の伝統

香港では，2021 年の時点で 65 歳以上の高齢者数は約 130 万人，全人口の 15.7%を占めています。政府の推計によると，2030 年には 4 人に 1 人，2050 年には 3 人に 1 人が高齢者となることが予想されていて，超高齢社会になりつつあり，高齢者介護が深刻な問題となっています。

介護を必要とする高齢者にとっては施設に入ることが 1 つの選択肢ですが，高まる需要に施設数が追い付いていません。2021 年時点で，政府が認定する施設や私営老人施設に入るまでに，平均して 1 年から 3 年程度待たなければなりません。また，親孝行が重視され，家族主義の強い香港では，親を施設に入居させることは，多くの高齢者やその家族にとって魅力的な選択肢ではありません。例えば，2009 年に香港政府が 1 万世帯を対象に実施した調査では，96.4%の高齢者が老人施設に入る予定はないと回答し，81.4%は将来体が悪くなっても家で生活しつづけたい，という結果でした。「在宅養老（扶養・介護）」を希望する高齢者が極めて多いのです。これらのことから，香港における高齢者介護の課題として，①施設に入ることを忌避する家族文化，②施設に入りたくても時間がかかること，の 2 つがあげられます。

外国人家事労働者の増加

施設に入りたくない，あるいはまだ入れない高齢者は，家庭内で介護を求めることになります。しかし，核家族化が進んでいるうえ，夫婦共働きの就労文化が強い香港では，子が親の介護を担うことは困難です。そんな状況下で，高齢者の在宅介護の重要な担い手となりつつあるのが，外国人家事労働者です。香港では，経済成長期の 70 年代から，多くの家庭で，経済的利益を最大化するために夫婦共働きで稼ぎ，子育てや家事をしてくれる外国人家

コラム 14-6　外国人家事労働者の増加傾向

近年，香港では，高齢の親が自宅で介護を受けながら生活を続けられるように，外国人家事労働者を雇うことが一般的になってきました。政府の統計によると，60 歳以上の一人暮らしで外国人家事労働者を雇っている割合は，1995 年には 2.5％でしたが，2016 年には 10％に増加しました。退職した夫婦のみの世帯においても，その割合は 1995 年の 2.5％から 7.8％へと増加しています。

このまま進んでいけば，2047 年には，高齢者の介護ニーズを満たすために，外国人家事労働者の数を 60 万人にまで増加させる必要があると政府は推測しています。

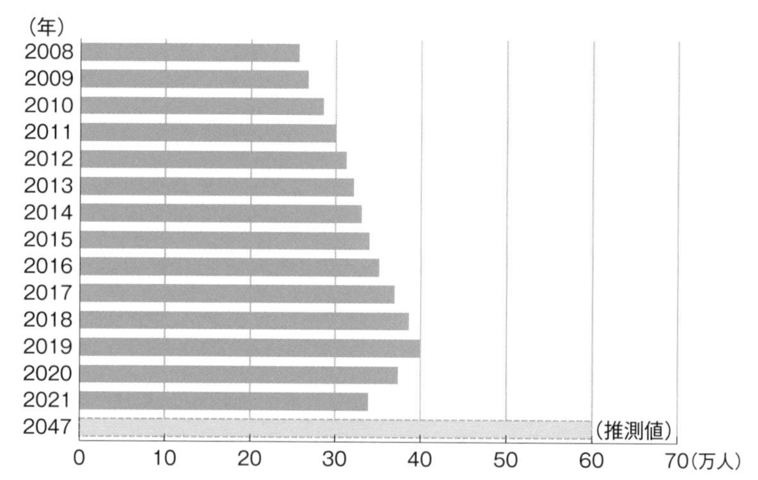

図 14-2　香港における外国人家事労働者数の推移

（出典）　香港統計局(2021)より筆者作成。

事労働者を低賃金で雇うようになりました。2009 年の時点で，フィリピンをはじめタイ・インドネシアなどの国から出稼ぎにきた外国人労働者は約22 万人に達し，その後 2019 年までに約 35 万人に増加しました。

この状況をうけ，香港政府は，外国人家事労働者による高齢者の在宅介護の必要性を認め，2018 年に外国人家事労働者を対象とした高齢者介護研修課程を試験的プロジェクトとして提供し始めました。

「自由主義」＋「家族主義」？

この種の高齢者介護は，家族が，労働市場において介護サービスを買い（自由資本主義），家で老親の面倒を見る（家族主義）という点で特徴的であることから，研究者からは「自由主義的家族主義」と呼ばれています（落合 2013）。政府の調査によると，外国人家事労働者を雇うメリットについて，最も多く選ばれたのは「賃金が低い」(65.8%)，次に「家で泊ってくれる」(51.7%)ことでした。このことから，多くの雇い主は「市場経済倫理」と「家庭」の両方を満足させることができる形での介護が望ましいと考えているようです。

しかし，この「自由主義的家族主義」が可能となる背景には，社会学者・歴史学者であるイマニュエル・ウォーラーステイン（Wallerstein, I.）が提示した「世界システム」があります。つまり，「後進」周辺地域が，「先進」中央諸国に原料・食料・労働力などを提供するといった仕組みの中で，経済発展の比較的遅い東南アジアから，高水準の香港へ，家事労働者が出稼ぎに行くという構図になっているのです。将来，東南アジア諸国の経済成長とともに，周辺と中央との経済格差が改善されていけば，越境労働者の数も減っていくでしょう。近年，日本においても介護職における外国人労働者の受け入れが進められていますが，外国人労働者への依存が高まっていく中で，どういった問題が発生しうるのか，香港の事例には参考にする価値があるでしょう。

考えてみよう　調べてみよう

1. 落合恵美子編(2013)『親密圏と公共圏の再編成』京都大学学術出版会。
2. 千葉惠編著・金子勇他著(2011)『老い翔る―めざせ，人生の達人』北海道大学出版会。
3. 郭莉莉(2018)『日中の少子高齢化と福祉レジーム―育児支援と高齢者扶養・介護』北海道大学出版会。
4. 鎮目真人・近藤正基(2013)『比較福祉国家―理論・計量・各国事例』ミネルヴァ書房。
5. 向井清史(2015)『ポスト福祉国家のサードセクター論―市民的公共圏の担い手としての可能性』ミネルヴァ書房。

1. 高齢化が速く進行することがなぜ問題になるのでしょうか？ 考えてみましょう。
2. 近年，日本の高齢者介護をめぐってどのような課題がありますか？ ニュース等を調べて考えましょう。
3. 高齢者扶養・介護は，国の責任だと考える人もいれば，いや，家族や個人の責任だと言う人もいます。また，社会全体で対応しなければいけない問題だという人もいます。あなたは，どう考えるでしょうか？ それはなぜですか？ 話してみてください。

引用文献

鎌田実・辻哲夫・秋山弘子・前田展弘(2013)「超高齢未来の姿」東京大学高齢社会総合研究機構編著『東大がつくった確かな未来視点を持つための高齢社会の教科書』ベネッセコーポレーション。

第 15 章　人生の最終段階とグリーフケア

最期まで生きることを支える支援のあり方

この章で学ぶこと

人が老いて生きる過程は誰もが体験する自然なものであり，その先には必ず人生の最終段階があります。日本の高齢者の定義は 65 歳以上，後期高齢者は 75 歳以上ですが，平均寿命は 84.36 歳(2019 年)まで伸び，老いを感じながら亡くなるまでの期間はとても長くなりつつあります。人生の最終段階の時期を「誰と」「どこで」「どのように」過ごすのかを考えることは，亡くなっていく人だけでなく，遺族のウェルビーイングをも支えるものです。この章では，医療と福祉の視点から，人生の最終段階にまつわる問題と死の前後に関わる，人を支える社会的支援について学んでいきます。

キーワード：エンド・オブ・ライフケア，医療ボランティア，アドバンスケアプランニング，グリーフケア

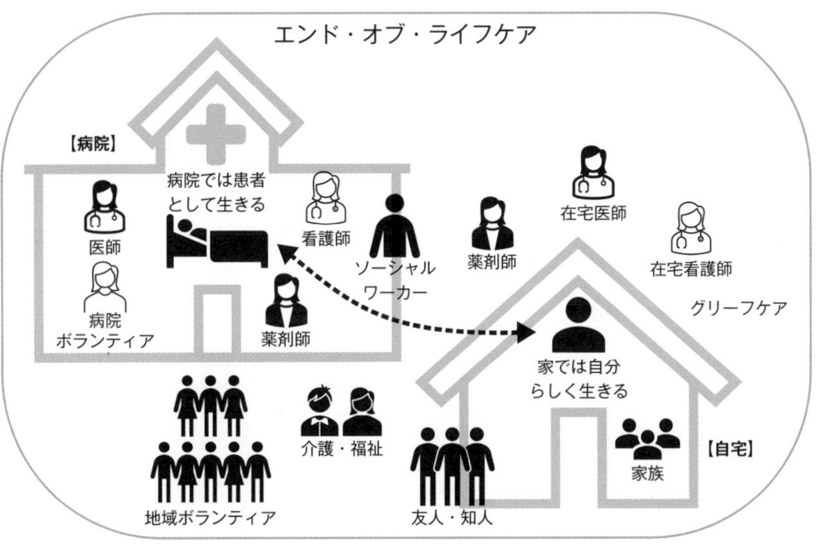

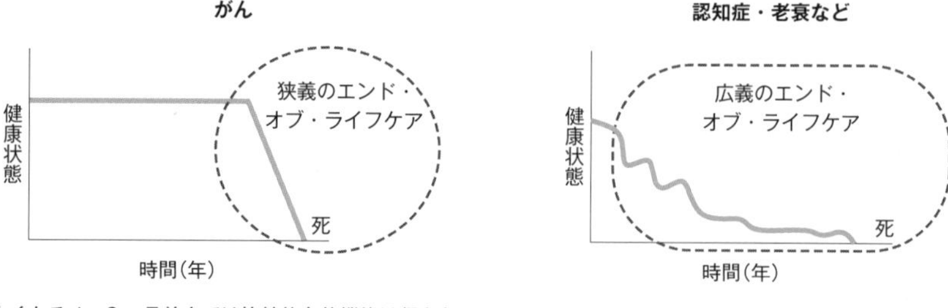

図 15-1　人生の最期に至る軌跡

（出典） Field, M. J., C. K. Cassel et al. (eds.), 1997, *Approaching Death: Improving Care at the End of Life*, Washington (DC): National Academies Press (US) および Lunney, J. R. et al., 2003, "Patterns of functional decline at the end of life," *JAMA* 289 (18): 2387-2392 を参考に筆者作成。

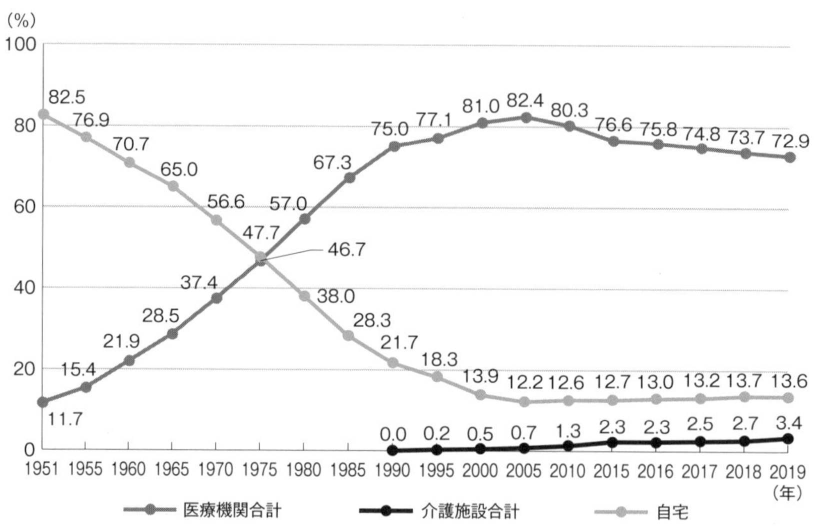

図 15-2　死亡場所別に見た死亡者構成割合

（注）「介護施設合計」は「介護施設」「老人ホーム」を合計したもの。「医療機関合計」は「病院」と「診療所」を合計したもの。

（出典） 厚生労働省「人口動態統計」https://www.mhlw.go.jp/toukei/list/81-1a.html (2022.5.2) より筆者作成。

1　人生の最終段階とは

この節で学ぶこと：人生の最終段階とは，人が人生を完成させる時期のことです。ここでは，加齢に伴う老いや病いとともに生きる高齢者の体験と，医療的ケアについて学びます。
キーワード：エンド・オブ・ライフケア，人生会議

人生の最終段階とは―エンド・オブ・ライフケア―

人生の最終段階とは，老いや病いなどにより本人・家族・医療者が，死を意識した時から始まります。そして，この時期に必要とされるケアを表す言葉として，エンド・オブ・ライフケアという言葉が使われるようになりました。1990年代に米国から使われるようになった比較的新しい言葉です。それ以前は，終末期医療(ターミナルケア)という言葉が使われ，医療者が「そろそろ死期が近い」と判断する時期を指しました。しかし，エンド・オブ・ライフケアは，自分で「人生を完成させる時期」と自覚した時期から始まり，病気を限定しない考え方である点が特徴です。したがって，本人の自覚によって数年単位で捉える場合(広義の意)もあれば，亡くなる直前と捉える場合(狭義の意)もあります。

もし，自分の人生が終わりに近づいたと意識した時，「誰と」「どこで」「どのように」過ごしたいでしょうか。1980年代から30年以上，日本人の死因第1位はがんであり，2人に1人は一生のうちにがんと診断されると言われています。新型コロナウイルス感染症のパンデミック(世界的流行)により，病気と死に関わる問題を身近に感じることが増えました。元気なうちから死ぬことを考えるなど縁起が悪いと言う人もいますが，これからの時代，誰もが病気治療を継続しながら生きていく期間が長くなります。従来の家族の支えだけでなく，医療・福祉・地域の社会資源を活用しながら，本人の権利や自己決定を支援することが重要です。人生の最期まで，その人がより良く生きることを支えることが，エンド・オブ・ライフケアの考え方になります(図15-1)。

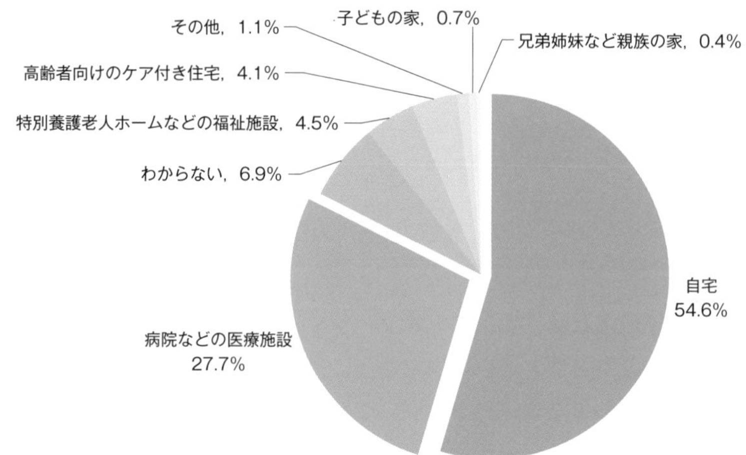

図 15-3　人生の最終段階について―最期を迎えたい場所―

（出典）　内閣府「平成 24 年度高齢者の健康に関する意識調査」より筆者作成。

コラム 15-1　人生会議のやり方　3 ステップ

ステップ 1　大切にしている事は何かを考えてみましょう

もし生きることができる時間が限られているとしたら，あなたにとって大切な事はどんな事ですか？

ステップ 2　信頼できる人は誰か考えてみましょう

あなたが信頼していて，いざという時にあなたの代わりとして受ける医療やケアについて話し合って欲しい人は誰ですか？

ステップ 3　話し合った内容を医療・介護従事者に伝えておきましょう

いろいろ考えて，判断に迷うこともあると思いますが，大切なことは，繰り返し話し合い，あなたの希望や考えを伝える事です。

（出典）　厚生労働省・神戸大学「ゼロから始める人生会議」https://www.med.kobe-u.ac.jp/jinsei/index.html（2022.5.2）より筆者作成。

最期を過ごす場所―病院か在宅か―

高齢で病気を抱える人が増加すると問題になるのは，療養場所と死亡場所です。1951 年には 82.5％の人が自宅で亡くなっていますが，2019 年では，病院で亡くなる人が 72.9％，自宅で亡くなる方は 13.6％となり，1975 年を境に逆転しています(図 15-2)。日本は，平均寿命と健康寿命(病気による生活障害がない状態)は世界 1 位を更新中ですが，寝たきりなどの障害期間は短いとは言えず，平均寿命と健康寿命との差は 8〜10 年弱あります。そのため，病気を抱えながら最期の時をどこで過ごすのか，「終の住処」を決めることが大きな問題です。2014 年に厚生労働省が実施した「人生の最終段階において最期を迎えたい場所」についての意識調査によると，自宅を選んだ人が 54.6％，病院が 27.7％でした(図 15-3)。本人の希望と実際の死亡場所が逆転している背景には「家族に負担をかけたくない」という思いがあります。

日本人にとっての「望ましい死」と人生会議

日本人における望ましい死のあり方の研究結果によると，心身ともに辛くないこと，望んだ場所で過ごすこと，家族や他人の負担にならないことなどが挙げられています(Miyashita, M. et al., 2007)。自宅での最期を希望しながらも，家族に負担をかけたくないばかりに，人生の最期をどう過ごしたいかという意思決定ができないケースが見られます。意思決定能力が低下してから慌てて最期の過ごし方を考え始めるのではなく，自分が望む医療やケアについて，前もって考え，繰り返し話し合い，家族や医療者と共有しておくことが大切です。厚生労働省では，この取り組みのことを「人生会議(ACP：Advance Care Planning，アドバンス・ケア・プランニング)」と名付けて，普及・啓発を進めています(厚生労働省 2018)。緩和ケア医師の大津秀一は，『死ぬ時に後悔すること 25』(2013，新潮社)の中で，後悔することの最後は“愛する人に「ありがとう」と伝えなかったこと”を挙げています。人生の最終段階を「誰と」「どこで」「どのように」過ごしたいかを残される家族に伝えることは，人生最期の時のウェルビーイングにつながります(コラム 15-1)。

コラム 15-2 「手を握ってお母さん」

「こんな僕でごめん。もう叩かないから，手を握ってお母さん」という言葉を最期に治さんは自宅で亡くなりました。そんな治さんを，母親の千枝子さんはたった一人で看病しました。鈴木冬悠人は，体に障害を持つ 49 歳の息子を一人で看取った 75 歳の母親のケースを紹介しています(鈴木 2021)。晩年がんを患っていた治さんが寝ていた和室の入り口は，畳一畳ほどの床が抜けたままになっています。治さんの病状が悪化していくと，体からがんの進行による腹水が漏れ出し，布団と床はいつも水びたしになっていたそうです。最後は床が抜けてしまいました。最期は障害のある大柄の息子を動かすことも難しく，どうにもならなくなり，千枝子さんは息子を長らく玄関に横たわらせて，そこで看取りました。治さんは中学卒業後ラーメン店などで働いていましたが，20 歳の時にバイクの事故で足を切断する大けがを負いました。その後 30 年近くにわたって引きこもりの生活を続けていました。15 年前に夫を病気で亡くしてからは，千枝子さんは暴力を振るう息子と一人きりで向かい合ってきました。がんの闘病生活をするようになってからは，息子が病院や地域のサービスを利用することを拒否したために，そのすべてを母親が背負わなければなりませんでした。行政による適切なサービス提供に結びつくことがなく，自宅という密室で，壮絶な介護がおこなわれていた現場がそこにありました。

（出典） NHK スペシャル取材班(2021)『ルポ中高年ひきこもり 親亡き後の現実』宝島社。

コラム 15-3 誰も一人で死なせない

Ms. Maria Giannotti さんは 2012 年当時，Hôtel-Dieu Grace Hospital（オンタリオ州，カナダ）でボランティア・コーディネーターをしていました。彼女は，「誰も一人で死なせない(No One Dies Alone)」というプログラムをこの病院に導入しました。終末期の病床で，家族や近親者が訪れることのない独り身の患者にたいして，あるいは遠方に住む家族が，容体の急変した患者の臨終時に間に合わない時，あらかじめ登録したボランティアに連絡が入り，24 時間いつでも病床に駆けつけ，患者が希望すれば本人の臨終に付き添うという仕組みです。もともとイギリスで取り組まれていたこのプログラムを Maria さんはカナダの病院に取り入れました。ボランティアは，試験に合格し，長時間の研修を受けた後に，このプログラムに登録されます。一人で最期を迎えることが予測される患者が発生すると，医師や看護師からの連絡が入ります。彼女たちは，各種宗教の経典や様ざまな音楽の入った CD 機器，アロマなど，あらゆる患者の求めに可能な限り応えられるよう，「看取りグッズ」が詰め込まれた大きなボストンバッグを持って，夜中でも明け方でも，その枕元に駆けつけます。

2　残された時間を生きる

この節で学ぶこと：この節では病院や施設で死を迎えるのか，それとも自宅で迎えるのかという二者択一の論考を離れて考察します。残された時間を誰とどのように過ごすのかは重要です。医療上の支援だけではなく，最も近しい人との関係性がどのように築けるかを考えます。

キーワード：在宅ケア，誰も一人で死なせない，申請主義，アウトリーチ

関係性の構築—大切な人と繋がれる時間—

あなたは自分の人生の終わりが見えた時，最期の大切な時間をどのように過ごしたいですか？ やり残した仕事を成し遂げたいと考える人もいれば，仕事から離れて家族との時間を大切にしたいと思う人もいます。離れて暮らすようになった元家族の誰か，または久しく会えなくなってしまった大切な友だちの誰かと，もう一度だけ一時を過ごしたいという希望を抱く人もいます。逆に，今繋がっている家族や職場の人間関係から離れて，一人きりで自分のことは誰も知らないどこか遠くの街をさまよいたいという思いの人もいるかもしれません。人生の最期をどのように過ごしたいのかは，人それぞれです。しかし共通して言えることは，その時，特に他者との「関係性」が重要な意味をもっているという事実です。どのような医療的な処置を受けるのか，どこでケアを受けるのかという以上に，私が私の生を完成させるために「誰とどのように過ごすのか」ということが，多くの人にとって非常に大きな意味をもっています。自分にとって大切な「誰か」がいる場合，その人と一緒の時間がたとえわずかでも持てるならば，病院であれ，施設であれ，自宅であれ，その場所自体にはあまり意味をもちません。現在の想いや過去の思い出をゆっくりと語れる相手が傍にいること，自分の気持ちに寄り添って，これまで過ごしてきた人生の喜びや苦しみ，今の悲しみや希望を聞いてくれる家族や友だちと会えること，それこそが大切なのかもしれません。

コラム 15-4　申請主義とアウトリーチ

人がその最期を病院，施設，自宅のどこで迎えるにしても，その空間に充実した医療と福祉のサービス提供体制が整えられている必要があります。ケアができる人材がそこに存在していなければ，人は貴重な残された時間を有意義に，そして穏やかに過ごすことができません。同時に，たとえどんなに恵まれたホスピスが存在していたとしても，人びとがその内実を知らないなど，利用するためのアクセスが難しければ，そのケアは受けられません。限られた医療福祉資源に到達すらできない国民が数多く存在している背景には**申請主義**の問題があります。

孤独死をする人の数は多く，孤独死が社会問題化しているにもかかわらず，いまだに国による統計としてその全容が把握されていません。認知症の症状がある高齢者であっても，医師の診察を受けなければ「認知症」と診断されることはありません。介護保険も当人を気遣う誰かが申請しない限り，そのサービスが開始されることはありません。人が人生の最終段階を病苦のなかで過ごす時，少しでも穏やかに，有意義な時間が持てるよう，医療や福祉の資源がすみやかに，そして確実に国民に届けられる必要があります。それらのサービスを受けるための前提として，煩雑な申請上の手続きや，その承認にかかる長い時間やプロセスは変えていかなければならない現実のひとつです。国や自治体は，医療や福祉のサービスを必要としている人をもっと積極的に把握し，彼ら彼女らに適切なサービスを提供する必要があります。そうした考え方を**アウトリーチ**といいます。お役所は本人自らが申請書類を提出されるのを待つのではなく，行政はどこに困っている人がいるのかを役所の外に出て探り出し，問題を把握し，それに積極的に対処するべきだという考え方です。

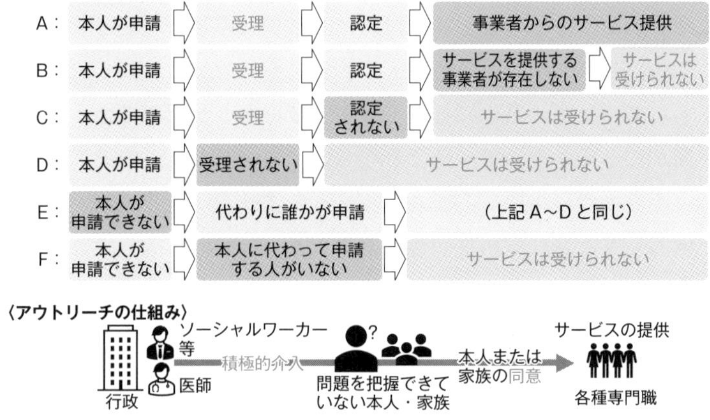

「不必要な医療行為」と「必要なケア体制」―自宅で最期を迎える―

そうした関係性が病院や施設では築きにくいけれども，自宅ならば築かれるというのは幻想です。少子高齢化が著しく進んだ日本では，限られた財政のなかで数多くの高齢者への医療や福祉を提供しなければならないという舵取りがおこなわれています。施設から在宅へという流れは，欧米においても日本においても，そして終末期の医療提供体制のなかでも共通しています。日本が欧米と異なるのは，施設において質の高いケアを提供できる体制を十分に整備することなく，そして在宅において受け入れることが可能となるための医療や福祉のネットワークを曲がりなりにも完備することなく，否応なく病院から慢性期の患者を施設や自宅に送り込んでいるという点です。

後期高齢者の健康保険加入者だけが，財政に負担をかけることがないよう，「不必要な検査」はせずに，「不必要な治療」はしないという選択肢があることを社会が強調するのは，すこし不自然にもみえます。最期を迎える苦しみの瞬間にも，家族は救急車を呼ばないよう，そして「不必要な」延命処置は求めないよう，患者やその家族自らがあらかじめ受療拒否の意思表明するように促されています。厚生労働省がタレントを使った動画で「人生会議（ACP）」を広め，本人または家族が延命のための治療を「あえて選ばない」という「選択ができる」道筋を繰り返し示します。この事実が何を意味しているのか，少し慎重に考える必要があります。

家族依存型のケアからの脱却―密室介護と DV ―

日本では長く家父長制を原理とした家制度の伝統がありました。その名残から，西洋と異なり子どもが両親と同居もしくは近くに住み，その老後を支えるケースが多くみられます。夫がフルタイムの仕事をしている場合には，専業主婦かパートタイムで働く妻が夫の両親の世話をすることになります。「自宅で最期を」迎えるという選択をするとき，多くのケースで女性だけに過重な介護の負担がのしかかっていく現実を変えていく必要があります。家族という密室で，女性がひとりですべての介護を背負わされている現状は改められなければなりません。

コラム 15-5　ドイツにおける終末期の在宅訪問医療体制

フランクフルトから東に10kmのところにオッフェンバッハの町があります。

Sana Klinikum Offenbach（サナ クリニクム オッフェンバッハ）は100年以上の歴史を持つホスピスです。ドイツはもともと在宅医療が中心でした。ここでは30床の緩和ケア病棟と在宅訪問医療のチームが置かれています。6名の医師と6名の看護師がそれぞれペアになり，1日最多でも3人までの患者の家を訪れます。毎朝8時半に病院の1室に集まり，その日の患者のデータを共有します。写真中央奥のスカーフを巻いた女性が，緩和ケア病棟全体を統括する医師Dr. Christiane Gog（クリスチアナ ゴグ）です。写真は，ある患者についてDr. Gogが隣に座る看護師のMs. Isolde Hemmerig（イゾルデ ヘメリヒ）と若い医師Dr. Alan Grell（アラン グレル）から相談を受け，全員でその治療方針を議論している様子です。Dr. Gog自らも，病気で欠勤している医師や休暇中の医師に代わって，時折往診に出かけます。この日も1時間ほどの朝のミーティングの後にケースマネージャーのSonja（ゾーニャ）さんとともに，車である夫婦のもとを訪れました。以下はそれに同行した私のフィールドノートです。

2019年9月10日　10：00～13：00

Dr. Gogとケースマネージャーの Sonjaさんとともにある夫婦を訪れる。夫婦ともに対象者で，妻の病状のほうが深刻。夫も妻も非常に張り詰めた，終始いらいらした表情と言動であった。後にDr. Gogの説明で，本人たちは，訪問診療の意味を理解していなかったために，我々を警戒していたということであった。このようにソーシャルワーカーからの依頼で，サービス開始の契約に訪れるケースも多いという。導入は，本人からのこともあれば，病院からのこともある。こうしたソーシャルワーカーからの情報提供に基づくものも多いとのこと。夫が自殺をほのめかしていたために，今回そのSOSを拾い上げて，かなり強引なDr. GogとSonjaさんの勧めにより，なんとかサービスの提供にこぎつけたという。なお，すべてのサービスは無料で提供されている。

3　終末期を支える資源

この節で学ぶこと：緩和ケア病棟やホスピスといった施設であっても，自宅で迎える最期であっても，本人または介護をする家族を支えるための仕組みが整う必要があります。この節では，終末期の医療と福祉の資源について考えます。

キーワード：終末期ケアのボランティア，コミュニティ，ファウンデーション

支える仕組み—地域とコミュニティ—

最期を迎える人にとって，どのような医療が「必要」であり，どのような医療が「不必要」かは，財政をつかさどる国家や行政が判断することではありません。国民の一人ひとりが考え，論じ，求めていくべきものです。確かに高額な検査機器を購入した医療機関が，その機器の減価償却をするべく，余命の生活の質を下げるような治療の選択肢しかないような病状を確定するための検査や，それに基づく手術や投薬，治療を本人の意志とは無関係に経済的行為として反復させている現実は，見直されるべきです。

一方，仮に人びとが病院での延命のための積極的な治療ではなく，自宅での療養や，ホスピスなどの施設で緩和ケアを求めた時，そこには確実に人びとが「必要としている医療」や「ケアの体制」が存在します。患者と医療者，患者と福祉サービスを提供する事業者，患者と地域の支援者，患者と家族をつなぐための専門職は，その名称だけは欧米社会と同じですが，彼らの仕事の内容はずいぶん違います。そのうえ，日本ではいまだに十分な数の人材が投入されていません。ソーシャルワーカーやケアマネージャーという専門職の名称は欧米と同じでも，その実体は大きく異なります。彼女たちが必要な活動をおこなうための地位や場所，組織，支援の仕組みが整い，ネットワークが日本国内で形成されていくのは，まだこれからなのかもしれません。

コラム 15-6　高所恐怖症のレイチェルさん，スカイダイビングに挑む

Racheal Kydd（レイチェル キッド）さんは，スコットランドにある子どものためのホスピス Children's Hospices Across Scotland（CHAS）で週 2 日，庭の草木の手入れをしたりする造園のボランティアを続けています。彼女は重機を扱える父親にもホスピスで活動するように頼みこみ，時には親子で参加することもあります。彼女が住むのは，グラスゴーから北に 30km のバロックという町です。ここに Robin House（ロビン ハウス）という名称の子どものためのホスピスがあります。CHAS は，スコットランドで 2 箇所のホスピスと 1 箇所の病院，それと在宅支援のサービスを提供しています。そのすべての財源は寄付による基金によって運営されています。Racheal さんは，自分の住む街にこのホスピスがあることを誇りに思っています。彼女は週 3 日をホテルのレストランでウエイトレスとして働き，残りの 2 日をボランティアにあてています。そんな生活が数年続いているそうです。

高所恐怖症の Racheal さんは，Robin House で活動する仲間たち数名の協力のもとに，大規模な「賭け」を企画しました。スカイダイブで飛行機から飛び降りることができるか，できないかの「賭け」です。仲間たちは，インターネットを使って掛け金を集めました。その収益を CHAS に寄付するのが目的です。彼女は大声で奇声を発し続けながら，なんとか飛ぶことができました。興奮冷めやらぬ表情が，見せてもらったその時の写真から読み取れました。

スコットランド
広大な敷地に広がる庭園にたたずむカルチャーセンターのようなホスピス（地域住民の寄付金でつくられる）
Robin House: Children's Hospices Across Scotland (CHAS)

カナダ
広大な庭園に点在する住居群のようなホスピス
（州の税金と寄付金でつくられる）
The Hospice of Windsor Essex County（オンタリオ州）

日本
病院の一部（1 フロアー／1 病棟）が「緩和ケア病棟」または「ホスピス」と名付けられることが多い。見た目や仕組みは病院と同じ（自治体・各種団体・企業が国の補助をうけて運営する）
イエズスの聖心病院　ホスピス病棟（熊本）

図 15-4　国ごとに異なるホスピスの形態

ファウンデーション(Foundation)

質の高いホスピスやきめ細やかな在宅の医療福祉ネットワークを創るのは誰なのでしょうか？ 福祉国家においては国家や行政がその責任を負うとされる一方で，その財源を税負担だけで確保することが難しくなりました。西側の先進諸国の多くは，国や行政がそれをすべて担うことに限界があることを悟りました。そこで，福祉や医療を市場原理やボランティアや NPO に託すという方法で，公的なサポートが行き届かない部分を補おうとする試みが進んでいきました。ファウンデーション(Foundation)とは，特定の理念を実現するために，みんなが寄付をして集めたお金，財団を意味します。ボランティア団体は，自主的かつ自発的な活動であることから，その財源を活動する団体だけの力で確保することが前提です。でもそれは非常に難しい現実があります。そこで国家や地方公共団体の支援がどうしても必要になります。

イギリスやカナダに展開する終末期の医療・福祉サービスの多くが，こうしたボランティア組織によって運営されていることは注目されます。海外のボランティア組織の多くは，有給の職員と無給のボランティアの両方で運営されています。これらが活発に展開できる一つの要因は，活動を支える経済的な基盤が安定していることが大きいといえます。公的な資金の注入よりも，市民から直接，活動に必要かつ十分な額の寄付金を集めているという点が，日本とは大きく異なっています。

人が病院で亡くなるにしろ，自宅で亡くなるにしろ，当人またはケアをする家族と関わり合いをもつ人間が現実にどれくらい存在しているのかということが重要です。介護や医療など職業上の行為として，あるいはボランティア行為としてケアする行為が反復されています。人びとは自分の愛する人を失うとき，自己が経験した「ケアする関係」「ケアされる関係」を重要な仕組みとして社会のなかに残し，より大きなものに成長させ，その仕組みを維持するためのお金や労働を拠出することを惜しまなくなるのかもしれません。

次節では，愛する人を失い，悲嘆に暮れる人が，どのように生きていくか，そうした人びとをどのようにサポートしていけるかを考察します。

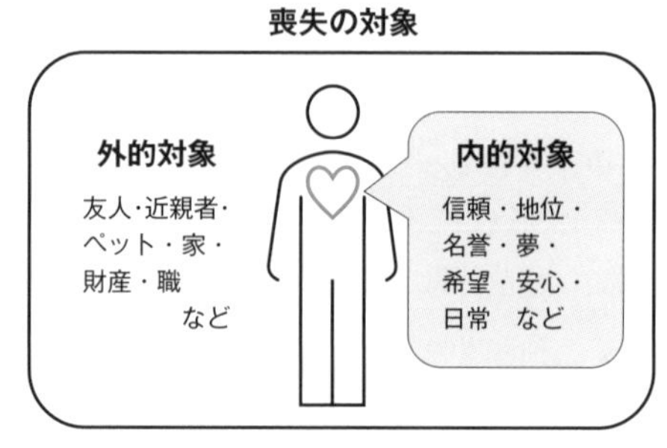

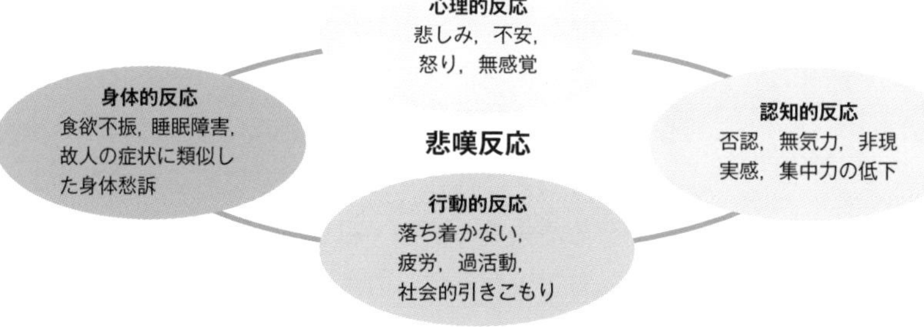

図 15-5　喪失と悲嘆の種類

（出典）　小此木啓吾（1979）『対象喪失　悲しむということ』中央公論新社を参考に筆者作成。

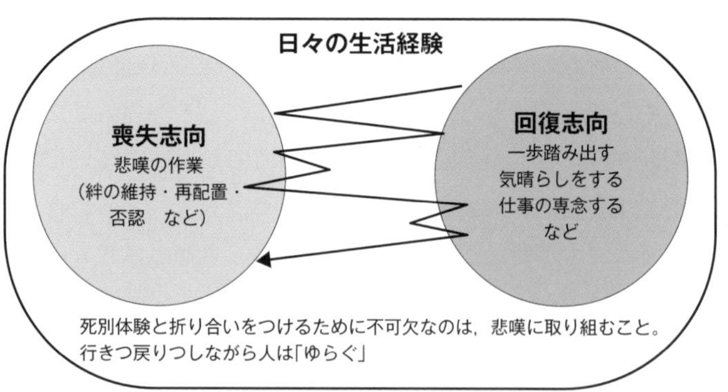

図 15-6　死別悲嘆への対処の二重過程モデル

（出典）　Stroebe, M. S., and H. Schut, 1999, "The dual process model of coping with bereavement: rationale and description," *Death Studies* 23(3): 197-224 および山本力（2016）『喪失と悲嘆の心理臨床学様態モデルとモーニングワーク』誠信書房を参考に筆者作成。

4　死別による悲嘆とグリーフケア

この節で学ぶこと：個人のライフコースの最後には死がありますが，大切な人を亡くした後の家族の生活はその後も続きます。本節では，大切な人を失った後の遺族に対する支援であるグリーフケアと自助グループについて考えます。

キーワード：悲嘆(グリーフ)，グリーフケア，遺族，セルフヘルプグループ(自助グループ)

死別の悲嘆(グリーフ)

悲嘆(grief)とは「喪失に対するさまざまな心理的・身体的症状を含む情動的反応」(Stroebe and Stroebe, 1987)を表す言葉です。エーリック・リンデマン(Lindemann, E.)の悲嘆に関する古典的な理論では，人が死別という喪失に対処する方法は，悲しみを感じながらも故人のいない環境に再適応していくグリーフワーク(喪の仕事)が必要であると言われていました。故人がいない現実を段階的に乗り越えていくイメージですが，再適応(故人との分離)を目標にすることは簡単なことではありません。そのため最近では，心の中に故人との継続する絆を持ち，日々の生活の中で揺らぎながら対処している人を支えるための支援を考えることが大切と言われています(図15-6)。

遺族とグリーフケア

死別をした人への援助を表す言葉として，欧米では「ビリーブメントケア／サポート」が一般的ですが，日本では「遺族ケア／グリーフケア」という言葉が使用されます。遺族とは，亡くなった人の後に遺された家族や親族の事を表しますが，法律によって遺族の範囲は異なります。近年，核家族化，少子高齢化により家族の範囲はより小さくなり，身近な人の死に遭遇する場面も少なくなっています。また，死のタブー化による語りにくさもあり，家族の中で死別悲嘆に対処することが難しくなっています。当事者同士のピア・サポートの場として遺族会やセルフヘルプグループ(自助グループ)が増えてきていますが十分ではありません(図15-7)。社会的支援としてグリー

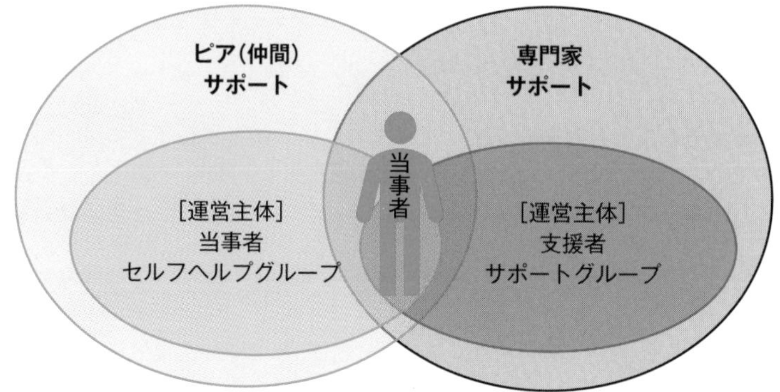

図 15-7　ピア(仲間)サポートと専門家サポートの関係
（出典）　筆者作成。

コラム 15-7　新型コロナウイルス感染症による看取り

2020 年から 2022 年現在まで続くコロナ禍によって，看取りの風景が大きく変わり，家族と最期まで会えないままに亡くなるケースもあります。

家族全員が感染して入院中に，同じく感染で別の病院に入院中だったご主人の看取りができなかった A さんは，一番辛かったことは「結婚する時に自分を看取って欲しいと言われたけれど，希望を叶えてあげられなかったこと」という自責の念を語っていました。新型コロナウイルス感染症のようなパンデミック(世界的流行)は特殊災害と呼ばれるものであり，災害遺族と同様に特別なグリーフケアが必要になります。

フケアの必要性が高まってきています。

高齢者にとっての死別後の問題

グリーフケア研究は，情緒的な適応に焦点を当てるものが多いですが，高齢者の場合，社会的役割変化に適応することの方が難しいと言えます。特に，これまで性役割分業に従うように社会化された高齢男性の場合，家事や近所の人との関わりなど，妻が担っていた家庭内の役割に適応することが，心身共に負担となります。配偶者との死別後，女性は家事労働が週に 6 時間減少したのに対し，男性は 3 時間増加しているという報告もあります(Utz, R. L. et al., 2004)。悲しみを傾聴する情緒的なサポートも大事ですが，高齢で一人になった遺族に対しては，食事や買い物の手助けなど実際的な援助を行う道具的サポートや，困りごとに対応した行政の支援制度や法律相談などの紹介を行う情報的サポートも必要です。これまで高齢遺族の多くが，配偶者を失った後の支援を子どもに求めてきましたが，近年は子どもに依存せず一人で老後を過ごす高齢者が増えています。高齢遺族にとっては，生活全般を支える実際的な支援が，故人を思いながら生きていくためのグリーフケアにもなります。

死の問題と社会学

社会学の対象は，社会的存在である人間と人間の関係ですが，人が亡くなっても残るものとして「故人との関係性」があります。葬儀やお墓参りで故人を思い出す時，生前どのような出来事があったかについてお話しされると思います。人生の物語は，常に人生における重要な出来事と家族や社会との関係の中で生まれています。私たちはニュースや調査結果によって，毎日他人の死である「3 人称の死」を目にしています。しかし，自分の死である「1 人称の死」や大切な人の死である「2 人称の死」について深く考える機会は多くありません。ライフコースの最終段階に死を考えるのでは無く，これからの生き方を考える機会として，生と死について考えてみましょう。

考えてみよう　調べてみよう

1. 坂口幸弘(2010)『悲嘆学入門―死別の悲しみを学ぶ』昭和堂。
2. 澤井敦(2005)『死と死別の社会学』青弓社。
3. 上野千鶴子(2015)『ケアのカリスマたち―看取りを支えるプロフェッショナル』亜紀書房。
4. 田代志門(2016)『死にゆく過程を生きる―終末期がん患者の経験の社会学』世界思想社。
5. 坂口幸弘(2012)『死別の悲しみに向き合う―グリーフケアとは何か』講談社。

1. 今まで生きてきた中で，自分はどのような喪失を体験し，対処してきたか振り返ってみましょう。自分なりの対処方法があるはずです。他の人の対処方法を聞くことも役に立ちます。友達と話し合ってみましょう。
2. 終末期の患者に対し海外ではどのようなサービスを提供しているか，調べてみましょう。とくにケアスタッフらがどのように患者や家族とかかわっているのかを調べてみましょう。
3. 家族介護の問題について調べて，考え，話し合ってみましょう。
4. 日本の医療制度や介護保険制度で，終末期に利用できるサービスや利用できないサービスにはどのようなものがあるか調べてみましょう。

引用文献

厚生労働省「人生会議してみませんか」https://www.mhlw.go.jp/stf/newpage_02783.html(2022.3.30)。

厚生労働省(2018)「平成28年版厚生労働白書―人口高齢化を乗り越える社会モデルを考える」https://www.mhlw.go.jp/wp/hakusyo/kousei/16/index.html (2022.3.30)。

Miyashita, M. et al., 2007, "Good death in cancer care: a nationwide quantitative study," *Annals of Oncology* 18(6): 1090-1097.

Stroebe, W., M. S. Stroebe, 1987, *Bereavement and health: The psycological and physical consequences of partner loss*. Cambridge University Press.

Utz, R. L. et al., 2004, "The daily consequences of widowhood: The role of gender and intergenerational transfers on subsequent housework performance," *Journal of Family Issues* 25(5): 683-712.

第 16 章　データから見る日本と世界のウェルビーイング

指標を通して考えるこれからの社会とウェルビーイング

この章で学ぶこと

近年，社会全体の発展・成長を考えるための道具として，ウェルビーイングの測定が関心を集めていると同時に，新しい指標の開発が進められています。数字として示されるデータから，私たちは人々の暮らしについて，どのように理解を深めることができるでしょうか。また，それを活用するにあたって，どのような点に気をつけなければならないでしょうか。実際の世界や日本の調査データを見ながら，一緒に考えていきましょう。

キーワード：主観的幸福感，ウェルビーイングの指標，国際比較

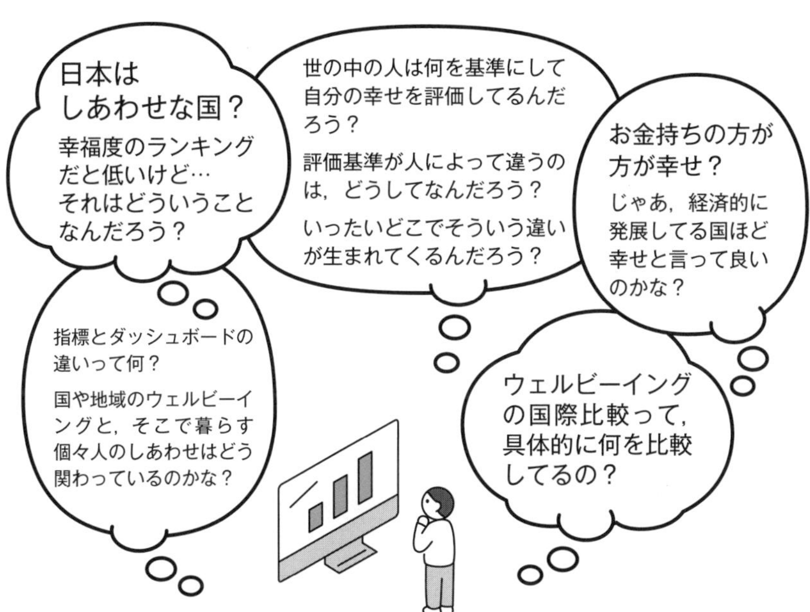

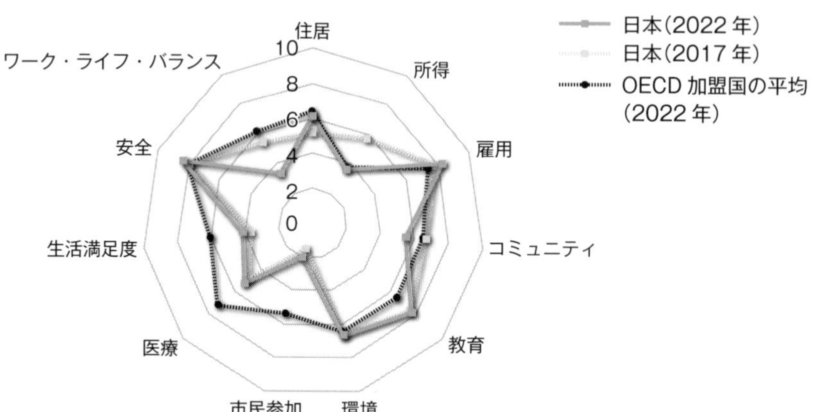

図 16-1 「より良い暮らし指標」:OECD 加盟国の平均スコアと日本

(出典) OECD Better Life Index, https://www.oecdbetterlifeindex.org/ (2022.4.1) をもとに筆者作成。

表 16-1 分野別の日本のスコアとその順位(38 カ国中)

	住居	所得	雇用	コミュニティ	教育	環境
OECD 平均	6.4	3.8	7.4	6.6	6.6	6.5
日本	6.1(26 位)	3.6(20 位)	8.3(13 位)	5.5(29 位)	7.7(12 位)	6.7(21 位)

	市民参加	医療	生活満足度	安全	ワーク・ライフ・バランス
OECD 平均	5.4	7.3	6.0	7.7	6.1
日本	2(36 位)	5.3(34 位)	4.1(31 位)	8.4(16 位)	3.4(34 位)

(出典) OECD Better Life Index, https://www.oecdbetterlifeindex.org/ (2022.4.1) をもとに筆者作成。

1　ウェルビーイングを測るという視点

この節で学ぶこと：ウェルビーイングは，社会全体の健全な成長を測るための指標だと言えます。しかし同時に，指標化されたデータを読む際には一定の注意を払う必要があります。OECDが策定する「より良い暮らし指標（BLI：Better Life Index）」を例に考えてみましょう。
キーワード：アンケート調査，より良い暮らし指標（BLI）

ウェルビーイングを「測る」とはどういうことか？

私たちは，ふだん目に見えないものを，別の何かを通して「測る」ということを良くします。身近な例をあげると，学生の宿題の提出状況から，その学生がどれくらい熱心に学習に取り組んでくれているかを判断したり，期末テストの点数から，学習の達成度合いを評価したり，といった具合です。このような，何かを測るための物差しとなるようなものを指標といいます。

しかし，どのような指標を使うかによって，最終的に見えてくる景色は変わってきます。たとえば，アンケート調査では，人びとの幸福感を測るために「あなたはどの程度しあわせですか」という質問と，「あなたは現在の生活にどの程度満足していますか」という質問の2つがよく使われており，それぞれ主観的幸福感や生活満足度などと呼ばれています。しかし，小林・ホメリヒ（2014）の研究によると，幸福と満足の程度が一致しない人の割合は全体で23.4％にも上り，また「生活に不満があるのに幸福」な人は，生活に不満を感じている人の3割を占めていたそうです。このことから，幸福を測るための指標という意味では，どちらも似ているのですが，重なり合う部分こそあれ，それぞれ異なった現実を反映しているものだということが推察されます。どのような指標が良い，悪いということではなく，データを読み解くためには，様々な指標が持つ性質をよく理解する必要があるでしょう。

ウェルビーイングを捉える複合的視点の開発へ

それぞれの国で暮らす人びとのウェルビーイングは，その国がどれくらい上手く営まれているかの指標と言えます。では，ウェルビーイングを測るた

表 16-2　「より良い暮らし指標」の分野別の各国スコア（2022 年 4 月時点）

	住居	所得	雇用	コミュニティ	教育	環境	市民参加	医療	生活満足度	安全	ワーク・ライフ・バランス
OECD 加盟国											
オーストラリア	8.2	5.9	8.6	7.7	8.6	8.9	8.9	9.3	7.5	7.4	4.4
オーストリア	6.3	4.7	8.5	7.2	6.8	7.6	4.3	7.8	7.8	9.3	6
ベルギー	7.6	5.2	8	6	7.9	5.8	7.2	8.1	6.5	6.4	7.7
カナダ	7.8	5.3	8.4	7.5	7.8	8.6	6.8	9.5	7.1	8.3	6.5
チリ	6.7	1.4	5.5	5.3	4.5	1.1	1.2	6.4	4.3	4.7	4.8
コロンビア	4.1	0.5	5.2	1.3	1.4	4.1	2.1	7.3	2.8	1.6	0.6
コスタリカ	6.3	1.1	5.2	2.6	2	5.9	4.3	7.7	4.9	3.8	1.3
チェコ	5.4	2.5	7.7	9.1	7.8	6.3	3.5	6.3	6.7	8.4	7
デンマーク	6.3	3.3	8.7	8.3	8	8.3	6.8	7.5	8.8	9.2	8.6
エストニア	7	2.4	7.3	8.4	8.2	8.2	6	5.6	5.3	8.4	7.3
フィンランド	6.4	3.8	8.2	8.9	9.2	9.8	5.4	7.6	10	9.3	7.3
フランス	6.8	4.3	7.5	8.2	6.3	6	5.8	7.7	6.1	8.1	8.1
ドイツ	7	4.8	8.9	6.2	7.6	7.7	5.3	7.1	8.1	8.3	8
ギリシャ	5.3	1.8	3	0.5	6.4	3.9	3.5	8.4	3.1	7.5	7
ハンガリー	5.8	1.8	7	7.9	6.2	5.2	3.4	5.2	3.9	8	7.6
アイスランド	6.5	6.4	9.7	10	6.8	9.7	6.6	8.6	9	9.3	4.8
アイルランド	7.4	4.1	8.1	8.9	7.6	7.1	2.9	9.2	7.2	8.3	6.2
イスラエル	5.2	3.7	7.5	8.6	5.5	4	6	8.3	7.7	8.5	4
イタリア	5.5	3.6	5.8	5.6	4.9	5	6.6	8.3	5.4	8	9.4
日本	6.1	3.6	8.3	5.5	7.7	6.7	2	5.3	4.1	8.4	3.4
韓国	7.5	3.4	7.8	1.5	7.8	3.1	7.8	4.8	3.1	8.8	3.8
ラトビア	4.5	1.3	6.9	7.1	7.5	6.4	4	4	4.5	7.4	7.5
リトアニア	5.8	2.7	7	5.5	7.7	6.9	4.7	4.1	5.1	6.7	7.7
ルクセンブルク	7.1	9.3	8.7	6.5	4.7	7.2	6.7	8	8.4	9.4	7.4
メキシコ	3.7	1.1	6.2	0	1.3	3.6	7	5.6	3.6	0.2	0.4
オランダ	7.5	4.1	9.1	8	7.7	7.6	7.4	8.2	8.7	8.9	8.3
ニュージーランド	6.8	6	8.3	8.5	7	8.1	7.5	9.2	7.9	7.3	4.9
ノルウェー	8.1	4.6	8.8	8.7	7.4	9.8	6.5	8.3	8	9.9	8.5
ポーランド	5.1	2.6	7.2	8	8.1	4.1	6.3	5.8	4.2	7.9	6.5
ポルトガル	6.8	2.9	6.5	4.8	4.9	8.1	1.8	5.8	3	8.9	6.7
スロヴァキア	3.6	2	6	8.4	5.9	4.8	6.8	6.2	5.5	8.3	7.1
スロベニア	6.9	2.8	7.5	8.5	8.1	6.8	4.3	7.3	5.3	9.7	6.7
スペイン	6.7	3.8	5.3	7.8	5.6	5.9	5	8.7	5.4	8.7	8.4
スウェーデン	6.9	5	8.3	7.8	8.3	9.8	6.9	8.6	8.1	8.6	8.1
スイス	6.9	8.2	9.4	8.2	7.4	8.7	3.2	9.2	8.7	9.3	7.7
トルコ	5.2	1.3	4.4	3.7	4.2	0.3	5.9	6.6	0	6.6	2.5
イギリス	6.5	5.4	8.4	7.3	6.7	6.8	7.1	7.8	6.4	8.6	5.6
アメリカ合衆国	8.6	8.5	8.8	7.8	7.4	8.2	7	8.6	7.2	7.5	5.2
OECD 非加盟国											
ブラジル	4.7	0.5	4.3	2.7	2.3	4.8	6.7	6.2	4.1	1.9	6.2
ロシア	4.7	1.3	7	5.5	6.8	3.6	2.4	3.1	2.1	6.3	7.8
南アフリカ	2.6	0.1	0	5.7	1	1.4	3.9	3.1	0.3	2.5	3.6

（出典） OECD Better Life Index, https://www.oecdbetterlifeindex.org/ (2022.4.1) をもとに筆者作成。

めには，どのような指標が考えられるでしょうか。これはかつて，GDP(Gross Domestic Product：国内総生産)が使われるのが一般的でした。しかし，これを考え直す契機が訪れます。2008年にフランスで，ノーベル経済学賞を受賞したジョセフ・スティグリッツ(Stiglitz, J.)教授を委員長，アマルティア・セン(Sen, A.)教授を顧問として「経済パフォーマンスと社会の進歩の測定に関する委員会」が発足しました。翌年の2009年，この委員会は社会の評価指標としてのGDPの限界点を指摘し，より適切な指標を提案するための報告書(通称「スティグリッツ報告」)をまとめます。その提言を受け，2011年にOECDで「より良い暮らしイニシアチブ」が発足し，「より良い暮らし指標(BLI)」と呼ばれる新しい指標群が開発されました。

この指標群では，幸福を形成する側面として「生活の質」に関わる8個の分野(健康，ワーク・ライフ・バランス，教育，コミュニティ，市民参加，環境，安全，生活満足度)と，「物質的な生活条件」に関わる3個の分野(雇用，所得，住居)が設定されています。経済成長という狭い枠組みを超えて，それぞれの社会で生きる人びとの，持続的な生活の安定と向上を考えていくための重要な道具として考案されました。前ページから引き続き，左側のページには，日本と各国の分野別スコアと，OECDに加盟している38カ国の平均点を掲載していますので，ぜひ参考にしてみてください。

データの向こう側にある社会への想像力

ただ，指標を読み解く上での注意点もあげておきましょう。たとえば，医療分野のスコアは，各国の平均余命や，アンケート調査での主観的健康状態の平均値をもとに算出されます。日本の平均余命はトップですが，その分，高齢者人口が多いため，健康に不安を抱える人も多くなります。日本の医療分野のスコアが34位にとどまる背景には，こうしたカラクリがあります。

指標は評価のため重要なツールですが，それが本来評価の対象となるべき本質と一致しているとは限りません。ですので，数値が低いからといって，どうやって数字を良くするかという議論へと向かっていくと，時として本質を欠いてしまうことになります。それぞれの指標の成り立ちや性質をよく理解し，データの向こう側にある現実社会への想像力を持つことが重要です。

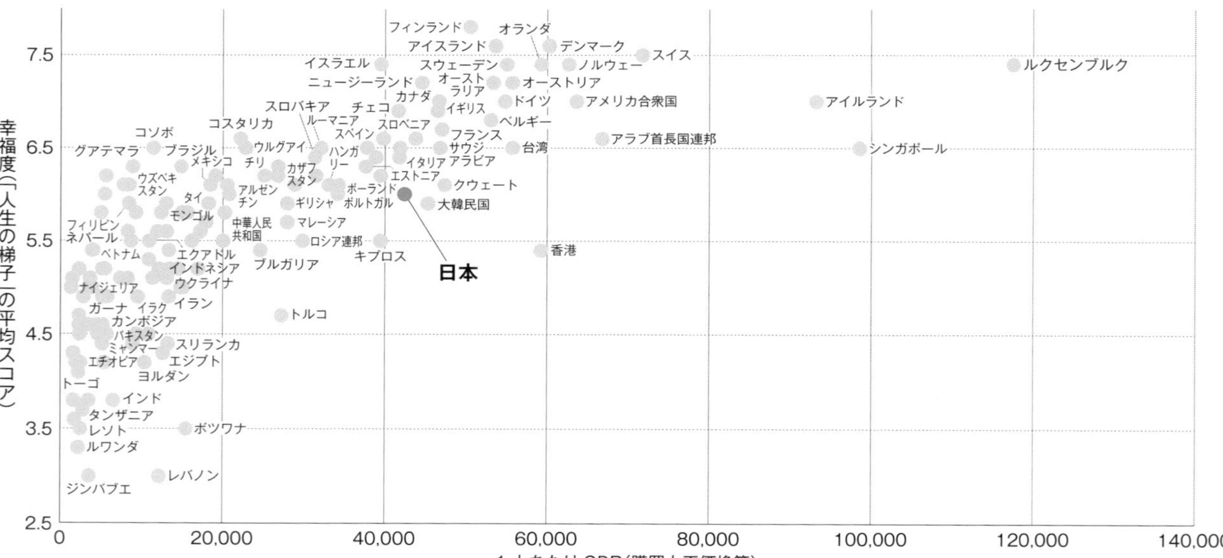

図 16-2　各国の 1 人あたり GDP と幸福度（キャントリルの梯子）の平均値

（出典）　幸福度：Helliwell, J. F. et al. (eds.), 2022, *World Happiness Report 2022*. Sustainable Development Solutions Network。1 人あたり GDP：World Bank, World Development Indicators, https://datatopics.worldbank.org/world-development-indicators/ (2022.4.1)。ただし，台湾，ベネズエラ，イエメン等の一部地域については，データが不足していたため，IMF World Economic Outlook database: April 2021, https://www.imf.org/en/Publications/WEO/weo-database/2021/April (2022.6.17) の 2020 年の推計値を使用して筆者作成。

2　経済的な豊かさと心の豊かさ

この節で学ぶこと：日本は経済発程の度合いに対して，幸福度の低い国だと言われています。経済成長と幸福の関連について，各国の状況を見ながら考えてみましょう。
キーワード：世界幸福度報告，イースタリンのパラドクス

主観的な幸せは何によって決まる？

今日，世界の人々はどのくらい幸せでしょうか？ 国連の持続可能開発ソリューションネットワークが発行している「世界幸福度報告」という報告書があります。この報告書の元になっているアンケート調査では，各国の人々の幸福度を測るために「人生の梯子（はしご）」と呼ばれる質問項目が用いられています。それは，調査対象者に「考えうる最悪の人生」を 0 段目，「考えうる最高の人生」を 10 段目とした梯子を想像してもらい，現在自分が何段目に立っていると思うかを回答してもらうというものです。この項目は，開発した研究者の名前にちなんで「キャントリルの梯子」と呼ばれることもあります。

左ページの図 16-2 は，縦軸に，幸福度の指標として「人生の梯子」の平均点をとり，横軸には，経済発展の指標として各国の 1 人あたり GDP をとり，各国の分布を示したものです。全体として見れば，経済発展が進んでいる国(=1 人あたり GDP が高い国)ほど，幸福度も高い値を示しているように見えます。しかし同時に，経済発展が進んでさえいれば幸福かというと，決してそうではないということも分かります。日本の 1 人あたり GDP は 146 位中 27 位なのに対して，幸福度は 54 位です。経済的に豊かであるにしては，幸福度の低い国であると言えるでしょう。他方，幸福度の上位にはフィンランド，デンマーク，アイスランドといった北欧諸国が名を連ねていますが，1 人あたり GDP でみるとは日本と大きく変わりません。ある程度の安定した生活を維持する上で，経済的な豊かさは必須条件と言えますが，しかし心の充足にとっては，それでかならずしも十分というわけではなさそうです。

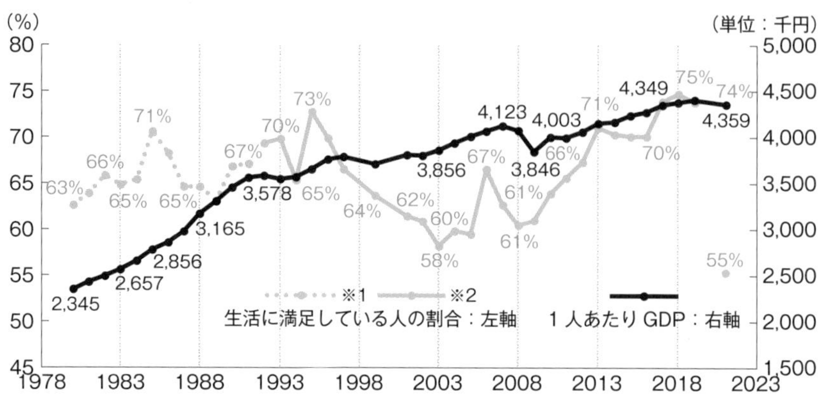

図 16-3　1人あたり GDP と生活に満足している人の割合の推移(1980-2021 年)

※1「あなたは，現在の生活についてどう思っていらっしゃいますか」という質問に対して「十分満足している」「十分とはいえないが，一応満足している」と回答した人の割合。

※2「あなたは，全体として，現在の生活にどの程度満足していますか」という質問に対して「満足している」と「まあ満足している」と答えた人の割合。

（出典）　生活満足度：内閣府「国民生活に関する世論調査」。一人あたり GDP：IMF World Economic Outlook database: April 2021(2016-2021 年は推定値)より筆者作成。

表 16-3　幸福感を判断する際に重視した事項

回答カテゴリ	回答した人の割合
地域コミュニティとの関係	10.2%
職場の人間関係	14.3%
仕事の充実度	21.5%
趣味，社会貢献などの生きがい	22.6%
充実した余暇	24.2%
自由な時間	34.3%
友人関係	35.4%
就業状況(仕事の有無・安定)	35.5%
精神的なゆとり	51.4%
家族関係	61.3%
健康状況	62.1%
家計の状況(所得・消費)	62.2%
回答者の総数	2,792 人

（出典）　内閣府(2012)「国民生活選好度調査 Ⅱ. 平成 23 年度国民生活選好度調査結果」より筆者作成。

社会が豊かになっても幸せは増加しない？

一般的な傾向として，ある国の中でも裕福な人は，貧しい人よりも幸福感や生活満足度が高い傾向にあります。しかしながら，すでにある程度の経済水準を達成している国では，国の全体的な経済的豊かさが増したからと言って，幸福感や生活満足度の平均が高くなるわけではありません。1974 年にアメリカの経済学者イースタリンがこれを指摘したことから，「イースタリンのパラドクス」と呼ばれています。

日本の場合を見てみましょう。図 16-3 は，アンケート調査で生活に満足していると答えた人の割合と，日本の 1 人あたり GDP の推移です。経年による変化を見やすくするため，それぞれの縮尺を調整しています。1980 年以降，1 人あたり GDP は一貫して増え続けているのに対し，生活満足度は不規則に増減を繰り返しているのが見て取れるかと思います。

「幸せにとって大事なもの」にとって大事なもの

少し前のデータになりますが，内閣府が 2012 年に実施した「国民生活選好度調査」に面白い質問項目が収録されています。表 16-3 は，対象者に幸福感を尋ね，その後，幸福感を判断する際に何を重視したかを尋ねた結果です。最も回答が集中しているのは，家計の状況，健康状況，家族関係，精神的なゆとりですが，それらの項目を選んだ人は半数強にとどまります。言い換えれば，どの項目も 4 割程度の人には選ばれなかったというわけで，人によって幸せの評価の仕方が大きく異なるということがわかります。

これは単に回答者の内面的な価値基準に違いがあるというだけでなく，「何に満足しているか」「どのようなニーズに欠けているか」といった，個々の回答者の実態的な暮らしぶりを反映したものであるとも考えられます。友人関係をあげた人というのは，大切と思える友人に恵まれている人か，あるいは周囲に頼れる友人が見当たらない人の，いずれかではないでしょうか。その人の立つライフステージ，家庭生活，職業生活，ジェンダー，高齢期のあり方など，これまで本書で取り扱ってきたテーマは，どれも上記のような人びとの実体的な暮らしぶりと深く関わりがあるものだと言えるでしょう。

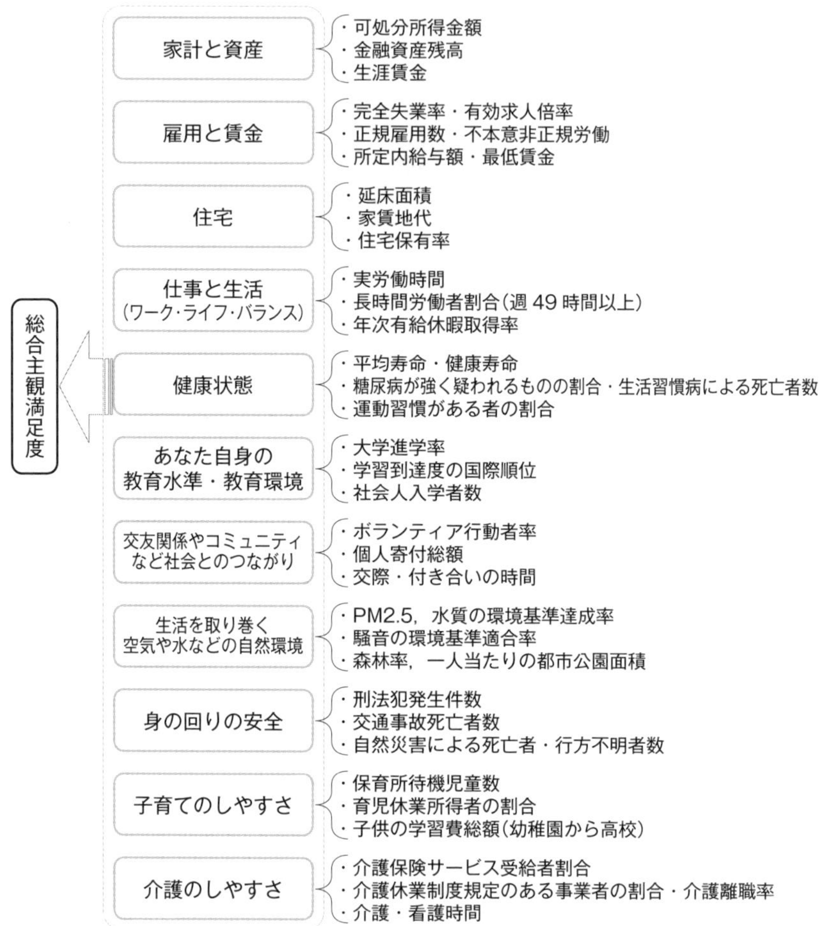

図 16-4　満足度・生活の質を表す指標群(Well-being ダッシュボード)

(出典)　内閣府(2021)「満足度・生活の質に関する調査報告書 2021」より筆者作成。

3　各国のダッシュボード開発への取り組み

この節で学ぶこと：ウェルビーイングの測定は成長戦略の１つとして位置付けられ，各国で指標開発が進められています。本節では，近年の日本の取り組みについて紹介します。
キーワード：「満足度・生活の質を表す指標群」，ダッシュボード

社会全体の成長戦略としてのウェルビーイングへの注目

ライフスタイルが多様化する現代では，ただ社会全体の総和としての豊かさを追求するだけでなく，複合的な視点によるウェルビーイングの捉え方と，様々な領域特有の課題に応じた多面的なアプローチが課題となってきます。本書全体を通してこれまでも見てきた通り，家庭，学校，職業，地域など，それぞれの生活の局面におけるウェルビーイングの在り様については，すでに各領域の現場で実務についている人たちの手で，継続的な現状把握，そして様々な課題への取り組みが行われてきています。275ページで，OECDの「より良い暮らし指標(BLI)」を紹介しました。これは，これまで各領域で個別的に行われていたウェルビーイングの評価を，社会全体のウェルビーイングという視野から捉え，各国の成長戦略に活かそうというもので，こうした動きは比較的新しいものであると言えます。こうした動きは各国で進められており，ブータンの「国民総幸福量」，イギリス国家統計局の「ナショナル・ウェルビーイングの測定ダッシュボード」，フランス経済･社会･環境評議会の「豊かさの新しい指標」などが知られています。

内閣府の提案する「満足度・生活の質を表す指標群」

日本においても，2010年決定された政府の「新成長戦略」に「幸福度に直結する，経済・環境・社会が相互に高めあう，世界の範となる次世代の社会システムを構築し，それを深め，検証し，発信すべく，各国政府および国際機関と連携して，新しい成長および幸福度(Well-being)について調査研究を推進し，関連指標の統計の整備と充実を図る」ことが盛り込まれ，2010年から2012年にかけて「幸福度に関する研究会」が組織されました。

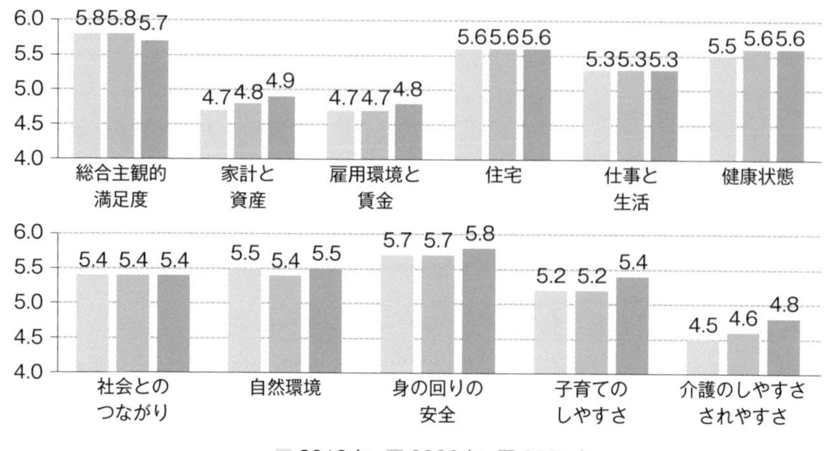

図 16-5　各領域の満足度(0 点～10 点までの 11 段階の回答の平均値)

※　項目ごとの差を見やすくするために，縦軸の下限を 4，上限を 6 としている。
(出典)　内閣府(2021)「満足度・生活の質に関する調査報告書 2021」より筆者作成。

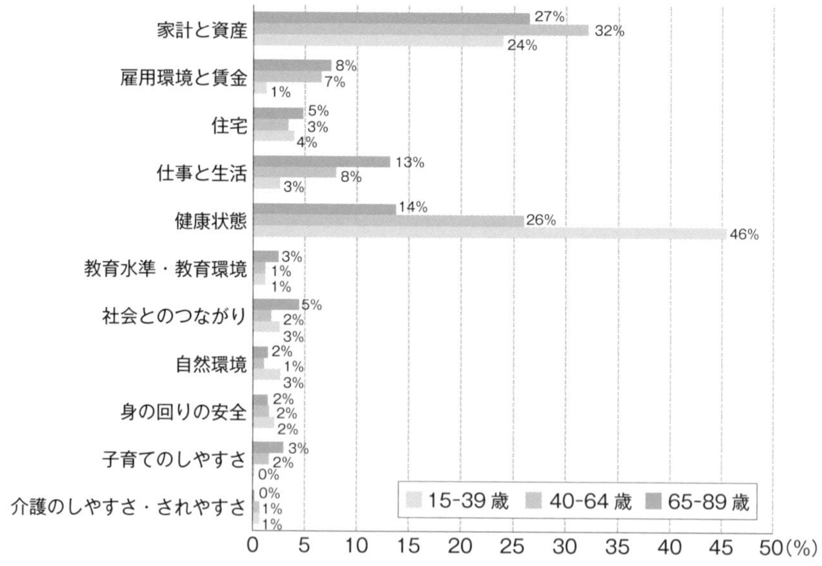

図 16-6　生活全体の満足度を判断する際に，最も重視した事項(年齢別)

(出典)　内閣府(2021)「満足度・生活の質に関する調査報告書 2021」より筆者作成。

その後も，政府が毎年公表する「経済財政運営と改革の基本方針（通称，骨太方針）」では，「人々の幸福感・効用など，社会のゆたかさや生活の質（QOL）を表す指標群（ダッシュボード）の作成に向け検討を行い，政策立案への活用を目指す」（2017 年）ことや，「国民の満足度，生活の質が向上されるよう，満足度・生活の質を示す指標群を構築するとともに，各分野の KPI に関連する指標を盛り込む」（2018 年）ことが明記されています。これを受け，2019 年から本書執筆の 2022 年時点にかけて，毎年「満足度・生活の質に関する調査」が実施されるようになり，日本独自の新しい「満足度・生活の質を表す指標群（Well-being ダッシュボード）」が提案されています。

総合的な指標から「ダッシュボード」へ

ダッシュボードというのは少し耳慣れない言葉かもしれませんが，計測盤という意味で使われています。自動車の運転席にある速度計，燃料計，走行距離計などのセットを思い浮かべてもらえると良いでしょう。この新しい指標群は，総合的な主観的ウェルビーイングと，11 個の分野別主観満足度，さらに各領域の満足に関わると考えられる客観指標群から構成されています（図 16-4）。また，図 16-5 は，近年の分野別の満足度の動向を表したものです。全体として，日本では家計と資産，雇用環境と賃金，介護のしやすさやされやすさへの満足が低い傾向にあり，今のところ，データを取り始めた 2019 年以来あまり変化はありません。

図 16-6 は生活全体の満足度を判断する際に，最も重視した事項を尋ね，その割合を年齢層別に示したものです。比較的若い層ではワーク・ライフ・バランスが，子どもがある程度成長し自身の老後も含めた将来を見据えることになる中高年では家計状況が，高齢期には健康や社会とのつながりが重視されるなど，あらためてライフステージに応じた人生の課題の在り様が浮き彫りになります。このように，ウェルビーイングというのは，どんな状況でも，ある何かが満たされてさえいれば良いというものではありません。こうした文脈から，諸分野からの複合的な指標を集めたダッシュボードという考え方が広がってきたのです。

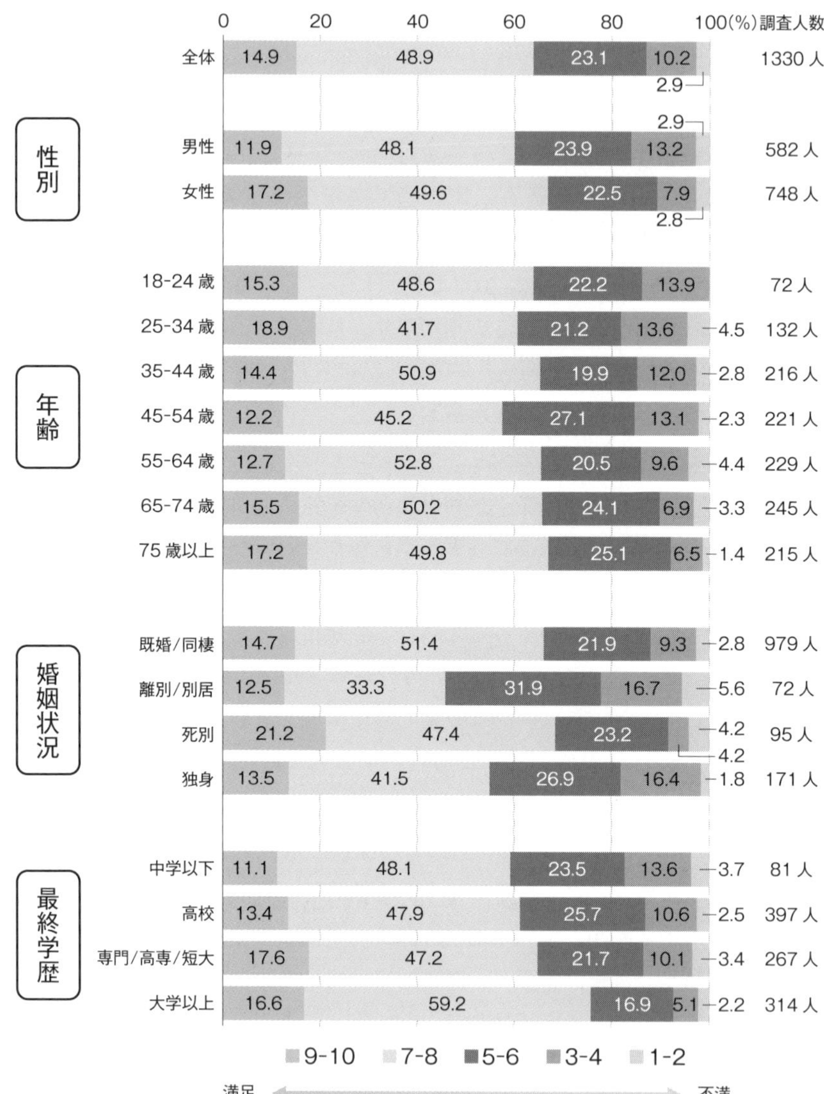

図 16-7　社会的属性別にみた生活満足度（性別・年齢・婚姻状況・最終学歴）

（出典）　第 7 回世界価値観調査のデータをもとに筆者作成。

4　多様なウェルビーイングのかたちを考える

この節で学ぶこと：複合的な指標開発が進む一方，総合的な主観的幸福度や生活満足度からも，多くのウェルビーイングに関するヒントを得ることができます。実際の調査データを見ながら，一緒に考えてみましょう。
キーワード：**世界価値観調査，生活満足度，幸せのかたち**

主観的な幸せに注目することの意味

人によって幸福や満足のニーズが違うのだとすれば，「世界幸福度報告」に見るような，その人の主観的な幸福や満足について尋ねることに意味はないのでしょうか？ いえ，むしろ人によって違うからこそ，主観的なウェルビーイングを測り，比較することに意味があるのだと言えるでしょう。こうした作業を繰り返していくことで，幸せのかたちを分ける境界線がどこにあるかということを探っていくことができるのです。

多様な人生のあり方における幸せのかたち

いくつかの例をあげてみましょう。図 16-7 と図 16-8 は，2019 年に実施された世界価値観調査のデータです。「1」を不満，「10」を満足として，生活全体の満足度を 10 段階で尋ねた質問への回答を，主な社会経済的属性ごとに集計したものになります。性別で言えば，男性よりも女性の方が，満足度が高いことが見て取れるでしょう。これは決して一般的な傾向というわけではなく，同調査が実施された 52 カ国で，男女の生活満足度の平均値を比べてみると，日本と同様に女性の満足度の方が高い国は，約半数の 27 カ国でした。つまりこれは，生物学的な性差を反映したものというよりも，ライフコースや生活の様々な局面におけるジェンダーを浮き彫りにしたものと見るべきでしょう。こうして，男性と女性との満足度の違いは，単に表面的な数値の大小の上でのみ考えるべき事柄ではなく，質的な差異をともなうものとして光を当てられるようになるのです。

年齢別にみると，比較的若いグループと，比較的高齢のグループで「9-10（満足）」と答えた人の割合が相対的に多いことがわかります。これは人びと

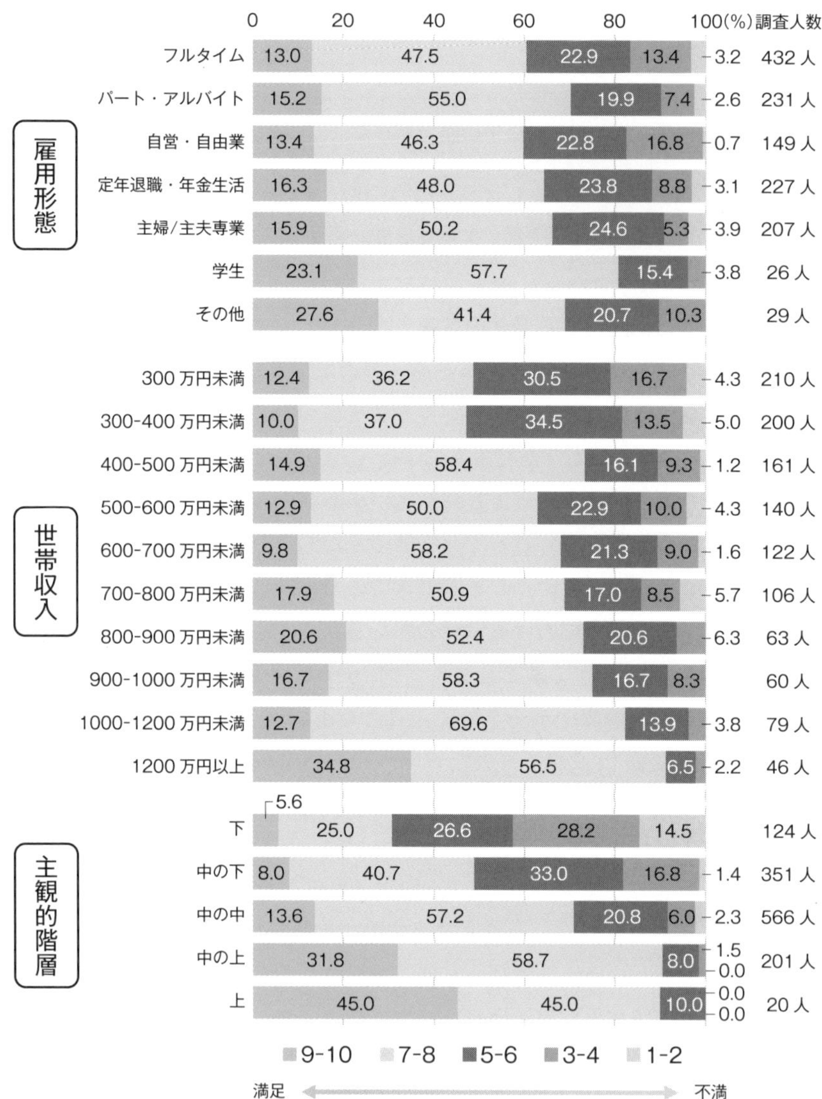

図 16-8　社会的属性別にみた生活満足度(雇用形態・世帯収入・主観的階層)
(出典)　第7回世界価値観調査のデータをもとに筆者作成。

の年齢の差異(ライフステージ)に応じた違いとも取れるでしょうし，第 4 章でも触れられているように，生まれた世代(コーホート)による幸せの感じ方・捉え方の違いという 2 つの側面から理解することができます。

婚姻状況では，パートナーのいる人の方が，満足度が高い傾向にあります。死別を経験している人に満足度が高い人が多いのは意外ですが，これは周囲のサポートを含め，時間をかけて痛みを乗り越えたレジリエンスがあってこその結果でしょう。学歴別に見ると，一般的に高学歴になるほど満足度が高く，これは就職後の地域や労働環境の違いが出ているのかもしれません。他方，雇用形態別にみると，就労前の学生は別として，最も満足度が高いのはパート・アルバイトとなります。しかし，親や配偶者などとの同居で家族の収入が十分あり，パートの稼ぎで十分だという人もいれば，子育て期でやむなく正規職を離れている人，あるいは諸々の事情でフルタイムの職に就けない人など，このカテゴリは最も背景の多様性に溢れており，なかなか一掴みに論じることのできない難しさがあります。

世帯収入別にみると，400 万円未満の層で満足度が著しく低く，これは日本の世帯全体の約 4 割を構成しています。興味深いのは，世帯収入が 500 万円を超えたところで満足度が一度落ち込むことです。また，1200 万円以上というごく少数の人を除いて，「9-10(満足)」と回答率が最も多かったのは 800 万円台の人たちで，幸せが収入の多寡によってのみ決まるものではないことをあらためて考えさせられます。図中で最も満足度の違いが際立っているのは，回答者が自身で属していると考える，いわば主観的な社会階層です。様々な要素を勘案して，自分自身が社会階層のどの辺りに位置しているかというイメージが，その人の生活への満足に大きく寄与しているようです。

もちろん，こうした統計的なデータから得られる知見は，多様な人生のあり方の中での様々なウェルビーイングのかたちを考え，それぞれに応じた課題に向き合っていくための「取っ掛かり」に過ぎません。ですが，それをうまく活用していくことができれば，自分と同じ，しかし異なる社会で暮らす人たちの暮らしを理解する重要なツールとなってくれるでしょう。

考えてみよう　調べてみよう

1. 大石繁宏(2009)『幸せを科学する―心理学からわかったこと』新曜社。
2. 内田由紀子(2020)『これからの幸福について―文化的幸福観のすすめ』新曜社。
3. 鶴見哲也・藤井秀道・馬奈木俊介(2021)『幸福の測定―ウェルビーイングを理解する』中央経済社。
4. 大竹文雄・白石小百合・筒井義郎編(2010)『日本の幸福度―格差・労働・家族』日本評論社。
5. グラハム著(2011)，多田洋介訳(2013)『幸福の経済学―人々を豊かにするものは何か』日本経済新聞出版。

1. 経済的にはある程度豊かなのに，日本の幸福度が低いとされるのは，なぜでしょうか？
2. 図 16-4 の内閣府が策定した「満足度・生活の質を表す指標群」(280 頁)をよく見てみてください。ウェルビーイングにとって重要な分野・指標は，他にどのようなものが考えられますか？
3. 性別や年齢によって，幸せや満足の捉え方や，それらにとって重要なものは異なります。本章で紹介したデータを参考にしつつ，具体的にどのように違いがあるかについて，自分なりのアイデアを考えてみてください。

引用文献

Haerpfer, C. et al. (eds.), 2022, *World Values Survey: Round Seven – Country-Pooled Datafile Version 3.0*, Madrid, Spain & Vienna, Austria: JD Systems Institute & WVSA Secretariat.

OECD, 2020, *How's Life? 2020: Measuring Well-being*, Paris: OECD Publishing. https://www.oecd-ilibrary.org/content/publication/9870c393-en (2022.6.17).

索　　引

サ行

タ行

ナ行

ハ行

マ行

ヤ行

ラ・ワ行

アルファベット順

執筆者紹介(執筆順，＊は編者)

＊櫻井義秀(さくらい よしひで)　はじめに，第1章，第5章

北海道大学大学院文学研究院・教授。専門：比較宗教社会学。
主要著書・論文：『東アジア宗教のかたち―比較宗教社会学への招待』(2022)法藏館。『これからの仏教　葬儀レス社会―人生百年時代の生老病死』(2020)興山舎。『宗教とウェルビーイング―しあわせの宗教社会学』(2019)北海道大学出版会(編著)。『しあわせの宗教学―ウェルビーイング研究の視座から』(2018)法藏館(編著)。

猪瀬優理(いのせ ゆり)　第2章

龍谷大学社会学部・教授。専門：宗教社会学。
主要著書・論文：『敗戦から高度成長へ―敗戦〜昭和中期』(2021)春秋社(第5章)。『宗教とウェルビーイング―しあわせの宗教社会学』(2019)北海道大学出版会(第7章)。『ともに生きる仏教』(2019)講談社(第5章)。「新宗教におけるジェンダー―信仰体験談と生命主義的救済観」(2019)『宗教研究(*Journal of religious studies*)』93(2)，213-240頁。「ジェンダーと宗教―そのかかわりを問う問いに着目して」(2018)『現代宗教』2018，201-223頁。Gender and New Religions in Modern Japan, 2017, *Japanese Journal of Religious Studies* 44 (1), 15-35.

川又俊則(かわまた としのり)　第2章

鈴鹿大学学長。専門：宗教社会学，教育社会学。
主要著書・論文：『仏教の底力―現代に求められる社会的役割』(2020)明石書店(第2，4，5章)。『宗教とウェルビーイング―しあわせの宗教社会学』(2019)北海道大学出版会(第10章)。『岐路に立つ仏教寺院―曹洞宗宗勢総合調査2015年を中心に』(2019)法藏館(共編著)。『健康を科学する実践研究―読めばできる！養護教諭の研究ガイド』(2018)大学教育出版(共編著)。

遠山景広(とおやま かげひろ)　第3章

札幌大谷大学短期大学部保育科・講師。専門：家族社会学。
主要著書・論文：「子育てサロンの利用状況にみる母親の子育て意識の相違」(2020)『現代社会学研究』33，23-42頁。

カローラ・ホメリヒ(Hommerich, Carola)　第4章

上智大学総合人間科学部社会学科・教授。専門：社会的・主観的ウェルビーイング。
主要著書・論文：*Social Change in Japan, 1989-2019: Social Status, Social Consciousness, Attitudes and Values*, 2021, Routledge(編著)。『分断社会と若者の今』(2019)大阪大学出版会(第5章，共著)。Determinants of Interdependent Happiness Focusing on The Role of Social Capital: Empirical Insight from Japan, 2022, *Japanese Psychological Research*, 64: 205-221(共著)。Impact of COVID-19 Pandemic on Household Income and Mental Well-Being: Evidence from a Panel-Survey in Japan, 2021,『理論と方法』36(2)，260-278頁(共著)。

清 水 香 基（しみず こうき） 第 4 章，第 16 章

北海道大学大学院文学研究院・助教。専門：宗教社会学。
主要著書・論文：*Modernization in Asia: The Environment/Resources, Social Mobilization, and Traditional Landscapes Across Time and Space in Asia*, 2021, World Scientific（Chapter 8）。『宗教とウェルビーイング―しあわせの宗教社会学』（2019）北海道大学出版会（第 6 章，共著）。「宗教団体への所属が幸福感に及ぼす影響―『宗教と主観的ウェルビーイング』に関する調査データの分析から」（2020）『現代社会学研究』33，1-22 頁。

翁 康 健（オウ コウケン） 第 4 章

北海道大学大学院文学院・博士後期課程。専門：宗教社会学，華僑華人研究。
主要著書・論文：「脱共同体社会における民俗宗教のダイナミズム―タイ華人宗教の動態からみる」（2022）『北海道大学大学院文学院研究論集』21，197-216 頁。「福建省出身の老華僑と新華僑の協力による神戸普度勝会の継承」（2020）『北海道大学大学院文学院研究論集』19，293-311 頁。「中国宗族組織と民間信仰―祖先崇拝と神祇祭祀の相補的機能を中心に」（2018）『現代社会学研究』31，1-18 頁。

佐 藤 千 歳（さとう ちとせ） 第 6 章

北海商科大学商学部・教授。専門：現代中国研究，宗教社会学。
主要著書：『中国・台湾・香港の現代宗教』（2020）明石書店（第 4 章）。『アジアの公共宗教』（2020）北海道大学出版会（第 2 章）。「宗教の利用から監督への後退―習近平政権の宗教政策からみる政教関係の変化」（2019）『21 世紀東アジア社会学』2019（10），11-27 頁。「基督教信仰和残障児童教育（プロテスタント信仰と障がい児教育）：面対弱勢群体主内草根機構的挑戦和可能性」（2018）『中国法律與宗教観察』10（2），61-78 頁。

樋 口 麻 里（ひぐち まり） 第 7 章

北海道大学大学院文学研究院・准教授。専門：社会的排除論，福祉社会学。
主要著書・論文：『いまを生きるための社会学―いまを生きるためのシリーズ』（2021）丸善出版（第 2 章）。*Social Change in Japan, 1989-2019: Social Status, Social Consciousness, Attitudes and Values*, 2020, Routledge（Part 2, Chapter 6）。「人々の脆弱性が社会にもたらすのは負担だけか―フランスの精神医療福祉従事者への質的調査を通した『ケアの互酬性』の再考」（2022）『北海道大学文学研究院紀要』167，31-74 頁。

工 藤 遥（くどう はるか） 第 8 章

拓殖大学北海道短期大学農学ビジネス学科・助教。専門：家族社会学，福祉社会学。
主要著書・論文：「地域子育て支援における NPO の役割―東京都世田谷区の事例から」（2021）『拓殖大学論集 人文・自然・人間科学研究』45，45-64 頁。「『子育ての社会化』施策としての一時保育の利用にみる母親規範意識の複層性」（2018）『福祉社会学研究』15，115-138 頁。「都市部における地域子育て支援の利用実態―ひろば型支援の利用者と非利用者の母親の社会的・階層的属性」『次世代人文社会研究』14 号，197-218 頁。

坂無　淳（さかなし じゅん）　第9章

福岡県立大学人間社会学部・講師。専門：社会学，ジェンダー研究。
主要著書・論文：『変容するアジアの家族―シンガポール，台湾，ネパール，スリランカの現場から』(2022)明石書店（第2章）。『社会はこうやって変える！―コミュニティ・オーガナイジング入門』(2020)法律文化社（共訳）。「大学院生の悩みとメンタルヘルス―ジェンダーの観点からの統計分析と支援策の検討」(2022)『福岡県立大学人間社会学部紀要』30(2)，1-18頁。「女性の労働者協同組合による移民女性のエンパワーメントと連帯―ロンドン・タワーハムレッツ区の事例から」(2020)『社会分析』47，43-59頁。

中西尋子（なかにし ひろこ）　第10章

大阪公立大学大学院文学研究科都市文化研究センター・研究員。専門：宗教社会学。
主要著書・論文：『社会再構築の挑戦：地域・多様性・未来』(2020)ミネルヴァ書房（第20章）。『異教のニューカマーたち―日本における移民と宗教』(2017)森話社（第10-11章）。「韓国キリスト教の日本宣教―在日大韓基督教会と韓国系キリスト教会群の連続性―（研究ノート）」(2016)『宗教と社会』22，33-41頁。「『女性性』の回復―ある新宗教教団における集団結婚式参加者たちの結婚と結婚生活」(2006)『ソシオロジ』156，103-118頁。

道信良子（みちのぶ りょうこ）　第11章

福井県立大学看護福祉学部社会福祉学科・教授。専門分野：医療人類学，グローバルヘルス，エスノグラフィ，ヘルス・コミュニケーション。
主要著書・論文：「健康と医療」(2020)『文化人類学　第4版』医学書院（第6章）。『ヘルス・エスノグラフィ』(2020)医学書院。「保健医療行動―文化的背景」(2022)『講義と演習で学ぶ保健医療行動科学　第二版』26-27頁。Children's decision making in cancer therapy: A long-term observational study, 2022, *Pediatric International* 64 (1), e14700（共著）。

横山　穰（よこやま ゆずる）　第12章

北星学園大学社会福祉学部福祉臨床学科・教授。専門：社会福祉援助技術，社会福祉理論。社会福祉の思想と哲学。
主要著書・論文：『ソーシャルワークの実践と理論―その循環的発展を目指して』(2016)中央法規（第5章）。『ソーシャルワーク・スーパービジョン論』(2015)中央法規（第9章）。『人物で読む社会福祉の思想』(2010)ミネルヴァ書房（第29章）。『人間福祉の哲学』(2004)ミネルヴァ書房（第6章）。「ソーシャルワーク研究における理論研究法」(2004)『ソーシャルワーク研究』29(4)，20-27頁。「社会福祉の哲学に関する一考察」(2002)『北星学園大学社会福祉学部北星論集』39，1-10頁。

片桐資津子（かたぎり しずこ）　第13章

鹿児島大学法文学部・教授。専門：老年社会学，福祉社会学。
主要著書・論文：『宗教とウェルビーイング―しあわせの宗教社会学』(2019)北海道大学出版会（第8章）。『しあわせの宗教学―ウェルビーイング研究の視座から』(2018)法藏館（第7章）。「尊厳死の支援体制に関する比較研究―米国のオレゴン州，ワシントン州，バーモント州の事例分析」(2018)『現代社会学研究』31，19-35頁。「活動的高齢女性の生きがい獲得とその変遷過程―内省と創発の概念に注目して」(2016)『ソシオロゴス』40，17-40頁。

金　昌震（キム チャンジン）　第14章

札幌大学女子短期大学部・准教授。専門：比較社会学（家族福祉・地域福祉）。
主要著書・論文：『現代中国の宗教変動とアジアのキリスト教』（2017）北海道大学出版会（第2章）。「韓国における少子化と子育て支援―ソウル市の子育て中の親に対するインタビュー調査を通じて」（2020）『札幌大学総合論叢』50，41-57頁。「過疎地域における高齢者福祉とソーシャルキャピタル―莞島郡における高齢者福祉施設を事例に」（2017）『日本文化研究』62，93-116頁。

伍　嘉誠（ゴ カセイ）　第14章

北海道大学大学院文学研究院・准教授。専門：宗教社会学，社会運動論。
主要著書・論文：『多文化社会学解体新書― 21世紀の人文・社会科学入門』（2021）松本工房（第9章）。「香港における新型コロナについての一考察―市民社会の力」・「【コラム】香港におけるコロナと宗教」（2020）『ポストコロナ時代の東アジア―新しい世界の国家・宗教・日常』勉誠出版。『中国・台湾・香港の現代宗教―政教関係と宗教政策』（2020）明石書店（第6章）。「香港における抗議活動と新型コロナウイルスへの一考察―「マスク」と「集会」をめぐる議論を中心に」（2021）『日中社会学研究』28，29-46頁。「現代アジアにおける宗教の役割と多様性―環境政策，移住民支援，社会運動，ウェルビーイング」（2019）『宗教と社会』25，223-232頁。

横山聖美（よこやま さとみ）　第15章

天使大学看護学科・講師。専門：看護学（グリーフサポート）。
主要著書・論文：「【連載】緩和ケア口伝―現場で広がるコツと御法度　地域でグリーフサポートを行うためのネットワークづくりに関する課題」（2019）『緩和ケア』29(6)，537頁。「地域でグリーフサポートを行うためのネットワーク作りに関する課題―『グリーフを学ぶ会』勉強会参加者アンケート自由記載からの分析」（2018）*Palliative Care Research* 1(13), Suppl, 466（共著）。「子育て中にがんで配偶者を亡くした母親が死別後に子どもと生きていく生活の中での体験」（2017）『日本がん看護学会誌』31，82-91頁。

竹中　健（たけなか けん）　第15章

九州看護福祉大学大学院看護福祉学研究科・教授。専門：医療社会学，福祉社会学。
主要著書・論文：Why would she act as a volunteer in a Children's Hospice?: One woman's experience in a Scottish Community, 2020, *Kyushu Journal of Social Work* 3, 19-24. Why Japan's Hospital Volunteer Program Has Failed: Civil Society or Mobilization?, 2014, *Bulletin of Hiroshima Kokusai Gakuin University* 47, 1-10.

ウェルビーイングの社会学

2022年11月10日　第1刷発行

編 著 者　　櫻 井 義 秀
発 行 者　　櫻 井 義 秀

発 行 所　北海道大学出版会
札幌市北区北9条西8丁目　北海道大学構内(〒060-0809)
Tel. 011(747)2308・Fax. 011(736)8605・http://www.hup.gr.jp/

㈱アイワード

ISBN978-4-8329-6887-5